U0529088

2012年度教育部人文社会科学研究青年基金项目

《敦煌汉文文献题记整理与研究》

(项目编号12YJC770078)

敦煌

汉文文献题记
整理与研究

朱瑶 著

中国社会科学出版社

图书在版编目(CIP)数据

敦煌汉文文献题记整理与研究/朱瑶著.—北京：中国社会科学出版社，2016.7
ISBN 978 - 7 - 5161 - 8299 - 4

Ⅰ.①敦… Ⅱ.①朱… Ⅲ.①敦煌学—文献学—研究 Ⅳ.①K870.6

中国版本图书馆 CIP 数据核字(2016)第 124060 号

出 版 人	赵剑英
策划编辑	吴丽平
责任编辑	刘 芳
责任校对	郝阳洋
责任印制	李寡寡

出　　版	中国社会科学出版社
社　　址	北京鼓楼西大街甲 158 号
邮　　编	100720
网　　址	http://www.csspw.cn
发 行 部	010 - 84083685
门 市 部	010 - 84029450
经　　销	新华书店及其他书店
印刷装订	三河市君旺印务有限公司
版　　次	2016 年 7 月第 1 版
印　　次	2016 年 7 月第 1 次印刷
开　　本	710×1000　1/16
印　　张	18
字　　数	268 千字
定　　价	65.00 元

凡购买中国社会科学出版社图书，如有质量问题请与本社营销中心联系调换
电话：010 - 84083683
版权所有　侵权必究

目 录

绪论 ………………………………………………………………（1）
  一 研究史回顾 …………………………………………………（2）
  二 研究中存在的问题 …………………………………………（12）
  三 研究对象的界定 ……………………………………………（14）
  四 材料来源 ……………………………………………………（16）
  五 本书章节设计和研究方法 …………………………………（17）
  六 本书引用文献名词略称 ……………………………………（18）
  七 本书题记录文规范 …………………………………………（20）

第一章　敦煌文献题记概述（上） ……………………………（21）
  第一节　题记的定义 ……………………………………………（21）
    一 "题记"释名 ………………………………………………（21）
    二 敦煌文献题记的指称 ……………………………………（27）
  第二节　题记的甄别 ……………………………………………（34）
    一 题记的真伪 ………………………………………………（34）
    二 题记的是非 ………………………………………………（40）

第二章　敦煌文献题记概述（下） ……………………………（47）
  第一节　题记的分类 ……………………………………………（47）
    一 根据文献生产及装帧形式分类 …………………………（47）
    二 根据文献内容性质分类 …………………………………（48）

三　根据题记内容分类 …………………………………… (49)
　第二节　题记的书写位置 ……………………………………… (80)
　　一　卷轴装文献 …………………………………………… (80)
　　二　册子本文献 …………………………………………… (88)
　　三　佛画 …………………………………………………… (90)
　第三节　题记的题写特点 ……………………………………… (97)

第三章　佛教文献题记研究 ………………………………… (116)
　第一节　中土佛教经典崇拜 …………………………………… (117)
　　一　佛教的宣传 …………………………………………… (117)
　　二　本土的需求 …………………………………………… (124)
　第二节　造经者与造经目的分析（上）
　　　　　——政府、皇室、贵族造经 …………………………… (126)
　　一　图书性质的写经 ……………………………………… (127)
　　二　祈愿性质的写经 ……………………………………… (139)
　　三　官府、皇室、贵族造经的特点 ……………………… (150)
　　四　官府、皇室、贵族造经的目的 ……………………… (152)
　第三节　造经者与造经目的分析（下）
　　　　　——僧尼、官吏、民众写经 …………………………… (157)
　　一　僧尼、官吏、民众写经简述 ………………………… (157)
　　二　僧尼、官吏、民众造经的目的 ……………………… (164)
　第四节　写经题材和祈愿文字之衍变 ………………………… (168)
　　一　写经题材的变化 ……………………………………… (168)
　　二　祈愿文字的变化 ……………………………………… (178)

第四章　道教及三夷教文献题记研究 ……………………… (183)
　第一节　敦煌道教文献综述 …………………………………… (183)
　　一　敦煌道教史迹 ………………………………………… (183)
　　二　敦煌道教文献 ………………………………………… (185)
　第二节　经教化传统下的敦煌道教写经活动 ………………… (187)

目 录

  一 题记的数量和涉及文献的种类 …………………（187）
  二 题记所反映的敦煌道教写经活动 ……………（188）
 第三节 道教题记愿文及题记盟文 ……………………（203）
  一 题记愿文 …………………………………………（203）
  二 题记盟文 …………………………………………（206）
 第四节 "三夷教"文献题记略论 …………………………（211）
  一 摩尼教文献及题记 ……………………………（212）
  二 景教文献及题记 ………………………………（218）
  三 祆教文献及题记 ………………………………（220）

第五章 四部文献题记研究 ……………………………（221）
 第一节 四部文献题记综述 ……………………………（222）
  一 附有题记的四部文献种类及数量 ……………（222）
  二 题记的内容与书写者 …………………………（225）
 第二节 题记所见之敦煌学校教育 ……………………（227）
  一 十六国时期的敦煌学校教育 …………………（228）
  二 唐五代宋初的敦煌学校教育 …………………（229）
  三 敦煌学校教育的特点 …………………………（237）

余论 …………………………………………………………（241）
  一 敦煌文献题记研究的价值与意义 ……………（241）
  二 敦煌文献题记研究可深入之领域 ……………（245）

附录 《敦煌遗书总目索引新编》英藏、法藏题记校补 ……（246）

参考文献 ……………………………………………………（263）

后记 …………………………………………………………（282）

绪　　论

　　写本时代在中国古代书籍史上是个重要时期,然而传世的古写本却凤毛麟角。敦煌文献的发现,使4—11世纪的数万件写本作为书籍史上的宝贵资料而获见至今。其中80%是汉文写本,将近90%的内容是佛教文献。除佛教以外,道教、摩尼教等宗教文献和非宗教文献的各种写本,仅占10%。就汉文写本来看,大部分写本卷首残失,损伤严重,而卷尾的残存率却比较高,因此,通常书于卷末的题记大量保存了下来。敦煌遗存的佛教文献,少部分写本是宫廷颁赐的范本流入敦煌,其上有完整的宫廷写经题记乃至译经题记;有些则是各个寺院的藏经中替换下来的废弃残本,其中少量存有题记,多是些简单的书手题名、校记、勘记等,纪年信息很少;与此相反,大量的供养经中却往往保留了写经纪年和题记愿文;僧尼日常持念的经本及学习用的教科书、听课笔记等也幸运地存留下来,其中亦可见到当年使用时随手写下的题记。道教文献以盛唐写本最多,其在藏经洞的保存可能是由于安史之乱后道观急速衰落,道经写本成为废纸被佛寺加以利用而存留。① 一些宫廷写本上保存了官经生所写的题记,而民间写本题记则多是道士的抄经记录和清信弟子受经戒时间、仪式和盟誓的记录,少数写本上写有祈愿题记。宗教文献之外,中国传统四部书的出土也尤为值得注意。经史子集各部书籍都有遗存,这些写本有的来自州县学或官府的藏书,有的则是个人学习的读本,也是作为废纸以便再次利用而被寺院收集起来,其上可以见到不少州县学、寺学或私学学生的书写题记。

---

① ［日］池田温:《〈中国古代写本识语集录〉解说》,李德范译,《北京图书馆馆刊》1994年第3期,第90页。

这些题记，繁简不一、形式多样、内容丰富，反映了当时人们的宗教信仰、社会生活、风俗习惯、职官制度等，对历史、社会、宗教、文化等领域的研究，是弥足珍贵的第一手资料。

一 研究史回顾

敦煌文献发现之初，英法探险者在藏经洞中翻阅拣择时，就注意到了写卷上所载之题记。精通汉学的伯希和特将有题记纪年者挑选出来，题记对于写卷研究潜在的价值受到重视。前人对题记的研究分为三个领域，一是题记资料的整理；二是题记作为一类研究辅助资料被使用、以资考证；三是将题记作为书籍史、宗教史研究上的一个客观对象来研究。前两者与敦煌学各领域的研究共同起步，题记担任了助研角色，丰硕的研究成果使题记的重要价值日益凸显，直接导致后起的将题记作为对象的专门研究。

（一）题记资料的整理

敦煌学研究伊始，写卷题记因其中有关于纪年、抄写、校勘、祈愿的内容，于分析写本年代、写卷真伪、考证历史、探究宫廷及民间的写经活动等均有极重要的参考价值，故而整理题记资料便成为学界的自觉行为，延及至今。

最初采录题记的是罗振玉之子罗福苌，其编撰的《古写经尾题录存》与其弟罗福葆所编《补遗》，① 辑录147件佛经题记，分类编排，同时插有关于纪年和经文性质的考证，至今仍值得参考。罗文发其首，后有许国霖《敦煌石室写经题记》②《敦煌石室写经题记汇编》《敦煌石室写经题记汇编补遗》③、陈祚龙《敦煌古钞内典尾记

---

① 此二文收入罗振玉《永丰乡人杂著续编》，上虞罗氏贻安堂凝清室，1921年。
② 此书通过对北京图书馆（现中国国家图书馆）所藏敦煌卷子的整理，辑录了432件题记，网罗了无纪年、简单署名、校记等各种题记。池田温《中国古代写本识语集录·解说》评价其为"本来意义上的题记辑录专书"。
③ 此二文将海外收藏的敦煌文献纳入辑录范围，所收题记有770件左右，是当时最丰富的辑录。但因为北图藏品之外的大部分藏品转引自罗福苌、矢吹庆辉、翟理斯等人的录文和《大正藏》及《昭和法宝目录》，其中多有脱落、误记情况。

❖ 绪 论 ❖

汇校》(初、二、三编)①《新校重订〈敦煌道经后记汇录〉》② 继其余绪,分别辑录了佛、道二教文献题记。而集大成者当属池田温所编《中国古代写本识语集录》,汇编了中外所藏历代写本题记两千余条,以年代为序排列,每条之后附有参考文献,将前人刊布、整理、研究工作一一列出,以备参阅。此书无论辑录题记的数量还是整理水平,都超过了以往同类著作。③

题记整理专文、专著之外,前代学者为各收藏单位或私人收藏者的藏品编撰的目录中对题记也做了详细载录。英、法、中、俄四大收藏地的藏品目录,以翟理斯《斯坦因搜集的〈汉文纪年写本〉》《英伦博物馆〈汉文敦煌卷子收藏目录〉》④、王重民《伯希和劫经录》⑤、陈垣《敦煌劫余录》《敦煌劫余录续编》、孟列夫《亚洲民族研究所藏敦煌汉文写卷叙录》⑥ 为代表,对写本题记做了详尽的著录和介

---

① 《初编》据《守屋孝藏氏搜集古经图录》《龙谷大学所藏敦煌古写经》(乾、坤两册)而成,收题记 54 条;《二编》据《大正新修大藏经》第八十五卷《古逸部与疑似部》所作之有关札记而成,收题记 53 条;后又据《敦煌遗书总目索引》内有关英藏和法藏的汉文写卷中未经收入《初编》《二编》之零册散简续成《三编》,收题记 525 条。共收佛教文献题记 632 条,现一并收入《敦煌学要籥》。

② 陈氏先在《大陆杂志》第二十五卷第十期发表《敦煌道经后记汇录》,后又据吉冈义丰《スタイン将来大英博物馆藏敦煌文献分类目录"道教之部"西域出土汉文文献分类目录》进行补正,成此《新校重订〈敦煌道经后记汇录〉》,收入《敦煌学要籥》。

③ 参见 [日] 池田温《〈中国古代写本识语集录〉解说》"译者的话",《北京图书馆馆刊》1994 年第 3 期。

④ 翟理斯编写的《斯坦因搜集的汉文纪年写本》一书,将所有带纪年的文书、记录都作为著录对象,包含近三百件敦煌写本题记,并将每一条题记译为英文,对题记的解说甚详。后又编《英伦博物馆汉文敦煌卷子收藏目录》(参见《敦煌丛刊初集》第 1 册),将无纪年的题记也辑录在内,但省略了题记的详细解说,故两书都具参考价值,可以并用。

⑤ 法国学者对法藏敦煌文献所做之编目中也对题记有所著录。隋丽玫整理的《巴黎国家图书馆藏敦煌写本题记初录》将纪年卷按年代顺序排列,同时标出写卷编号、题目,并抄出有关纪年的录文,可与王目互校。伯希和自编的目录由罗福苌和陆翔译出,分别刊登在《国学辑刊》1 卷 4 号(1923)、3 卷 4 号(1932)和《北平图书馆刊》7 卷 6 号(1933)、8 卷 1 号(1934)上,其中有对纪年和题记要点的摘录。巴黎国立图书馆也编制了详细的解说目录,谢和耐、吴其昱主编的第一卷(P.2001—2500)和米歇尔、苏远鸣主编的第三卷(P.3001—3500)已出版,对题记的著录没有王目周全。

⑥ 孟列夫《亚洲民族研究所藏敦煌汉文写卷叙录》,著录了俄藏敦煌文献中约十分之三的内容,有关题记的要点被译出介绍,第二册所附之《敦煌写本的年代》,有对纪年题记的详细说明。此书中文版由西北师范大学敦煌学研究所袁席箴、陈华平翻译,1999 年由上海古籍出版社出版。

绍。日本收藏品则有中村不折、施萍亭、王三庆、马德等学者所撰之目录，对书道博物馆、京都有邻馆、三井文库等十处藏品分别介绍，并将所存题记逐一著录，是我们现在研究最易获得的日本藏品资料。① 港台藏品，以潘重规《国立中央图书馆所藏的敦煌卷子题记》②、郑阿财《台北中央研究院傅斯年图书馆藏敦煌卷子题记》③ 著录最为详赡。国内各收藏地亦陆续编写目录介绍各自藏品，目录一仍旧例，皆全面著录题记信息。④ 此外，王重民、刘铭恕编《敦煌遗书总目索引》是对英、法、中、日藏品的汇编，施萍亭在此基础上

---

① 《台东区立书道博物馆所藏中村不折旧藏禹域墨宝集成》（图录）附录"收录图版目录及解说"，按年代顺序载录了中村所藏吐鲁番、敦煌写经的题记。参见文部科学省科学研究费特定领域研究《东ァジァ出版文化の研究》研究成果《东ァジァ善本丛刊》第二集，2005年3月18日发行。施萍亭《日本公私收藏敦煌遗书叙录》（一、二、三）著录了三井文库、京都有邻馆、唐招提寺、法隆寺、国会图书馆、大东急纪念文库、东京大学东洋文化研究所藏品，共收录题记41条，参见《敦煌研究》1993年第2期、1994年第3期、1995年第4期。王三庆《日本天理大学天理图书馆典藏之敦煌写卷》《日本所见敦煌写卷目录提要（一）》著录天理图书馆、唐招提寺、大谷大学藏品，共收录题记26条，参见中国文化大学中国文学系主编《第二届敦煌学国际研讨会论文集》及《敦煌学》第十五辑。马德《滨田德海文书题记选录》著录滨田德海旧藏，共收录题记14条，《敦煌研究》1994年第3期。

② 共收录题记19条，《敦煌学》第二辑，香港新亚研究所敦煌学会，1975年，第1—55页。

③ 共收录题记8条，《吴其昱先生八秩华诞敦煌学特刊》，台北文津出版社1999年版，第355—402页。

④ 秦明智：《关于甘肃省博物馆藏敦煌遗书之浅考和目录》；荣恩奇：《敦煌县博物馆藏敦煌遗书目录》；李并成：《西北师范大学敦煌学研究所藏敦煌经卷录》；吴织、胡群耘：《上海图书馆藏敦煌遗书目录》（上、续）；刘国展、李桂英：《天津市艺术博物馆藏敦煌遗书目录》；张玉范：《北京大学图书馆藏敦煌遗书目录》；苏裕民、谭蝉雪：《永登县博物馆藏古写经》；李伟国：《上海博物馆藏敦煌吐鲁番文献综论》；殷光明：《敦煌市博物馆藏敦煌遗书目录补录》；杨铭：《重庆市博物馆所藏敦煌写经目录》《重庆市博物馆藏敦煌吐鲁番写经目录》；王宇、刘广堂：《旅顺博物馆所藏西域文书》；王珍任、孙慧珍：《旅顺博物馆藏敦煌写经录及订正》；马大东：《天津艺术博物馆所藏经卷及社会文书简述》；方广锠：《中国散藏敦煌遗书目录（一）》；方广锠、查永玲：《浙江博物馆所藏敦煌遗书目录》；方广锠、徐永明：《浙江图书馆藏敦煌遗书目录》；方广锠、徐怀农：《南京图书馆所藏敦煌遗书目录》；徐怀农：《南京图书馆藏敦煌卷子考》；王倚平、唐刚卯：《湖北省博物馆藏敦煌经卷概述》；施萍亭、邰惠莉：《敦煌研究院藏敦煌文献叙录》；天津图书馆历史文物部：《天津图书馆藏敦煌遗书目录》；等等均对国内各收藏单位所藏敦煌文书中的佛经题记有所收录。

❖ 绪 论 ❖

编撰了著录更为完备的《敦煌遗书总目索引新编》,也可作为参考。①能使题记录文与写卷相互参校的当属近年来陆续出版的各地藏品图录所附之"叙录",因其参校了以往题记整理成果,录文准确性更高,较少遗漏,并附有前人重要研究成果等参考文献,使用价值极高。各种目录、叙录虽非以题记整理为目的,但亦可使题记资料得以集中呈现,并可与前述专文、专著相互参校。

有关敦煌特殊类别文献题记的整理,也有一些成果。马德《敦煌绢画题记辑录》②依据日本讲谈社出版的《西域美术》图录,辑录了大英博物馆和法国吉美博物馆收藏的绢画题记,拓宽了题记研究的领域,这些题记的内容对我们了解绢画绘制时代的政治、经济、文化方面的背景有重要意义。李正宇《敦煌学郎题记辑注》③搜集敦煌写卷、敦煌遗画和莫高窟题记中与学郎有关之题记,对我们研究唐宋时代敦煌学校教育史、写卷定年,以及对唐宋时代敦煌地方人物传记考证等方面具有十分重要的意义。黄征、吴伟编校的《敦煌愿文集》④中从愿文的角度选取材料,校录了99条题记愿文,集中为我们展现了敦煌写本题记所具有的发愿特色,为题记研究打开了一个新的角度。

题记最初是为了真实客观地展示文献面貌而被记录下来,对其整理汇编则目的在于为敦煌学各领域的研究提供资料。然而大量资料的汇集使题记呈现为一个类别独立、需要从整体观照的研究对象,并使探究其源流发展、形制特点、内容意旨、文体风格等方面的工作得以开展。

(二) 题记用作考证资料

题记所助之考证工作,在历史、制度、信仰、风俗等领域均有涉

---

① 《敦煌遗书总目索引》"北图藏品简目"未著录题记内容;散藏部分的著录体例不一,故而有些著录题记,有些未著,存在收录不全的问题。《新编》较之《总目》更为完备,但仍有许多缺漏及错误之处,本文附录部分将有专文对其校补。
② 《敦煌学辑刊》1996年第1期。
③ 《敦煌学辑刊》1987年第1期。
④ 黄征、吴伟:《敦煌愿文集》,岳麓书社1995年版。

及，成果颇丰。概观之，则多从佛、道二教文献入手。

1. 佛教文献题记

以佛教文献题记考证佛教史的成果最多，要之，有以下几方面：

其一，以纪年题记考订文献的年代，进而对敦煌文献整体进行编年连缀者。此类成果中，以姜亮夫《莫高窟年表》①和王素、李方《魏晋南北朝敦煌文献编年》②成就最著。前者利用写卷题记、石窟题记等提供的纪年信息，以时间为序，连缀以史实，勾勒出敦煌佛教发展的历史；后者对敦煌文献编年整理的同时，并对每条题记的研究状况进行了说明，可为研究的索引。此外，董作宾《敦煌纪年——敦煌石室写经题记年表》③、薄小莹《敦煌遗书汉文纪年卷编年》④亦有很大贡献，对本书在历史纵线上考察题记形制的发展及历史成因有重要的参考价值。

其二，以译经题记、官府写经题记研究译经、写经制度者。研究唐代译经专门问题，如译事沿革、译场制度、译经理论等的前辈学者有梁启超、宇井伯寿、常盘大定、陈垣、吕澂、汤用彤、季羡林、曹仕邦、王文颜、张弓等，以译经题记为基础，对照史传、经录等文献，勾勒唐代佛典翻译之梗概，几成研究者通识。另有学者从译经题记个案来考察记录译场制度的各种资料之间的关系。如梅应运《敦煌石室写经题记之研究》征引译经题记，并参证经录，考知《开元录》实乃依据出经题记撰述。⑤梁丽玲、朱文光《从写经题记看唐代佛典翻译》列举译经制度研究之初仅据史传和经录的不足，通过对译经题记中玄奘和义净译场职事的考察，来说明译经题记与前两种材料结合使用的重要性。⑥写经制度方面，藤枝晃《敦煌出土的长安宫

---

① 姜亮夫：《莫高窟年表》，《姜亮夫全集》（十一），云南人民出版社2002年版。
② 王素、李方：《魏晋南北朝敦煌文献编年》，新文丰出版公司1997年版。
③ 董作宾：《敦煌纪年——敦煌石室写经题记年表》，《董作宾先生全集》第8册，艺文印书馆1977年版。
④ 薄小莹：《敦煌遗书汉文纪年卷编年》，长春出版社1990年版。
⑤ 《新亚书院学术年刊》第8期，第235—289页。
⑥ 台湾逢甲大学唐代研究中心、中国文学系编：《唐代文化、文学研究及教学国际学术研讨会论文集》，2007年5月，第1—12页。

❖ 绪　论 ❖

廷写经》①《敦煌写本概述》② 中已对唐代官方佛经抄写者及官方佛经抄写机构进行了探讨。此后，继论者颇多，探讨的范围不出官方写经的组织机构、书手构成、抄经流程、后勤供给等方面。③ 经过多位学者的细致讨论，唐代官方写经制度基本厘清，是本书研究官方写造藏经事业及其对民间写经影响的重要参考。

其三，以题记发愿文考证民间佛教信仰和佛教风俗者。观音、净土、弥勒等常见民间佛教信仰之外，敦煌地区特别流行十王、毗沙门天王、宾头卢等信仰，题记中多有以之为对象的祈愿。研究者一般针对个别信仰类型予以阐释，如释大参《敦煌〈观音经〉题记中的孝道思想》④ 探讨观音信仰与儒家孝道思想的融合；何剑平《作为民间写经和礼忏仪式的维摩诘信仰》⑤ 从写经和礼忏仪式等方面，讨论了民间的维摩诘信仰不同于知识阶层信仰的特点。而党燕妮博士的论文《晚唐五代宋初敦煌民间佛教信仰研究》则给予前述信仰以全面考察，利用题记材料考察了敦煌地区各种民间佛教信仰的演变历程。关于佛教风俗的研究，笔者所见的有郑阿财《敦煌寺院文书与唐代佛教文化之探赜》，⑥ 结合寺院文书和写经题记探讨了四月八日佛诞日的写经风俗。施萍亭《一件完整的社会风俗史资料——敦煌随笔之三》和杜斗城《"七七斋"之源流及敦煌遗书中有关资料的分析》，借助题记资料，对"七七斋"佛教风俗进行了探讨。⑦

其四，以题记所载供养经题研究佛经流传情况者。方广锠的系列

---

① 《冢本博士颂寿纪念佛教史学论集》，京都，1961年，第647—667页。
② 此文经徐庆全、李树清翻译后发表在《敦煌研究》1996年第2期。
③ 例如，高国藩《敦煌古俗与民俗流变》中《敦煌写经风俗》一章讨论北魏至隋初流行"一生二校"型的写经班子，初唐至盛唐流行"十一人型"班子；曹之《唐代官方佛经抄本考略》一文对抄经的组织机构进行分析；顾吉辰《唐代敦煌文献写本书手考述》探讨了书手成分、写经情况；魏郭辉《唐代官方佛经抄写制度述论》研究了官方写经的后勤供给措施。
④ 《现代佛教学会通讯》2003年第13期。
⑤ 《敦煌学辑刊》2005年第4期。
⑥ 台湾逢甲大学唐代研究中心、中国文学系编：《唐代文化、文学研究及教学国际学术研讨会论文集》，2007年5月，第1—17页。
⑦ 分见《敦煌研究》1987年第2期，2004年第4期。

论文①对《维摩诘所说经》《金刚经》《妙法莲华经》《佛说佛名经》等在敦煌的流传历史、版本演变及注疏情况做了分析；郑炳林、梁丽玲等学者对《大般若经》《贤愚经》《大般涅槃经》《华严经》等的流传情况和流传原因的分析，②对本书研究民众写经题材变迁和信仰变化的原因大有帮助。

2. 道教文献题记

敦煌道教文献数量不多，现存的题记资料也较少，对其进行研究和以其为资料做相关研究的论著就比较有限。

董作宾《敦煌纪年》辑录了 11 条道经题记，据此论及敦煌道经流传的时代和流行经典，但由于所据材料十分有限，因而得出的结论难称完善，不过此文本身仍不失为利用题记探讨敦煌当地道教历史文化的有益尝试。谭蝉雪《敦煌道经题记综述》③ 统计了现已公布的道经题记的数量及所涉及的经典，依据题记内容论述了敦煌道教写经的时代、道教及道观分布地域、道经的来源、写经目的、题记中的科戒仪轨，以及最为流行的几部经典，所论虽为概况，但却是对道教题记研究范围的总结概括。

对敦煌道经的来源与流传、敦煌道教与中原道教关系的考察是研究的重点。敦煌道教文献中最多见者是《道德经》《十戒经》《本际经》，《道德经》与《十戒经》往往结合流传。姜伯勤《本际经与敦煌道教》根据题记考证了武则天为太子李弘写一切道经的史实，见出敦煌道教和长安道教的交流，并认为《本际经》的流行亦可视为道教西传对佛教东传的一种回应。④ 朱大星《敦煌本〈十戒经〉的形

---

① 方广锠对于敦煌所流行的佛经做了一系列研究，包括《敦煌遗书中的〈维摩诘所说经〉及其注疏》《敦煌文献中的〈金刚经〉及其注疏》《敦煌遗书中的〈妙法莲华经〉及有关文献》《关于敦煌遗书〈佛说佛名经〉》。

② 这些文章包括郑炳林《晚唐五代敦煌地区的〈大般若经〉的流传与信仰》、梁丽玲《〈贤愚经〉在敦煌的流传与发展》、释永有《敦煌遗书中的金刚经》、杨君《〈金刚经〉与唐朝民众崇经活动及其观念》、崔峰《大般涅槃经在北周和隋代的流行》、李海峰《敦煌遗书中的早期〈华严经〉及其相关文献》。

③ 载陈鼓应主编《道家文化研究》第十三辑，生活·读书·新知三联书店 1998 年版，第 8—24 页。

④ 《敦煌研究》1994 年第 3 期。

❖ 绪 论 ❖

成及流传》①和《敦煌本〈老子〉研究》，②认为敦煌本《老子》的流传是因其作为学校教材使用、政府颁赐、道教因自身经教传承的需要及世人因消灾祈福等需要而传抄，而敦煌本《老子》与《十戒经》的结合流传，与当时的社会历史环境及《十戒经》的自身特点是密切相关的。张洪泽《论唐代道教的写经》③、邵文实《敦煌道教试述》④等论文则统摄所有道经题记，论述了唐代《道藏》的编撰和道经的传写以及敦煌道教与中原道教的密切关系。

道经题记有一显著特点，即包含了道士、女冠受持经戒时的盟誓文。针对于此的研究，有讨论盟文中所反映的隋唐以降以道观为核心的经教化道教的发展及其与传统科仪之间的矛盾者，如刘永明《盛唐时期敦煌的道观问题——兼论经戒传授盟文中的题名方式》；⑤有考察盟文的文体源流及其在传授仪式中的功能者，如吴羽《敦煌写本中所见道教〈十戒经〉传授盟文及仪式考略——以 P.2347 敦煌写本为例》；⑥亦有考察盟文里中岳先生之称号在长安及敦煌道教徒间的使用情况者，如杨森《武则天至玄宗时代敦煌的三洞法师中岳先生述略》。⑦

题记中抄写者或受持者题名中包含了许多道观信息，借此对敦煌道观的考察也是一个研究方向，如李正宇《敦煌地区古代祠庙寺观简志》⑧对敦煌十座道观：灵图观、神泉观、开元观、龙兴观、冲虚观、玉女娘子观、西云观、老君堂、王母宫、紫极宫的全面介绍。其后则有胡恩厚《敦煌莫高窟道教史迹考察》⑨、邵文实《敦煌道教试述》等文对其进行补充，并着重考察了敦煌名观"神泉观"的地理

---

① 《浙江大学学报》（人文社会科学版）2007 年第 3 期。
② 博士学位论文，浙江大学，2005 年。
③ 《敦煌研究》2000 年第 3 期。
④ 《世界宗教研究》1996 年第 2 期。
⑤ 《敦煌学辑刊》2006 年第 4 期。
⑥ 《敦煌研究》2007 年第 1 期。
⑦ 《敦煌研究》2003 年第 3 期。
⑧ 《敦煌学辑刊》1988 年第 1、2 期。
⑨ 《宗教学研究》1988 年第 1 期。

位置和历史沿革。①

(三) 以题记为对象之研究

在长期积累的题记汇编整理工作及以题记作为考证资料的研究中，题记的重要性一再被确认，研究工作便朝向独立研究题记文献的方向发展。

最早展开研究的是台湾政治大学中文研究所的研究生罗汀琳，其论文《敦煌佛经写卷题记初探》探讨了佛教写卷题记的源流、文体风格、内容，认为记录抄校点读、受持供养的题记乃是一种记叙文字，其中祈愿内容一准于金石之例，接近于造像记；其文体风格受不同时代文学风格和译经风格的影响而呈现出或散句记述、质朴无文或文格骈俪、文辞典雅的风格；并通过对题记供养经题、供养人和写经目的的归类分析，阐释了敦煌佛教在帝王倡导、氏族影响的背景下蓬勃发展；在平民中趋于世俗化，实现了宗教的现实性转变，呈现出了在民间的一种升华与圣化。② 此文将佛经题记视为佛教文化的一类载体来探讨，无论是对它构成要素、形式特点的分析还是对其宗教内涵的揭示，都使我们对题记的认识进入了一个全新的层面。在此文的启发下，台湾学者林聪明所撰《从敦煌文书看佛教徒的造经祈福》③ 及梁丽玲《六朝敦煌佛教写经的供养功德观》④ 特别从题记中整理出写经的抄写者、供养人身份、写经目的、祈愿对象与内容、供养祈福方式等一一叙述，归纳分析佛教徒造经祈福的情形和宗教意义。近来，兰州大学魏郭辉的博士学位论文《敦煌写本佛经题记研究——以唐宋写经为中心》对写经题记内容和题记抄写者的分析是对前人研究的总结与细化，而在"译经题记研究""疑伪经题记研究"专题中则

---

① 相同论题之论文还有杨富学、李永平《甘肃省博物馆藏道教〈十戒经传授盟文〉》、刘永明《盛唐时期敦煌的道观问题——兼论经戒传授盟文中的题名方式》。
② 《国际佛学研究创刊号》1991年第12期。
③ 载汉学研究中心编印《第二届敦煌学国际研讨会论文集》，1991年，第521—538页；又见《中国敦煌学百年文库·宗教卷（一）》，甘肃文化出版社1999年版，第201—217页。
④ 《敦煌学》第二十二辑，1999年，第119—138页。

❖ 绪 论 ❖

对以往研究有相当的拓展,其中对译场列位所记载的僧人及寺庙的考证甚为翔实;有关疑伪经题记的整理和对其分布情况的探讨很有价值,但流于对疑伪经流行情况的描述,对流行原因的分析还有待深入。

以上研究均是探讨佛经题记的特点和它所承载的佛教文化,未能脱开宗教领域的限制。林聪明《敦煌文书学》中"敦煌文书的题记"从文书形制的角度开拓了题记研究的视角,会通全部题记资料描述了题记的书写位置、篇幅、内容和功用。① 林氏指导的研究生谢慧暹承其师之事业,将题记的分类研究进一步细化。其硕士学位论文《敦煌文书题记研究》根据材料分类的结果,将题记的书写位置、篇章组织、内容、纪年方式等逐一分类、引证事实,同时具有资料性质与研究价值。② 然而林氏师徒的研究停留在对现象的分类描述,并未将书籍发展史上各时期书籍形制作一综合考察以见出写卷时期题记的形制特点,至于写卷题记的来源为何与对后世题记有何影响等问题更未能论及,实为遗憾。

综合性论著之外,还有一些针对个别问题讨论的文章得出了很有价值的成果。窦怀永《敦煌写本题记的甄别》③ 针对写本上杂记文字纷繁的问题,提出了甄别杂写题记、蒋孝碗编目题记及伪造题记的思考。陈泽奎《试论唐人写经题记的原始著作权意义》④ 就写经题记署名与古代著作署名的关系,以及题记中反映的原始版本记录和著作权保护意识进行了研究。赵青山、蔡伟堂《从敦煌题记"师僧"看僧团师徒关系》⑤ 和《从敦煌题记所记之"七世父母"观看佛教文化对中土文化的影响》,⑥ 是对题记祈愿对象中"师僧"和"七世父母"的个案研究,对于认知佛教文化影响下敦煌地区僧团内部生活

---

① 林聪明:《敦煌文书学》,新文丰出版公司1991年版,第271—352页。
② 谢慧暹:《敦煌文书题记研究》,硕士学位论文,东吴大学中国文学研究所,1993年。
③ 《文献》2009年第2期。
④ 《敦煌研究》1994年第3期。
⑤ 《敦煌研究》2009年第3期。
⑥ 《兰州大学学报》2009年第6期。

和孝道观念很有启发。这些研究成果为我们提供了一个重要信息，即题记研究不能停留在内容及形式的分类上，题记内涵的界定、题记在书籍编撰史上的意义、题记祈愿对象所蕴含的民众宗教心理和中土文化与佛教文化的融合都是日后研究应着重关注的方面。

二　研究中存在的问题

前人的研究基本呈现出以题记为材料以资考证者多、以题记为对象全面研究者少的现状。现有成果对后学颇有启发，然细研之，仍有以下不尽完善之处。

1. 题记含义界定之不明确

前代研究者对敦煌文献题记的内涵和外延做过一些界定，但却存有分歧。

翟理斯《英伦博物馆汉文敦煌卷子收藏目录》将纪年、写经者、供养者、供养对象、发愿文等信息较为完整者才称为"colophon"（题记）；虽详细著录抄写者或持有者的简单题名及校勘记，但都不算作题记。林聪明《敦煌文书学》将文书的标题（包括首尾题和品题）归属于题记范畴，① 故而每一写卷若标题无残缺即均有题记。谢慧暹《敦煌文书题记研究》认同林氏观点的同时又称"题记乃序文与跋文的合称，凡对书籍、诗文、字画或碑帖，有所说明、议论或感想等的文字，而题写于作品的前端或末尾者，谓之"②，将题记与序跋混为一谈。而现已出版的藏品图录在为藏品定名时，凡是残片之上仅存或写卷上杂写之纪年、人名、文字一如"某年月日某人写记"者，不计其与所依附正文的关系和书写背景一律称为题记，是将杂写与题记不分彼此。题记并非只存在于写本之上，简帛、金石、碑刻、石窟、敦煌吐鲁番文献研究中都曾提及各种文献载体上的题记，其含

---

① 林氏认为题记乃是记载有关文书的标题与制造及其制造日期、地点、目的等各项内容的标识。有些题记亦将抄写人、校订人、染纸人以及与此件文书有关诸人的姓名，加以记录下来；甚至连使用的纸张数量，往往亦有记载。参见《敦煌文书学》，第272页。

② 参见《敦煌文书题记研究》，第1页。

❖ 绪 论 ❖

义在各个领域的研究中有所不同。题记的内涵和外延不明晰，导致研究者辑录题记时持有不同之收录标准，研究范围的广狭也无法确定，给研究工作带来了一定困扰。

2. 题记源流探讨之疏略

一类现象的出现，如文体、文学流派等，必有其形成的历史原因、发展源流。具体到题记，也必有其形成之脉络。题记起源于何？写本时期题记在形制上有什么特点？印本文献上是否仍有题记？这些问题都值得探讨。然而在现存研究成果中，于此着意者极为少见。仅魏郭辉《敦煌写本佛教题记研究》和罗汀琳《敦煌佛经写卷题记初探》稍有论及，① 但只是对某一类题记起源的探析，并未系统阐释，然其确有再深入的必要。

3. 宗教文献题记研究之不平衡

宗教文献中佛教文献的题记占有大宗，历来研究多侧重于此，道教等其他宗教文献和非宗教文献的题记受关注较少。然而，佛教以外文献的题记与佛经题记有相同点也有不同点。以道教文献为例，道教徒也写经发愿，其祈愿题记与佛经祈愿题记类似；但《十戒经》和《道德经》题记中的受经戒盟文，则与佛经题记大为不同。对佛教以外文献题记的研究，有利于探究不同性质文献附载题记的共性及特性。

4. 佛教文献题记研究难以由浅入深

对佛教文献题记做全局研究者，均着眼于对写经者和写经目的等分类描述，并对题记中所反映的写经制度和译场制度多有分析，但对分类结果所蕴含的深层次问题，如官府和私人两类造经者选择的造经题材的异同所体现出的 5—10 世纪官府造经事业对民间写经的影响、民间信仰的变迁等，未能在以往的研究中理出细致的脉络；其中之原因，也未能得到深入分析。而这正是在现象描述之后应着力探讨的本

---

① 魏郭辉认为写经题记的出现与佛典汉译有相当密切的关系，应源于早期西土僧人译经时所写之译经后记，但只能说明译经题记的起源。参见魏文第 14 页。罗汀琳认为写经题记有别于"经后记"，其祈愿记事之内容一准于金石之列，接近于造像记。此处着重说明佛教题记的祈愿部分。参见罗文第 4 页。

质问题。

前人研究有开创之功，问题所在之处，便是日后可开拓之处。以上四个问题若能得以解决，题记研究定能向前迈进一步。

三 研究对象的界定

本书以"敦煌汉文文献题记"为研究对象，可分为三部分来理解。

1. 敦煌文献。关于敦煌出土之 5—11 世纪的古写本、印本、绢本等文献的总名，历来称说不一，而较为常用者有：敦煌遗书，始见于罗振玉《敦煌石室遗书》；敦煌写本，如藤枝晃《敦煌写本概述》；敦煌卷子，如向达《伦敦所藏敦煌卷子经眼目录》；敦煌文书，其代表者为那波利贞《法、德、英藏敦煌文书之调查》、林聪明《敦煌文书学》等。至今，这几种称名仍在敦煌学研究中沿用。然而，笔者认为采用"敦煌文献"来称说其总名更为合适，理由如下：（1）敦煌文献中大部分为写本，但仍有少量绢本、印本、刻本文献，称"写本"失之偏颇；本书所研究的题记虽绝大多数为写本所载，然而绢画及印本文献的题记是重要的参考，不可偏废。（2）敦煌文献有百分之七八十写于中唐至宋初，这一时期恰是书籍由纸卷向册页过渡的时期，敦煌文献中不仅有卷轴装，更有册页装、经折装等，正反映了这一时期书籍形制变化的面貌，故而称"卷子"有以偏概全之嫌。（3）称"文书"者如林聪明先生认为，概指一切以文字、图画记载下来的资料，凡诗书古籍、公文案卷、簿籍契账、文章绘画等皆在其中，无论写本、印本、拓本皆容于内，故其总名以"文书"最为适宜。① 然而在研究中，学者往往将敦煌文献中收藏的官私档案称为官私文书，特指符、牒、状、贴、籍账、契券、公验、过所等档案文件。总名与部类之名相同，造成指涉对象不明晰，对后学的阅读与理解造成了障碍。因此，"文书"一名也不尽适宜。（4）"遗书"之名

---

① 林聪明：《敦煌文书学》绪论第一节第二目，第 6 页。

◆ 绪 论 ◆

虽似避免了以上三种问题,然其偏重于强调敦煌文献藏于密室、幸免历史淘汰的密室遗珍特点,并未成为学术研究中最为科学客观的术语。"文献"一词作为敦煌密室遗珍的总名最为合适,(1)"文献"为学术研究中旧有之术语,专指有历史价值和参考价值的图书资料;①(2)"文献"能够涵盖所有外貌特征和内容的书籍资料;(3)目前敦煌学界已将"敦煌文献"作为通用之词广为使用,近年来所出版的各收藏地之藏品图录皆称为"某某藏敦煌文献",如《法国国家图书馆藏敦煌文献》《俄罗斯科学院东方研究所圣彼得堡分所藏敦煌文献》;(4)前辈学者做分类研究时亦称之为"敦煌文献",如林世田、申国美编《敦煌密宗文献集成》《敦煌文献分类校录丛刊》等,而敦煌研究院下设的遗书研究所亦于20世纪80年代改名为文献研究所。因此,本书在界定研究对象时选用了既能涵盖敦煌密室遗珍的内容与外貌特征,又为学界广泛使用之术语"敦煌文献"。

2. 汉文文献。敦煌出土除汉文文献外,还有藏文、于阗文、回鹘文、粟特文、突厥文、梵文、希伯来文等多种语言文献。这些语种的文献中也有附记题记的,如藏文文献,但本书仅限于汉文文献题记的研究。

3. 题记。敦煌文献题记指附记于文献首尾或中部,记述写本的年代、书写(书写地点、书手姓名身份及写本产生缘由、用纸、字数等)、校勘、版本、诵读、流传、供养的文字;以时间、人物、目的构成主要要素,但三要素不一定齐全;题记具有记录性和祈愿性并存的特点,不同于记录著作内容的要点、评介或对其展开批判等的序跋类文字。绢画和印本佛画有些也有题记,内容同于写经题记,多记录供养祈愿内容;但书写位置不同,一般写或刻印在佛画的下方。这些题记,繁简不一、形式多样、内容丰富,反映了当时人们的宗教信仰以及社会生活、风俗习惯、职官制度等,对历史、社会、宗教等领域的研究,都是弥足珍贵的第一手资料。

---

① 《论语·八佾》:"夏礼吾能言之,杞不足征也;殷礼吾能言之,宋不足征也。文献不足故也。"朱熹《集注》:"文,典籍也;献,贤也。"

四 材料来源

敦煌原卷分藏各国，笔者不能亲自翻阅，故而通过以下两种途径进行题记资料的收集：

（1）近年来四大藏品地及国内外部分散藏地将藏品拍摄后以图录出版，笔者从藏品图录着手，逐卷翻阅，摘录其中现存的题记资料。

（2）未有图录出版的收藏品，主要依据前辈学者整理的题记汇编以及各收藏单位藏品目录和叙录来整理。题记汇编有综览各家藏品所做之全面整理，如池田温《中国古代写本识语集录》；亦有只对一处藏品的个别整理，如许国霖《敦煌石室写经题记汇编》，即对北京图书馆所藏佛教经典题记的整理。各地藏品的目录和叙录对所藏写卷逐一详细著录，其中包括了题记信息，也是我们获取资料的一种途径。

敦煌文献原卷历经各国学者数年的翻阅研究，已有磨损伤害，加之拍摄技术的限制，字迹细小、墨色清淡或朱笔书写的文字往往有不能如实反映之处，图录照片与原卷或有差异，我辈不能亲见原卷者只能据图录加以猜测。而前代学者多有赴各收藏地亲阅原卷者，他们所整理之写卷目录、题记汇编，依原卷而录，就多可信从，在摘录图录文字的同时，以之参校，实为必要。

在整理过程中，对题记的辨识，除按照题记定义来判断外，还有几条原则需遵循：

（1）表、状、笺、启、转帖、牒、算会历、入破历等官私文书，自有其行文范式，其末尾记录时间、人物信息的文字属于文书之落款，不属于题记。如果此类文献结集成为文范，因其用途的转变，故而可能附有书写题记。

（2）原卷上各种记录时间、人名或某人抄某经的杂写文字，因其没有载体，即没有可依附的正文，不能算作本书研究之题记。

（3）一些写卷残片上仅存尾题和题记或仅存题记，从书写形式

❖ 绪　论 ❖

的规范程度和其中记载的所依附经典的信息，可判定其确是从某写卷上脱落下来的，应算作本书的研究对象。

（4）题记条目的划分原则上以文献为单位，每一件文献所附之题记算作一条；不同文献上同一人所写之相同题记各算一条，不合并；同一文献上的写、校、发愿文为同一人所写，或分别为抄写者、校勘者、供养者所写，均算作一条；同一文献后显为不同人所写，且记录了不同时期的供养、发愿、阅读信息者，各算一条，不合并。

根据以上原则，笔者翻阅了二十四家收藏单位的图录，以图录为底本，参校各题记汇编和藏品叙录以查漏补缺，整理出题记 2115 条；未能亲见图录的收藏单位，便以该处藏品目录或叙录为引用依据，收集到十二家单位的 133 条题记，共计 2248 条题记。

五　本书章节设计和研究方法

基于前人研究存在的各种问题，本书的研究将从以下几方面展开：

第一章，敦煌文献题记概述（上）。本章针对题记定义不明晰、源流考证疏略的问题，采用出土文物文献和传世文献结合研究的方法，考探题记的定义及其定名的历史渊源。首先对传世文献及文物中"题记"这一称名的各种含义进行了归纳整理，并梳理了敦煌学者在研究中针对"题记"这一对象曾使用过的各种称谓，探讨了敦煌文献"题记"命名的原因；进而，总结了以往研究者对题记内涵理解的偏差，辨析敦煌文献题记与碑刻、金石、古书画序跋、款识的区别；最后着重讨论题记的真伪问题和辨识标准。

第二章，敦煌文献题记概述（下）。本章从三个角度对题记进行分类，首先根据文献的生产及装帧形式将题记分为写卷题记、册页题记、印本题记、佛画题记；其次根据题记所依附的文献内容性质，将其分为佛教文献题记、道教和三夷教文献题记、四部文献题记三类；最后依据题记的内容将题记分为记事性题记和祈愿性题记两类。其中，依据题记所依附的文献内容性质的分类，是本书第三章至第五章分类研究的基础。不同性质文献的题记，记录抄校点读、受持流传、供养祈愿、遣怀杂记等内容的侧重不同，也是本章详细讨论的方面。在分类基础上，分析了各种装帧形式文献题记的书写位置及致因，探讨其在书写形制上的通例，并讨论了题记的题写规则和特点。

第三章，佛教文献题记研究。北朝至五代宋初，敦煌民间佛教写经活动兴盛，故而存留下来许多佛经写本。这种写经活动是在经典崇拜的宗教背景下产生的，本章先研究了民间佛教经典崇拜产生的原因；再将造经者按照社会阶层分为官府、皇室、贵族和僧尼、官吏、民众两大类，分别探讨其造经目的和宗教心理；最后使用统计的方法，按时间线索归纳出写经题材和祈愿文字的变化，从历时角度考察佛教信仰之变迁。

第四章，道教及三夷教文献题记研究。本章以道教文献题记为主，分析了敦煌道经流传的年代、背景，勾勒出了敦煌道教写经活动的概貌；比较了道教文献题记愿文与佛教题记愿文的异同，并考察了题记盟文的内容和起源；最后对摩尼教、景教、祆教文献及题记做了介绍。

第五章，四部文献题记研究。本章通过对题记内容和书写者的研究，探讨了敦煌四部文献的来源和使用性质，并进一步研究了题记所见之敦煌官私学校教育。

余论，揭示敦煌文献题记研究的价值与意义，并提出研究中可进一步深入探讨和拓展的领域。

六　本书引用文献名词略称

BD：中国国家图书馆藏敦煌遗书。

Ch：英国博物馆藏敦煌绢纸画编号。

D：北大图书馆藏敦煌文献。

Db.t.：敦煌市博物馆藏敦煌藏文文献。

EO：吉美博物馆藏敦煌文献。

MG：吉美博物馆藏敦煌文献。

绪 论

MS：丹麦哥本哈根皇家图书馆藏敦煌文献。

S：英国国家图书馆藏敦煌文献斯坦因（A. Stein）编号。

S. P.：英国国家图书馆藏敦煌刻本文书。

P：法国巴黎国家图书馆藏敦煌文献伯希和（P. Pelliot）编号。

P. t：伯希和藏文写卷。

ZSD：中国书店藏敦煌文献。

Дx：俄罗斯科学院东方研究所圣彼得堡分所藏敦煌文献。

Ф：俄罗斯科学院东方研究所圣彼得堡分所藏敦煌文献弗鲁格编号。

北：黄永武《敦煌宝藏》收录北京图书馆（现为国家图书馆）藏敦煌文献。

北三井：日本三井文库珍藏敦煌遗书。

滨田：日本滨田德海旧藏敦煌文献。

大东急：日本大东急纪念文库藏敦煌写经。

大谷：大谷大学藏敦煌写经。

东大：东京大学东洋文化研究所藏敦煌写经。

敦博：敦煌市博物馆藏敦煌文献。

敦研：敦煌研究院藏敦煌文献。

定博：定西县博物馆藏敦煌文献。

高博：高台县博物馆藏敦煌文献。

甘博：甘肃省博物馆藏敦煌文献。

甘图：甘肃省图书馆藏敦煌文献。

哥图：丹麦哥本哈根皇家图书馆藏敦煌文献。

故博：故宫博物院藏敦煌文献。

国图WB32：日本国会图书馆藏古写本。

酒博：酒泉市博物馆藏敦煌文献。

津艺：天津艺术博物馆藏敦煌文献。

历博：中国历史博物馆藏敦煌文献。

散：《敦煌遗书总目索引》"敦煌遗书散录"。

上博：上海博物馆藏敦煌文献。

上图：上海图书馆藏敦煌文献。

池：池田温《中国古代写本识语集录》。

书博：台东区立书道博物馆所藏中村不折旧藏禹域墨书集成。

藤井：日本京都藤井有邻馆藏敦煌文献。

天津文物：天津文物公司藏敦煌文献。

天理：日本天理大学天理图书馆藏敦煌文献。

西北师大：西北师范大学藏敦煌文献。

张博：张掖市博物馆藏敦煌文献。

招提：日本唐招提寺藏敦煌写经。

浙敦：浙江藏敦煌文献。

中医学院：甘肃中医学院藏敦煌文献。

中图：台北"国立中央"图书馆藏敦煌文献。

"中研院"：台北"中研院"傅斯年图书馆藏敦煌文献。

七 本书题记录文规范

（1）题记录文一遵图版原文，在俗字、异体字、讹字后用（ ）注出正字；存疑的字，在其后加（?）表示。

（2）字迹漫漶处用□标出，可补正的字在□后用（ ）标出；漫漶严重，多字不能辨认处用▭标出。

（3）从句意判断有阙字处，用［ ］标出所缺之字。

（4）行文换行之处用"/"标出。

第一章 敦煌文献题记概述（上）

第一节 题记的定义

一 "题记"释名

"题记"一词，始见于《隋书·经籍志》所载"蜀文翁学堂像题记二卷"，可知唐以前"题记"已作为一个双语称名而出现。然而，在后世的沿用中，"题记"一词含义颇广，用为四端：碑石刻辞、游记之文、书籍序跋、书画题跋。

（一）碑石刻辞

宋代欧阳修《集古录》肇发金石学之端，后世颇有于此用心者，往往摹拓碑文、搜集校理、研磨考证。"题记"一词于金石学的研究中颇为常见。

1. 图画榜题谓之题记

汉代营造了大量画像石墓和地面上的石享堂、石祠，画像旁常常配有对内容的说明文字，这些画像石上的文字被后世辑录研究者称为"题记"，如《隋书·经籍志》载"蜀文翁学堂像题记二卷"。文翁学堂乃西汉时蜀郡郡守文翁所建之郡学，汉献帝时益州太守高朕修葺学堂时在旁又建一石室"周公礼殿"，于其壁上图画上古盘古、李老等神及历代帝王之像，梁上又画仲尼七十二弟子、三皇以来名臣。齐永明十年，成都刺史刘悛再修石室礼殿，画仲尼四科十哲像并车服礼器。① 此"题记"当指刻画于画像旁介绍和赞颂盘古、三皇五帝、三代君臣与仲尼七十弟子的文字。汉代墓室画像石上的文字与之相类，赵明诚《金石录》记录"汉武氏石室画像"称"四壁刻古圣贤画像，小字八分书题记姓名，往往为赞于其上"②，可知，汉代画像石上的题记不仅包括图画内容的题名，还包括对具体人物或故事的赞颂文字。

《蜀文翁学堂像题记二卷》不知何时成书，至迟在唐初编订《隋书》时，"题记"的称名已经出现。这种题记相当于现代汉画像石研究中的"榜题"。及至宋代，壁画旁题写的说明、赞颂文字也被普遍称为题记，如宋江少虞撰《事实类苑》卷五十《王舍城寺壁》条云："北都临清县北有王舍城僧寺东一古殿，皆吴生画佛像，旁有题记，类褚河南笔法。"③ 此佛像旁之题记，与画像石题记的区别在于前者为写、后者为刻，与敦煌石窟中壁画上的榜题是一样的。

2. 碑石铭记谓之题记

先秦及西汉石刻存世很少，西汉早期及中期的石刻，主要是人物的姓名、年月、建筑材料的记号等简单的刻辞，属于"物勒工名"性质。西汉末年至东汉，石刻由"物勒工名"发展到具有实用意义的界石、神位、墓记等形式，则有了碑铭、墓志铭等称谓。④ 而前者则往往被称为题记。如《隶辨》卷八《碑考下》"五君梧桦文"条

---

① 参见（宋）黄休复撰《益州名画录》卷下"无画有名"载"《益州学馆记》云：'献帝兴平元年，陈留高朕为益州太守，更葺成都玉堂石室，东别创一石室，自为周公礼殿。其壁上图画上古盘古、李老等神，及历代帝王之像；梁上又画仲尼七十二弟子、三皇以来名臣。耆旧云：西晋太康中，益州刺史张收笔。古有《益州学堂图》。'今已别重妆，无旧迹矣。'刘瑱，齐永明十年，成都刺史刘悛再修玉堂、礼殿，灵宇严肃。悛弟瑱，性自天真，时推妙手，画《仲尼四科十哲像》，并车服礼器。'今已重妆别画，无旧踪矣。"《中国历代画论画史选注·益州名画录》，四川人民出版社1982年版，第115—116页。

② （宋）赵明诚《金石录》卷十九"汉武氏石室画像"称"武氏有数墓在今济州任城，墓前有石室，四壁刻古圣贤画像，小字八分书题记姓名，往往为赞于其上，文词古雅，字画遒劲可喜，故尽录之以资博览"。中华书局据《古逸丛书》三编影印，1991年版，第449页。

③ （宋）江少虞：《宋朝事实类苑》，上海古籍出版社1980年标点本，第658页。

④ 参见赵超《中国古代石刻概论》，文物出版社1997年版，第86—87页。

❖ 第一章 敦煌文献题记概述（上） ❖

云："黄伯思长睿作《洛阳九咏》，其《瞻上清》一篇中云'洼桙五兮石梧九，飨西后兮殿东后'，所注甚详。注云宫中有石，上列圆穴五、椭穴九，俗谓之九卵石。侧各有题记，曰：太老君、真人君、仙人君、东海君、西海君，字与汉人隶法同。"① 此石上之"题记"是祭祀对象的题名。

碑的正面用来刻写碑文，碑文的撰著者、书写者等附记性文字则往往刻于碑阴，也称为题记。赵明诚《金石录》载《隋化善寺碑》碑阴有郎余令题记云"隋尹式撰"②，记录了碑文的撰写者。《会稽志》卷十六"徐浩先茔题记"云"大历九年十月浩正书，刻于高行先生徐师道碑阴，石不存"③，此题记记录了碑文的书写者。

建塔、立庙、修墓完工之时，立碑石以记年月、缘由、施造者题名，亦称为"题记"。厉鹗《东城杂记》卷上"慈云寺宋刻"载"雍正庚戌二月，予过慈云寺，见阶下生台石柱上，有'宋元符二年，冯谨建普会塔一所'题"④，此题记是对建塔时间及施造者的记录。倪涛《六艺之一录》卷六十五"唐刘表碑阴"载"碑阴刘巨容题记，与庙碑同"，同卷"唐新立镇南将军刘表庙碑"载庙碑内容为"刘表字景升，山阳高平人，后汉末为荆州牧。僖宗时，山东南道节度使刘巨容尝梦见之，故为立庙。巨容自称裔孙，碑以广明二年立"⑤，则"刘巨容题记"是对立庙缘由及时间的记录。与此相同者，还有《钦定续通志》卷一百七十所载"南汉拓路题记""开州刺史高公葺孔庙题记"等。

后人游历所至，动辄于前人碑碣摩崖、山河佳胜处留题姓名、年

---

① （清）顾蔼吉：《隶辨》，《景印文渊阁四库全书》第 235 册，第 801 页。
② 载（宋）赵明诚《金石录》卷二十二《隋化善寺碑》："右隋化善寺碑在徐州，碑阴有郎余令题记云：隋尹式撰。余元佑间侍亲官彭门时，为儿童得此碑，今三十余年矣。"中华书局 1991 年据《古逸丛书》三编影印，第 525 页。
③ （宋）施宿等：《会稽志》卷十六，《景印文渊阁四库全书》第 486 册，第 353 页。
④ （清）厉鹗：《东城杂记》卷上，《丛书集成初编》本，商务印书馆 1936 年版，第 16 页。
⑤ （清）倪涛：《六艺之一录》卷六十五，《景印文渊阁四库全书》第 831 册，第 519 页。

月,逐渐形成了题名一类的石刻。① 这类石刻上的刻辞亦称为题记,如《来斋金石刻考略》卷中《华岳题名记》载:"在岳庙真享碑东侧,颜真卿正书'乾元元年十月,鲁公自蒲州刺史除饶州,与监察御史王延昌、穆宁、评事张澹、华阴令刘晶、主簿郑镇同谒庙题记',字径二寸,仅百余字。"② 又如《蜀中广记》记载"开县"风物云"坡上有巨堂,四壁平净,中高数丈,壁上皆有游山之人题记年月"③。

由上述可见,碑石铭记中称为"题记"者,与纪功颂德的碑铭不同,仅仅是附刻于碑石之上,记录画像内容、碑石施造时间、施造者、缘由、碑文书写者以及游人题名年月的文字,还并未形成一种文体。

(二)游记之文

题留姓名、年月之外,游人亦就名胜古迹或纪念性的文物等著文述怀言志,或题写于游览之处,或书于纸上,所著之文称为"题记"。唐司空图《次韵和秀上人游南五台》"中峰曾到处,题记没苍苔",唐徐寅《题南寺》"壁藓昏题记,窗萤散薜萝",其中所言"题记"指游人漫题于石壁或寺壁的诗歌。以"题记"名篇、流传于世者,如岳飞《广德军金沙寺壁题记》《东松寺题记》《永州祁阳县大营驿题记》等,④ 皆为岳飞于征战途经之处题壁言志之词;又如郑述祖撰《北齐云峰山题记》⑤《宋章惇草堂寺题记》《宋蔡京草堂寺题记》⑥、宋李复撰《渭源诸葛武侯祠题记》⑦《原州后圃厅壁题记》⑧,

---

① 参见赵超《中国古代石刻概论》,文物出版社1997年版,第28页。
② (清)林侗:《来斋金石刻考略》,《景印文渊阁四库全书》第684册,第44页。
③ (明)曹学佺:《蜀中广记》卷二三"名胜记""开县",《景印文渊阁四库全书》第591册,第302页。
④ (宋)岳珂撰,王曾瑜校注:《鄂国金佗稡编续编校注》卷十九,中华书局1989年版,第984—986页。
⑤ (宋)郑樵:《通志》卷七十三"金石略"第一,中华书局1987年版,第844页中。
⑥ (明)赵崡:《石墨镌华》卷六,《景印文渊阁四库全书》第683册,第506页。
⑦ (宋)李复:《潏水集》卷六,《景印文渊阁四库全书》第1121册,第57页。
⑧ 同上书,第63页。

❖ 第一章 敦煌文献题记概述（上） ❖

宋韩元吉《慈相院重月泉题记》①等。此种游人题记被编入文集，成为作家作品的一体，或专门编为"题记"类，如岳珂《金佗稡编》中将其祖岳飞所撰之文分八类编排，专设有"题记"一类；或收入"跋"，如《石墨镌华》；或收入"记"，如《漪水集》《南涧甲乙稿》。此类题记，并不一定题写在所观览之处或观摩之古物上。古迹与文物仅仅是一个触媒，引发了作者的情思，于是抒怀寄慨、怡情遣兴、记人怀旧，率意而成篇。

（三）书籍序跋

书籍有序，陈述著作旨意和著作经过；后亦有跋，为后人所著之评述、考释文字。书籍序跋多以"序跋"名之，如司马迁《太史公自序》、班固《汉书序》、葛洪《西京杂记跋》等。也有题于书籍首、尾，而以"题记"名之者。宋洪遵编《翰苑群书》书末《翰苑群书题记》载："翰苑秩清地禁，沿唐迄今，为荐绅荣。遵世蒙国恩，父子兄弟接武而进，实为千载幸遇。曩尝稡遗事一编，暨来建邺以家旧藏李肇、元稹、韦处厚、韦执谊、杨巨、丁居晦，泊我宋数公，凡有纪于此者，并刊之木，仍以国朝年表中兴题名附。乾道九年二月七日，番阳洪遵书于清漪阁。"②此文乃洪遵自述《翰苑群书》编撰缘由和辑录之内容，实为全书之序，却名以"题记"。

又如宋吕乔年编辑其伯父吕祖谦讲经之说为《丽泽论说集录》十卷，书后有《丽泽论说集录跋》一篇，《四库提要》称："《丽泽论说集录》十卷，宋吕祖谦门人杂录其师之说也，前有祖谦从子乔年题记，称先君尝所裒辑，不可以不传，故今仍据旧录颇附益次比之。"③"乔年题记"所指即为《丽泽论说集录跋》，可知清人亦称跋为题记。清沈自南《艺林汇考》书前有乾隆辛未年重刻时陈鉴所写刊序，《四库提要》称"前有秀水陈鉴题记"④；每篇目录之前有小

---

① （宋）韩元吉：《南涧甲乙稿》卷十六，《景印文渊阁四库全书》第1165册，第249页。
② （宋）洪遵：《翰苑群书》，《景印文渊阁四库全书》第595册，第415页。
③ （宋）吕乔年：《丽泽论说集录》，《景印文渊阁四库全书》第703册，第265页。
④ （清）沈自南：《艺林汇考》，《景印文渊阁四库全书》第859册，第1—2页。

序，略述辑录此篇之缘由，今存《栋宇篇题记》《服饰篇题记》《饮食篇题记》《称号篇题记》，是亦称序为题记之例。

清代藏书家大盛，藏书题跋蔚为大观，其中辨章学术、考镜源流、评论得失，堪称一篇篇小型学术论文。每家之题跋皆汇编成集，如《渔洋读书记》辑录王士禛题跋、《士礼居藏书题跋记》收录黄丕烈题跋、《铁琴铜剑楼藏书题跋集录》收录瞿镛题跋等。藏书题跋也有以"题记"称之者，如李盛铎藏书题跋集名为《木犀轩藏书题记及书录》、傅增湘藏书题跋集名为《藏园群书题记初集》及《藏园群书题记续集》。

（四）书画题跋

书画作品上一般附有作者自题之款和他人所题之跋。作者题款在唐代书画上已可见到，称为"款识"，钱杜《松壶画忆》卷上云："画之款识，唐人只小字，藏树根石罅。大约书不工者，多落纸背。至宋始有年月纪之，然犹是细楷一线，无书两行者。惟东坡款皆大行楷，或有跋语三五行，已开元人一派矣。"[①] 鉴赏者题跋自六朝时已有，张彦远《历代名画记》"叙自古跋尾押署"载"前代御府，自晋宋至周隋，收聚图画皆未行印记，但备列当时鉴识艺人押署"[②]，御府收藏的书画之上，都需题写鉴识者的姓名，称为"跋尾"。以后跋尾渐渐由印记代替，而文字则衍为记述或品评作品的诗文，是为书画之题跋。六朝迄唐乃书画题跋发端之时，其称谓尚不固定，有称为"题记"者。唐朱景《唐朝名画录》论张藻的绘画云"所画图障，人间至多，今宝应寺西院山水松石之壁，亦有题记，精巧之迹，可居神品也"[③]，即指张藻自著之题款。唐裴孝源《贞观公私画史》载录隋宫廷藏陆探微画作上"亦有梁陈题记"[④]，杨侑画作上则有"晋明帝题记"[⑤]，即指画上有前代的鉴赏跋尾。宋代以降，收藏者和鉴赏者

---

① （清）钱杜：《松壶画忆》，《续修四库全书》第1068册，第855页上。
② （唐）张彦远：《历代名画记》，《景印文渊阁四库全书》第812册，第299页。
③ （唐）朱景：《唐朝名画录》，《景印文渊阁四库全书》第812册，第366页。
④ （唐）裴孝源：《贞观公私画史》，《景印文渊阁四库全书》第812册，第20页。
⑤ 同上书，第22页。

❖ 第一章 敦煌文献题记概述(上) ❖

往往于书画之后题写诗文以畅叙书画意境，或题以鉴赏品评的文字，实乃画论、书论性质的题跋，但亦有将之称为"题记"者。如郁逢庆《书画题跋记》四库本书前提要云"至于前集所载宋高宗画册、梁楷画右军书扇图，皆有水西道人题记，当即逢庆所藏"①；王澍《竹云题跋》载其所见"宋游丞相藏兰亭三种"曰："余所见游丞相兰亭，每卷之尾皆有题记，唯此三卷失之"②；《御定佩文斋书画谱》载宋张泊云"唐王维画孟浩然像，有陆文学题记，词翰奇绝"③；明汪砢玉《珊瑚网》卷一"法书题跋"载御府所藏魏钟繇《宣示帖》云"淳祐十一岁在辛亥至朔同日装，池松题记，俞松印章"④，其中"题记"所指皆为收藏鉴赏者的题跋。

综观以上四者，均有其所依附的载体。画像石题记的载体是图画，碑石铭刻的载体是石刻本身，游记的载体是古迹及文物，序跋的载体是书籍和书画作品。其文字具有附属性，以说明载体的客观情况、阐发其丰富内涵、抒发鉴赏者的感受及情志为其功能。从中可见，题记的附属性质是非常鲜明的。此外，因为游记、书籍序跋、书画题跋有其各自产生发展的源流，所指明确，早已作为确定的概念在各自的研究领域中相沿习用。题记用来指称游记之文、书籍序跋、书画题跋时，仅是作为偶尔换用的相近概念，使用频率极低，根本没有取而代之的可能。而在金石学研究中，题记却成为一个学术概念而广泛使用至今，用来指称碑石上记录题名、时间、刻石缘由等的文字。这在一定程度上影响了考古学中对于同类性质文字的命名。

二 敦煌文献题记的指称

(一) 题记的各种称谓

敦煌文献研究之初，针对于附记在写卷尾部的文字，研究者给予

---

① (明)郁逢庆：《书画题跋记》，《景印文渊阁四库全书》第816册，第588页。
② (清)王澍：《竹云题跋》，《景印文渊阁四库全书》第684册，第660页。
③ (清)《御定佩文斋书画谱》，《景印文渊阁四库全书》第820册，第208页。
④ (明)汪砢玉：《珊瑚网》，《景印文渊阁四库全书》第818册，第2页。

过多种称谓。

1. 题志、题识。伯希和是敦煌文献最早获见者之一,也是最早的研究者。其在介绍道经写本时说,"千佛洞中之道经写本,流传渊源,不难于其题志中考得,盖皆神泉观物也"①,"题志"则是就道经题记而言。伯希和在《敦煌石窟笔记》中记录各窟塑像、壁画、题壁文字等存留情况时,将壁画榜题、供养人题名、发愿文、游人漫题总称为"题识"②。

2. 尾题。罗福苌和罗福葆最早开始辑录汇编写经题记,编成《古写经尾题录存》《古写经尾题录存补遗》,将题记称为"尾题"。罗福颐考察石室封闭之年代时云"敦煌古写本,以其尾题具有年月考之,知其书迹之最古者为北魏文成帝太安四年,"亦称题记为"尾题"③,此种可谓罗氏家学中惯用之称谓。然而,这一称谓却与写于写卷末尾的题目之"尾题"混淆了。

3. 尾记、后记。陈祚龙根据当时已出的敦煌文献图版和目录,分别辑录佛经和道经的题记为《敦煌古钞内典尾记汇校》(初、二、三编)及《新校重订〈敦煌道经后记汇录〉》,将题记称为"尾记"和"后记",突出其为卷尾之附记的特点。

4. 跋、后款。《中村不折旧藏禹域墨书集成目录及解说》中将写卷之后的附记文字称为"跋文"或"后款"。据池田温介绍,在日本语中识语、后记、跋、奥书是意义相近的词语,当指称与书籍本体相区别且附于卷末的部分时,就可称为跋或奥书。④ 书道博物馆藏敦煌写经和吐鲁番写经的题记都是在卷末的,因而《目录解说》中使用的是跋文和后款两种称名。

5. 识语。此称见于池田温《中国古代写本识语集录》中,"识

---

① [法]伯希和:《敦煌石室访书记》,参见罗福颐《敦煌石室稽古录》所引,《中国敦煌学百年文库·综述卷(一)》,甘肃文化出版社1999年版,第250页。
② [法]伯希和:《敦煌石窟笔记》,甘肃人民出版社2007年版。
③ 罗福颐:《敦煌石室稽古录》,原载《岭南学报》1947年第7卷第2期,参见《中国敦煌学百年文库·综述卷(一)》,甘肃文化出版社1999年版,第244页。
④ [日]池田温:《中国古代写本识语集录·解说》,李德范译,《北京图书馆馆刊》1994年第3/4期,第91页。

❖ 第一章 敦煌文献题记概述（上）❖

语"乃日本语中常用之词汇，一般解释为"在写本或刊本等书中，于正文之后或之前记载的此书的来历和书写年月日等"①，与题记意义相当。据池田温介绍，"题记"一词没有被《日本国语大辞典》等书收录，以致未能成为日本语而在日本广为通用。而写经题记不仅有附于写卷末尾的，也有记在卷首或卷中、卷背的，跋和奥书、后记等就不能涵盖其义，识语则比较恰当。因此，识语是一种具有国别特色的称谓。

6. 题记。许国霖汇编北京图书馆藏敦煌佛经题记为《敦煌石室写经题记》，后又博采他书辑录之材料编成《敦煌石室写经题记汇编》，其中明确称经卷后的附记文字为"题记"。刘铭恕所编之《斯坦因劫经录》，于每个卷号下著明写卷之概况，就包含了"题记"项，有则录之。王重民《伯希和劫经录》、陈垣《敦煌劫余录》中对于题记都还没有明确称谓，仅以"末题""附记"作为标识。在日后的研究中，题记成为使用最广泛的一个称谓，及至今日，已成为敦煌学界对于写卷上附记的书写、校勘、祈愿等文字的统一而固定的称谓。

（二）题记命名的原因

题记称谓在早期研究中未能固定，说明当时的研究者对于题记性质的认知还不是非常明确，未能将其与书籍或书法作品上的题跋、题识等附记文字清楚地区别开来，故而选用了相近的概念来表达；或仅是突出其为卷末之附记文字的特点，而称之为尾题、后记等。而最终选用了"题记"这一称名，当有以下几点原因。

第一，碑石刻辞中题记称名的影响。

前文已述及，指称碑石刻辞、游记之文、书籍序跋、书画题跋的题记具有鲜明的附属性，这一点与敦煌文献题记的附记性质是一致的。碑石上记录题名、时间、刻石缘由等的文字被广泛称为"题记"，沿用至今，而大部分敦煌文献的题记中也包含了书写者题名、

---

① ［日］池田温：《中国古代写本识语集录·解说》，李德范译，《北京图书馆馆刊》1994年第3/4期，第91页。

时间、写经缘由等内容，与碑石"题记"极为相似。因此，我们认为敦煌文献题记在命名时很可能参考了金石学研究中的这一概念。

第二，敦煌文献本身所包含的词汇。

撰写者在文后题写撰著时间、撰者姓名时，往往于其后缀以"题记"二字，在唐代已极为常见。释履空《浮图颂》末题"大唐景龙三年岁次乙酉题记"①；白居易《江州司马厅壁记》末题"时元和十三年七月八日题记"②；李隰《题惠山诗序》末载"咸通十年二月一日，江南西道都团练观察处置等使中散大夫检校左散骑常侍使持节都督洪州诸军事兼洪州刺史御史中丞上柱国赐紫金鱼袋李隰题记"③，"题记"一词是作者自题姓名年月的行为之标识。

以"题记"缀尾的题署在敦煌名人名僧邈真赞中最为常见，其行文结构皆如前例，如 P.4660（5）《河西都僧统京城内外临坛供奉大德兼阐扬三教大法师赐紫沙门悟真邈真赞并序》末题"沙洲释门法师恒安书，广明元年岁次困顿律中夷则黄生七叶题记"。在文献题记中亦有所见，如 P.2841《小乘三科》末题"太平兴国二年丁丑岁二月廿九日，白侍郎门下学仕郎押衙董延长写《小乘三科》题记"；BD 00403《略抄一本》末题"比丘道应提（题）记"；BD 07805《和戒文一本》和《散花乐》末题"建隆三年岁次癸亥五月四日，律师僧保德自手题记"；S.0381d《鸣钟诗》"咸通十四年四月廿六日提（题）记耳也"等。

与敦煌文献题记中最常见的说法，诸如 S.2073《庐山远公话》"开宝五年张长继书记"、P.3441《论语卷第六》"大中七年十一月廿六日学生判官高英建写记"等题为"书记""写记""书""记""写"者对照，"题记"用为动词，表述题写、记录之义则无疑问。

综上所述，"题记"作为敦煌文献研究中的一个意义范畴，是

---

① （明）周复俊：《全蜀艺文志》卷四十五，张氏小书楼藏板，嘉庆丁丑年重镌，第15册。
② （宋）姚铉：《唐文粹》卷七十三，四部丛刊本。
③ 《无锡县志》卷四上"辞章第四"，《景印文渊阁四库全书》第492册，第730页。

❖ 第一章 敦煌文献题记概述（上） ❖

研究者在研究过程中将相似的资料归纳总结，根据其附记性和记述性的性质特点以及行文中常常出现对行为的描述性词语"题记""书记""写记"等，参照其他研究领域中的相似概念而为之命名的。

（三）研究者对题记内涵理解的偏差

关于"题记"的内涵，许多学者有着不同的阐释，但这些阐释与题记实际内涵有偏差。概言之，有如下三类：

1. 定义过狭者

翟理斯研究英藏敦煌写卷时，注意到了写卷末尾的附记文字。他在《英伦博物馆汉文敦煌卷子收藏目录》的引言中谈及佛教写卷的题记时使用了"tail‑piece or colophon"，直译为"尾页"或"书籍末页"，翟氏自称这是非常不准确的称谓（as it is here somewhat loosely termed）。其含义则指那些附记在佛经和佛教神圣写本之后的，用于记录功德主身份和祈愿对象的文字；也包含了那些图表性附记文字（tabulated colophon），即宫廷写经后附记书手、装潢手、校经者、监造者题名的题记。① 虽然在翟理斯的脑海里并没有"题记"这一既定概念，但他关于"colophon"的阐释实际上就是表达了他对写卷题记的认识。然而，翟氏对题记的定义是狭窄的，他以材料的研究价值为取舍标准，认为能够反映写本年代、功用及记录了与写本相关的多种信息的附记文字于研究是最有价值的，才能称作"colophon"；那些仅记录了抄写者或持有者题名及校勘记的附记文字，都未划入"colophon"的范畴，仅是全面著录以展示写卷的实际面貌。

2. 定义过宽者

给题记下过于宽泛的定义者，往往将文献正文以外的其他文字记录都视为题记。林聪明《敦煌文书学》在论及"题记"时，将

---

① Lionel Giles. *Descriptive Catalogue of the Chinese Manuscripts form Tunhuang in the British Museum*（《英伦博物馆汉文敦煌卷子收藏目录》），载黄永武主编《敦煌丛刊初集》，新文丰出版公司1985年版，第 x 页。

文献的标题，包括首尾题和品题一并归属题记范畴，① 故而每一写卷标题若无残缺即均有题记。池田温认为"题记的含义有时也包括标题、卷次、撰者姓名、篇名、品题等"②，并以潘重规《国立"中央"图书馆所藏敦煌卷子题记》全面记录每件写经的上述内容为证。

这种认识很可能受到了简帛研究的影响。简帛研究中也引入了"题记"的概念，指简帛文献的作者或抄写者为了便于日后读者能够分清书籍或文书的篇章、掌握好阅读的次序和语气、准确地理解文义等，在抄写书籍或文书时题写的书题、目录、篇题、章题、序码、计字尾题、句读符号等对文字的表达能起到辅助或强化作用的标识和记号。③ 简帛古书的抄写无一定之格式，从目前出土的战国、秦、汉简帛书籍和文书实物来看，上述题记都曾在不同的书籍、文书中有所发现，但不一定同时存在于某一种书内。由此可知，简帛古书以书籍及篇章的内容为主体，各种题记则属附记项，书题、篇题和章题也并非书籍抄写的必要项。然而写卷时期书籍的抄写有一定之格式，每书必有书题和篇题（即大题和小题），每卷必有首题和尾题；首题之下注明撰著者，尾题之下标明卷数。标题及撰著者、卷次成为写卷时期书籍抄写的必要项，作为书籍整体的一部分与正文一并流传。我们所讨论的敦煌文献题记也是附记性的文字，因此，书籍标题和撰著者题名都不应算在此列。

潘重规《国立中央图书馆所藏敦煌卷子题记》中所谓"题记"当乃每卷叙录的意思，即将写卷各方面的实际情况一一著录，以备不能目睹原卷者见之而知实物之概貌，诚然不是本书研究对象之"题记"，池田温先生有误读之嫌。

---

① 林氏认为题记乃是记载有关文书的标题与制造及其制造日期、地点、目的等各项内容的标识。有些题记亦将抄写人、校订人、染纸人以及与此件文书有关诸人的姓名，加以记录下来；甚至连使用的纸张数量，往往亦有记载。参见《敦煌文书学》第272页。

② ［日］池田温：《中国古代写本识语集录·解说》，李德范译，《北京图书馆馆刊》1994年第3/4期，第91页。

③ 骈宇骞、段书安：《二十世纪出土简帛综述》，文物出版社2006年版，第87页。

第一章　敦煌文献题记概述（上）

3. 定义混淆者

谢慧暹《敦煌文书题记研究》认同了林聪明对题记的定义，同时又称"题记乃序文与跋文的合称，凡对书籍、诗文、字画或碑帖，有所说明、议论或感想等的文字，而题写于作品的前端或末尾者，谓之"①，将题记与序跋混为一谈。

何谓序跋？《史通·序例》："孔安国有云：序者，所以叙作者之意也。窃以书列典谟，诗含比兴，若不先叙其意，难以曲得其情。故每篇有序，敷畅厥义。降逮史、汉，以记事为宗，至于表志杂传，亦时复立序。文兼史体，状若子书，然可与诰誓相参，风雅齐列矣。"②

明徐师曾《文体明辨序说·题跋》云："按题跋者，简编之后语也。凡经传子史、诗文图书之类，前有序引，后有后序，可谓尽矣。其后览者，或因人之请求，或因感而有得，则复撰词，以缀于末简，而总谓之题跋。……其词考古证今、释疑定谬、褒善贬恶、立法垂戒，各有所为，而专以简劲为主，故与序引不同。"③

可知，序乃作者之意的陈述，题跋则为他人所作之品评、考释文字。而以敦煌文献所附题记视之，以记录书写校勘、受持流通、供养祈愿为主，绝无"序作者之意"和"考古证今、释疑定谬、褒善贬恶、立法垂戒"的内容，与序跋并无相类之处。

通过前文的梳理和辨析，我们知道，敦煌文献的"题记"乃是研究者在对其内涵和性质分析研讨的基础上，借用古已有之的表示附记性文字的"题记"称名来称说的敦煌学研究概念。其确切的含义是指附记于敦煌文献之上，记述文献的年代、翻译、书写（书写地点、书手姓名身份及写本产生缘由、用纸、字数等）、校勘、版本、诵读、流传、供养、祈愿的文字；写本题记多写于卷尾，少数也写在卷首、卷中和卷背；绢画和印本佛画有些也有题记，内容同于写经题记，多记录供养、祈愿内容，但书写位置不同，一般写或刻印在佛画的下方。

---

① 谢慧暹：《敦煌文书题记研究》，第1页。
② （唐）刘知几撰，（清）浦起龙释：《史通通释》，上海古籍出版社1978年版，第87页。
③ （明）徐师曾：《文体明辨序说》，人民文学出版社1998年版，第136—137页。

第二节 题记的甄别

在整理和使用题记资料时，题记定义所确定的内涵和外延是我们遵循的首要标准。但因敦煌文献情况复杂，写卷上杂写颇多，加之后人在整理写卷时添写了整理记录，近人为谋利益伪造写卷，使我们在研究时实有辨别之必要。对于题记的甄别有两方面需着意，一是辨别题记的真伪，即是否为近人添写或伪造；二是辨别题记的是非，即具有相似内容的记录是否为题记。

一 题记的真伪

1985年藤枝晃先生在《学丛》上发表论文称日本京都博物馆所藏敦煌文献上的"德化李氏凡将阁珍藏"印是伪印，而盖有此印的敦煌写本都是伪写本。之后，学界展开了对敦煌文献中伪造写本的研究和讨论。敦煌文献在运往京城的途中遭到经手官员的扣留而散落民间，妄求谋利之人得见而仿之，售卖于市。这些民间藏品又往往被一些小收藏单位或个人所购得，因此，在世界各国各地收藏的敦煌文献，过去认为英藏、法藏、俄藏、中国北图藏（第一批）都是真品，其他国家和地方的收藏，都有一个真伪的问题。[1] 写本的作伪有两种手段，一是通卷作伪，一是伪造题记，[2] 题记的真伪问题也随之提出。

通卷作伪者，如天理图书馆藏《维摩诘经卷下》，其与 S.2838《维摩诘经卷下》同，但据池田温的考察，认为天理藏卷为伪卷；赵和平根据散0659《金刚般若波罗蜜经》和北三井035《妙法莲华经卷第二》题记中虞昶和阎玄道的结衔考证出这两件写卷可能是伪卷，其后抄经列位的题记也为伪造。[3] 通卷作伪需在纸质、墨迹、书法等

---

[1] 施萍亭：《甘肃藏敦煌文献》"概述"，甘肃人民出版社1999年版，第1页。
[2] 李伟国：《敦煌话语》"敦煌遗书的辨伪"，上海科技教育出版社2002年版，第199—205页。
[3] 赵和平：《两件高宗、武则天时代"敦煌藏经洞出宫廷写经"辨伪》，《敦煌研究》2006年第6期。

第一章　敦煌文献题记概述（上）

各方面模仿古本，难度极大。因此，作伪者更倾向于伪造题记。

伪造题记是在没有题记的写卷末尾，细心模仿原卷笔迹，伪造出抄写时间、抄写人等文字。伪造的题记总是将抄写时间定在隋唐甚至更早的时期，以示写卷之古而沽取高价。伪造者的书写工具、书法水平和原卷肯定是有差别的，我们可以通过墨色、笔迹、内容来辨别题记的真伪。① 经过研究者的鉴别确认为伪造题记的文献，笔者所见有以下卷号：

津艺019《南朝陈天嘉六年佛门问答》："天嘉六年四月十二日论记竟。／法师道安□。法师智顺流通遐代，化化不绝。披览之徒，发平等融解之心。"

BD 06835《金光明最胜王经卷第十》："大统七年比丘输伽摩陀奉持，为人天忏业，永居净土。"

西北师大06《大般若波罗蜜多经卷第二百七十一》："贞观二年史文华写。"

BD 00206《妙法莲华经卷四》尾题下空一字写："贞观三年敬业监制。"

BD 06836《四分戒本一卷》："贞观四年长安普仁寺主惠宗受持日宣。"

上图058《佛说无量寿宗要经》："贞观五年冬唐文英写。"

张博001《妙法莲华经授记品第六》："咸亨元年四月丁酉日弟子千牛田清送。"

大东急107-23-1《大般涅槃经卷第七》："咸亨三年二月判官少府监掌冶署令向义感写，使太中大夫守工部侍郎永兴县开国公虞昶监。"

BD 06831《妙法莲华经卷第七》："大足一年三月十五日，信尼慧昌为亡母索氏写此一卷，获福无量。"

---

① 学界一般认为可以通过写卷的来源、纸张、墨色、字体、界栏、装潢、内容来辨别敦煌文献的真伪，这些考察因素也适用于题记的辨伪，但具体应用在题记辨伪中的只是其中的一些因素。

津艺199《大般若波罗蜜多经卷第三百一十一》:"大唐开元二年仲夏天中节摩诘王维敬识。"

BD 06828《妙法莲华经卷第四》:"开元七年净土寺藏此卷,敦煌郡人索元洪校。"

BD 06847《妙法莲华经卷第四》:"天宝五载五印度僧祇难写。"

天津文物17《大乘无量寿宗要经》:"大历十年八月弟子吏达奉为父母福寿增长敬写《无量寿宗要经》十部,供养受持。"

BD 06826《妙法莲华经卷第二·譬喻品第三》第三纸第十九行写"天保一年比丘法常诵持",第四纸末行左侧夹写"大中七年莫高乡人阴存。"

BD 06840《维摩诘所说经卷上》:"天复二年写生索奇记。"

BD 06827《金刚般若波罗蜜经》:"上座金维那。"

BD 06846《金刚般若波罗蜜经》:"一校竟,毗奈耶寺经生令狐世康。"

这些伪造题记产生的原因可分为两种。其一是大部分文物造假者的惯常目的——谋求高利,BD 00206、大东急107-23-1、天津文物17、津艺019、津艺199、西北师大06、张博001、上图058均属此类,这些写卷多是曾在民间辗转买卖,其写卷虽不伪,但伪造题记的古老年代无疑增添了写卷的价值。

其二是清政府负责运送敦煌遗书的押解委员何晏升的恶意伪造。这一线索是方广锠先生提出的。敦煌遗书运抵京城后何晏升与李盛铎等人偷盗若干件,后来罪行败露遭人弹劾,朝廷勒令呈交私藏遗书。何晏升交出了写经二十二卷、粘片两本,并在其上伪造了题记、勘记、杂写等。前文罗列出的 BD 06826、BD 06827、BD 06828、BD 06831、BD 06835、BD 06836、BD 06840、BD 06846、BD 06847等卷的题记就是何晏升所伪造,这些经卷都是敦煌遗书中最为常见的经典。何晏升伪造题记的目的,方广锠先生认为何氏在监守自盗、千夫所指的情况下没有出卖写卷的客观条件,因此不是为了抬高卖价的

❖ 第一章 敦煌文献题记概述(上) ❖

目的;而是在罪行败露、不得不交出写卷时恶意为之,发泄被弹劾的怨气,并暗自嘲笑被愚弄者如获珍宝的无知。①

伪造的题记为学术研究造成了极大的障碍,研究者若只是引而不发还尚可,若要以此为立论依据则容易谬以千里,因此辨伪的工作就是非常必要的。辨别的方法主要是通过纸张、书体、墨迹、内容的考察,利用造假者的疏漏作为研究者鉴定的线索,以前述题记而言,则有如下几种:

1. 纸张、书体、墨迹的考察

造纸术发明后,东晋末桓玄下令"古无纸,故用简,非主于敬也。今诸用简者,皆以黄纸代之"②,废简用纸,此后纸张成为书籍的主要载体。造纸的原料和工艺因时代和地域有不同特色,魏晋南北朝时期以大麻和苎麻造纸,楮皮、藤皮等野生植物的韧皮纤维也开始用作造纸原料。唐五代时期,麻纸的制作更为精细,据《唐六典》记载,唐代朝廷行政文书用白麻纸,军事文书用黄麻纸,朝廷致各少数民族高级官员的文书用五色麻纸。此时期藤纸发展到全盛期,竹纸也开始出现。宋元时期是造纸术的成熟期,各种皮纸大为盛行,而竹纸和麦茎、稻秆纸的出现标志着造纸史的新纪元。在不同地区,纸的种类也不尽相同。如益州的黄白麻纸、越州的细黄状纸、浙江的藤皮纸、皖南的宣纸、福建的竹纸等。③ 通过对纸张的鉴别,可以为版本鉴定提供依据。书体的发展亦有其时代特点,就敦煌文献而言,楷书在 600 年前后已到达高度发展的时期,而此前的两个世纪则是隶书向楷书的过渡期,这种变化在写本中有明显的体现。吐蕃时期,因为书写工具多为木笔,书手则使用双线勾画的方法来模仿毛笔的笔触。④ 书体变化的时代特征往往与纸张的鉴定结合起来作为版本鉴定的有益

---

① 参见方广锠《百年前的一桩公案——关于 22 卷续交敦煌遗书的考察》,《敦煌研究》2009 年第 1 期。

② (唐)徐坚:《初学记》卷二十一"纸"引《桓玄伪事》,中华书局 1962 年版,第 517 页。

③ 参见李致忠《古书版本学概论》第三章《造纸术的发展与古书用纸的演变》,书目文献出版社 1990 年版。

④ 参见〔日〕藤枝晃《敦煌写本概述》,《敦煌研究》1996 年第 2 期。

参考。

研究者通过对写卷纸张的鉴定，对上述写卷中的九个卷号判定了大致的书写年代。但与题记所记时间相比，写卷的真实年代均晚于题记所记年代。张博001《妙法莲华经授记品第六》题记称咸亨元年所写，但其纸质粗、廉纹宽，不似咸亨年间之物。其题记的墨色也较经文浓重，书体稍晚，可知题记与经文不是一人一时所书。① 另如BD 00206《妙法莲华经卷四》题写于贞观三年，然题记字体为明清之馆阁体，此种书体的出现与贞观年间相去数百年，如何能为唐世所写？

2. 佛教知识的考察

作伪者未必尽通佛教史，佛教知识的欠缺使其在题记中留下了伪造痕迹。BD 06828《妙法莲华经卷第四》题记称此卷为开元七年净土寺所藏，然而净土寺是吐蕃时期建立的佛寺，开元年间何以有经卷可藏于此。BD 06835《金光明最胜王经卷第十》题"大统七年比丘输伽摩陀奉持，为人天忏业，永居净土"，大统乃西魏年号，而此经是唐义净于武则天时期翻译出的经典，断不会在西魏时期已被人奉持。"人天忏业"的观点是水陆道场产生以后，随着明清以仪轨佛教为中心的信仰层面佛教的普及而普及的，② 西魏时期是不存在这种观念的。BD 06836《四分戒本一卷》题"贞观四年长安普仁寺主惠宗受持日宣"，遍检文献，有唐一代并无普仁寺。BD 06846《金刚般若波罗蜜经》题"毗奈耶寺经生令狐世康"，敦煌文献中亦未见有关于毗奈耶寺的记载。此外，"毗奈耶"为"律"之义，寺院名中加"律"字表明身份者是在明代禅教律分离以后才出现的，并且不能单独使用，需加上其他的称名后与其他律寺相区别，如苏州西园寺名为"戒幢律寺"③。西北师大06《大般若波罗蜜多经卷第二百七十一》题贞观二年（628）写，此经玄奘译于龙朔三年（663），贞观二年不

---

① 《甘肃藏敦煌文献》第三卷"叙录"，甘肃人民出版社1999年版，第366页。
② 方广锠：《百年前的一桩公案——关于22卷续交敦煌遗书的考察》，《敦煌研究》2009年第1期，第70页。
③ 同上。

可能有汉译本。上图 058《佛说无量寿宗要经》题贞观五年唐文英写，天津文物 17《大乘无量寿宗要经》题大历十年写，此经乃吐蕃时期法成法师所译，不可能出现贞观及大历年间的题记。且唐文英的题名多见于吐蕃时期的经卷上，如 BD 03186《无量寿宗要经》、BD 03829《大般若波罗蜜多经卷第二百七十》、BD 04584《观音经》、BD 05208《佛说无量寿宗要经》等，是当时的写经生，造伪者无疑是受到了其他写卷的影响才题写了这个名字。

3. 对原卷题记的忽视

个别写卷原本有题记，但仅有题名，没有时间信息。作伪者不顾原卷题记，又伪造了有纪年的题记。但原卷题记同时见于其他写卷上，参考其他写卷就可判定该卷的书写时代。

天津文物 17《大乘无量寿宗要经》尾题后隔四行写"谈义勘了"（红笔）、"孟郎子校"（墨笔），孟郎子的题名还见于 BD 02752、BD 02820、BD 05561、BD 06110、BD 08078 等号《无量寿宗要经》写卷上，其人是吐蕃时期的写经生。据此，此卷应是吐蕃时期所写。

津艺 199《大般若波罗蜜多经卷第三百一十一》题"大唐开元二年仲夏天中节摩诘王维敬识"，卷末行行中写"王和和"。王和和的题名还见于 BD 01386《大般若波罗蜜多经卷三五八》、BD 03113《金光明最胜王经卷五》、BD 06599《佛说无量寿宗要经》，其人也是吐蕃时期的写经生，此卷应是吐蕃时期所写。另外，王维生于大足元年（701），开元二年（714）年仅十三岁，还未及有表字，题记中称"摩诘王维"在时间上不符合实际，足见其是伪造。

大东急 107-23-1《大般涅槃经卷第七》题"咸亨三年二月判官少府监掌冶署令向义感写，使太中大夫守工部侍郎永兴县开国公虞昶监"。咸亨三年（672）唐朝宫廷所开展的写经工作中，向义感是作为执事官出现在写经题记中，并不是写经生，不可能书写经卷。现存虞昶所监造的写经有 S.0036《金刚般若波罗蜜经》、S.0084《妙法莲华经卷第五》、S.3079《妙法莲华经卷第四》、S.4209《妙法莲华经卷第三》、S.4551《妙法莲华经卷第四》、S.5319《妙法莲华经卷第三》、P.2644《妙法莲华经卷第三》、P.4556《妙法莲华经卷第二》、津艺002《妙法莲华经卷第四》、敦博055《妙法莲华经卷第六》、高博001《金刚般若波罗蜜经》、大谷0708《金刚般若波罗蜜经》、Дх 11013《金刚般若波罗蜜经》，从中可见虞昶主要是负责了抄写《金刚般若波罗蜜经》和《妙法莲华经》的监管工作，未有其监造《大般涅槃经》的资料。从以上两点可知，此题记一定是伪造的。

4. 表述方式的疏漏

BD 06826《妙法莲华经卷第二·譬喻品第三》题"天保一年比丘法常诵持"，古人表达纪年概念时历来将第一年称为"元年"，未有"一年"的说法。BD 06831《妙法莲华经卷第七》"大足一年"的说法也不妥，这一点有可能是伪造者的疏失，但也不排除故意为之的可能，便于以后辨认。BD 06840《维摩诘所说经》题"天复二年写生索奇记"，通观敦煌写卷，书写者一般被称为书手、经生、写经生，却没有称为"写生"的，这个称呼当是伪造者的自创。

二 题记的是非

写卷上还有一些与题记相似的内容，或为杂写、或与写卷关系不明、或为后人添补，需要我们具体判断是否为题记。

（一）蒋孝琬的编目记录

在斯坦因的第二次中亚探险中，蒋孝琬以助手的身份陪同斯坦因同往敦煌。在他的帮助下，斯坦因从王道士那里获得了敦煌写卷。在斯坦因的计划中，他曾想让蒋孝琬编写一个简单的目录，"开始时我曾让蒋师爷对这些经卷列一个粗略的目录，但王道士的勇气与日俱增，他开始一捆一捆地往这里送卷子了，这使我们打算做一份哪怕是最简略的目录的计划都不得不放弃了，因为经卷实在是太多了"①，在这种情况下斯坦因放弃了编目的计划。但是在英藏写卷上我们仍能看见蒋孝琬曾经为编目所做的准备工作，即在查阅写卷后将经题、书

---

① ［英］斯坦因：《发现藏经洞》，姜波、秦立彦译，广西师范大学出版社2000年版，第52页。

第一章　敦煌文献题记概述（上）

写者和书写时间记录在卷背。大致有以下五种情况：

1. 将原卷经题抄写在卷背。例如 S.0024《妙法莲华经卷四》、S.0030《维摩经卷一》、S.0088《普曜经第五》、S.0091《般若波罗蜜多心经》、S.0096《金刚般若波罗蜜经》、S.0097《金光明最胜王经》、S.0098《佛说无量寿宗要经》、S.0117《佛说阿弥陀经一卷》、S.0121《佛说无量寿宗要经》、S.0130《大般涅槃经卷八》，都在卷背抄有经题。

2. 抄写经题后略作了内容说明。蒋孝琬在 S.0114《妙法莲华经卷第七》卷背写经题并写"自廿五品至廿八品，上元三年张君彻为亡妹敬写"；S.0120 卷背写"《思益梵天所问经卷一至四》"；S.0099 尾题为《大通方广经》卷上，经文却类似《佛名经》，故蒋孝琬在卷背写《大通方广经》和"佛名""菩萨名"。

3. 在原有题记纪年年号前标上国号。例如 S.5434《金光明最胜王经咒语》是一个小册子本，蒋孝琬整理此文献时在题记"清泰二年二月十五日"前添上"后唐"二字，并在最后一页上写有"此书前节是经，后有《开蒙要训》"。然而此卷并无《开蒙要训》，但蒋孝琬曾为现编号为 S.5431 的《开蒙要训》编过号，S.5431 与 S.5434 都是小册子本，且大小相同，可知这两件原为一件。S.5584《开蒙要训》题记"清泰二年乙未岁二月十五日，莲台寺比丘愿丞略述写记"前，从右向左横写"后唐"二字，也是蒋孝琬所加。

4. 对首尾题缺失的写经予以定名。例如 S.0101 首尾残缺，蒋孝琬根据内容将其定名为《佛名经》写于卷背；S.0102 也是首尾残缺，蒋氏依其内容定为《梵网经佛说菩萨心地戒品》，并写于卷背。此外，S.0103《大般涅槃经无所得品第十三》、S.0140《佛名经》、S.0090《□□佛名经》也是这种情况。

5. 描述写卷的残损状况。例如 S.0122《大般若波罗蜜多经卷第二百六十一》卷背写"破去头尾"；S.0123《佛经戒律》卷背写"□□经一卷，未取名，残破"，此经蒋氏未定名，故空缺经题，后作说明；S.0085《春秋左传杜注》卷背写"破无头尾"。

这些记录，尤其是前三种，与写卷题记极为相似，我们通过笔迹的比较可以分辨出其与写卷正文字迹的区别，这种情况要与原卷题记分开。

(二) 杂写

因为纸张的不易得，许多曾经废弃失效的写本被个人或寺院收集起来再次利用。因此，敦煌写本常见在废弃的宗教典籍、官私文书等写卷背面抄写童蒙读物、契约算历、牒状书启及习字涂鸦等内容。在这些内容中夹杂着一些记录时间、人名或某人抄某经的杂写文字，因内容与题记相似，故而有将杂写误认为题记者，也有因题记与杂写混在一处而误认作杂写的情况。判断杂写的依据有二：其一，字迹是否与原卷经文相同；其二，杂写中提到的文献名称是否与原卷一致。根据这两个判断标准，我们发现了一些杂写与题记混淆的例子。

(1) 有些题记混在杂写中没有被辨别出来。例如，P.2483 正面写《归极乐去赞》《兰若赞》等十二篇赞文，卷背有杂写若干，其中"己卯年四月廿七日永安寺学仕郎僧丑延自手书记""维大宋开宝四年己卯岁""维大宋太平兴国四年己卯岁十二月三日保集发信心写亲赞文一本记之耳"三条，从内容上看都符合题记记录书写时间、书写者的要素，但是时间和人物不统一。《敦煌遗书总目索引新编》将它们都视为杂写，但"太平兴国四年"条中记有书写内容"亲赞文一本"，与写经正文内容相符，应是此卷题记，而其他两条则是杂写。

S.6734《思益经卷第三》卷背写《大乘净土赞》《思益经卷第三》经题及"雍熙三年丙戌十一月廿三日，施主弟子尹松志因为结坛斋函经妙法莲华经破碎各记头者"，《敦煌遗书总目索引新编》称"雍熙三年"句为《思益经卷第三》题记，然此句所记为结坛斋之事，无关乎《思益经》之书写，故不应视为此卷题记，当是杂写。

(2) 有些误将杂写当作题记。例如，P.2663《论语卷第五》尾题后隔二行低三字写"丑年三月月生六日学（生）吴良义"、后提行写"甲寅年二月月生二日未时日食""丙寅年十二月二日巳时日食""丙寅年十二月二日巳时日食"。《敦煌遗书总目索引新编》将这四条均视作该卷题记，后三条字体大小不一、墨色浓淡不同，应不是一时

❖ 第一章 敦煌文献题记概述（上） ❖

一人所写，且日食与书写《论语》无关，因此这三条当为杂写；"丑年三月"条字迹与正文同，因敦煌四部文献多为学生所抄写，故此条应为该卷之题记。

Φ224《般若波罗蜜多心经》尾题与正文之间的空行写"二月二十六日多心经张□诚书记之也"，从内容上看颇似该卷的题记，但对比字迹则与经文不同。尾题后提行又写《多心经》经文一行半，字迹与前句相同，可知是同一人所写。故而"二月十六日"句是后人欲重新抄写《多心经》时所写，并非原卷的题记。

BD 09145写《如来成道经》和《大威仪请经》，《大威仪请经》尾题后写"开运四年三月八日自手写《观音经》一卷"，《国图叙录》称之为此卷题记。然题记所述写经内容为《观音经》，与本卷内容不符，故是杂写而非题记。

（3）有些纪年信息乃后人所添写，与写卷的关系不明晰。如甘博136《道行品般若经卷第九》尾题与正文间空行用楷书写"天宝三十八年"，但正文及尾题都以隶书书写，字体不合；唐"天宝"年号共用十五年，吴越"天宝"年号也只用十六年，不可能有三十八年的纪年。S.0864《般若波罗蜜多心经》尾题后写"壬午年九月七"，字迹与正文不同。招提14《维摩经下》尾题后写"乾符三年"，似乎是用硬笔书写，与原卷的书迹不同。这些纪年信息的书写者显然与原卷不同，书写时间也应有先后。敦煌文献中虽有后于写卷抄写时间写上的读诵、受持题记，① 但一般会在题记中说明题写的事由。这三例仅有时间而无事由，我们无法判断它们与原卷的关系，故而也不能将其视为写卷的题记，只能作为有使用价值的杂写加以利用。

（三）公私文书的落款及文学作品等的撰著时间

表、状、笺、启、转帖、牒、算会历、入破历等官私文书，自有其行文范式，其末尾记录时间人物信息的文字属于文书之落款，不是题记。如：P.2066《僧福威牒》末有"咸通六年二月日僧福威牒"；

---

① 如S.0056《大般涅槃经卷第廿六》，字体为隶书向楷书的过渡，似应为六朝至隋时写经，卷末有题记"道舒受持"。

P.2583v《比丘尼德修施舍疏》正文末写"十二月十五日比丘尼德修谨疏";P.2641《丁未年六月都头知宴设使呈设宴账目》末写"丁未年六月日都头知宴设使宋用清";等等。文书一般由题头、正文、落款构成,有些文书末尾还签署有承办官员的批示。落款的内容与我们讨论的题记虽有相似之处,但它是文书不可或缺的一部分,与附属性的题记有根本性质的差别。然而,如果此类文献结集成为文范,因其用途变为供人学习、模仿,往往会被抄写流传,故而可能附有书写题记。如 P.4065《归义军曹氏表状稿三通》末题"丁亥年十一月十六日,乾明寺学士郎杨□□自手书记";P.4092 册子本《新集杂别纸》封面上写"乙丑年四月七日别纸书尽,别纸马判官本是"。这类文献是官私文书模板的集合,提供给学生或初任官职的新人学习,或是在使用到某种文书时翻检查阅。这些文范集和书仪集在敦煌流传极广,赵和平先生曾在《敦煌表状笺启书仪辑校》和《唐五代书仪研究》中对其进行过校录和全面研究,此处不再赘述。

还有一些文学作品和应用文,原文末尾写有创作时间,比如 P.4660《敦煌名人名僧邈真赞汇集》抄录邈真赞 34 篇,其中有 20 篇邈真赞后写有创作时间。又如 P.3490(3)《于当居创造佛刹功德记》正文末提行写"于时天成三年岁次戊子九月壬申朔十五日丙戌题记";P.3720v《莫高窟记》正文末写"时咸通六年正月十五日记";P.3720(8)《敕授河西应管内都僧统京城内外临坛供奉大德兼阐扬三教毗尼藏主赐紫沙门和尚墓志铭并序》正文后题"于时清泰元年敦牂岁律当应钟蓂雕十五叶□□"。如此种种,均是作品的创作时间,后人在抄录这些文献时,将其作为正文的一部分抄写下来,它们不是抄写时的记录,故不称为题记。

(四)经卷原有的说明性文字

一些佛经写卷上附有关于译经、抄写等的说明性文字,因其与写卷的紧密相关性和附属性,容易被误认作题记。

S.4064c《靳州和尚道凡趣圣悟解脱宗修心要论一卷》首题后写"若其不护净一切行者,无由辄见,愿知若写者,愿用心,勿领脱错,恐悟(误)后人",《敦煌遗书总目索引新编》将此作为写卷题记抄录。此《修心要论》的写本还有 S.2669vg、S.3558b、P.3434、P.3559、P.3777、BD 00204、BD 08475 等，除 BD 00204 首部残缺及 P.3559 没有此段文句外，此段均抄于首题之下。《修心要论》另有一些朝鲜刊本存世，《大正藏》第四十八册题为《最上乘论》，即以"隆庆四年庚午仲春全罗道同福地安心寺开板"为底本收入，其正文前亦有此段文句，只个别字词不同。① 可见此段并非写卷题记，应是弘忍所述的记录者或最初传播者所题写的告诫之词，已与正文结为整体一并流传。

S.0720《金光明经卷第七》尾题前写"此品咒法，有略有广，或开或合，前后不同，梵本既多，但依一译，后勘者知之"，《敦煌遗书总目索引新编》将其作为写卷题记抄录。英藏文献中共有 26 个题名为"金光明经卷第七"的写卷，② 据卷中所存之品题及内容，除 S.1964 外，各卷均本于唐代义净所译十卷三十一品之《金光明最胜王经》。其中 S.2382、S.4565、S.4783、S.5242、S.6107 五个写卷卷末残缺，其余二十一个写卷在《大辩才天女品第十五》末尾都抄有《新编》所谓题记。《大正藏》所收《金光明最胜王经》卷七《大辩才天女品第十五之一》末同样以双行小字录有此句。③ 可见，此品在流传中一直附有此语，当为义净译经时所加之翻译说明。它与佛经译文同时产生，在流传过程中已固定为文本的一部分，不可视为写经题记。

（五）卷末的写经功德文

一些写卷末尾附有说明抄写、诵读、流传此经卷将得何种功德的文字，称为写经功德文。这种功德文并非写经者自己添写上的，而是承袭自底本，故不可称为题记。

P.2987《西天大小乘经律论并及见在大唐国内都数目录》卷末

---

① 《大正新修大藏经》第 48 册，卷第二〇一一，第 377a 页。
② 26 个写卷分别为：S.0018、S.0188 、S.0294、S.0432 、S.0720、S.1178、S.1409、S.1964、S.2040、S.2239、S.2382、S.2453、S.2543、S.3146、S.3588、S.4210、S.4283、S.4565、S.4783、S.4910、S.4986、S.5190、S.5242、S.6107、S.6566、S.6798
③ 《大正新修大藏经》第 16 册，卷第六百六十五，第 437c 页。

写"事有见前三宝,此是法宝。但供养,如一藏经在家,长福无量",李正宇先生称其为题记,① 值得商榷。S.3565 为同卷之另一抄本,于卷首正文前写"世有现前三宝,此事须殷重供养,得福无量,永无灾祸;出入行藏,长蒙观音覆护;灭罪恒沙,福□延永",正可说明此段文字确实不为抄写者所创作,而是有所继承的。虽然书写位置有所改变,但我们不能因为功德文写在卷末就将其视为题记。李正宇先生言及 S.3565 卷首的功德文时认为是"将原来的文末'题记'改成'序言'"②,正是因对题记的内涵不明而引起的误解。

---

① 李正宇:《唐宋时期敦煌佛经性质功能的变化》,《戒幢佛学》第 2 卷,2002 年,第 17 页。

② 同上书,第 18 页。

第二章　敦煌文献题记概述(下)

在对题记的宗教文化、社会风俗内涵展开讨论前，首先应对题记的本身做一文献学考察，明确题记的构成要素、内容、类别、形制特点、形态特点等。本书对题记的文献学考察从题记的分类入手，通过类别的条分缕析来明确题记的内容及性质特点；其后分析题记的书写位置和题写规则，探讨题记的形制特点。

第一节　题记的分类

一　根据文献生产及装帧形式分类

根据题记的定义及甄别方法，笔者通过对敦煌文献图录、目录和叙录的爬梳，共辑录出题记2248条。附有题记的敦煌文献包括文字文献和图画文献。文字文献指用文字来记录事件、表达思想感情、传播知识的书籍和文书档案，其中可以插有图画。图画文献指以绘画艺术来图绘形象、表达思想观念的文献，其上可附有文字。唐五代时期，文献流通虽还以手抄为主，但雕版印刷技术已经开始小范围的使用，敦煌文字文献中就保留了相当一部分印刷品。图画文献也是如此，早期的佛画都是手绘的绢画和纸画，五代时期开始流行木刻版画。据笔者的统计，敦煌文献中有写本题记2167条、绢画题记48条、手绘纸佛画题记7条、版画题记21条、印本佛经题记4条、印本具注历题记1条。

从书籍装帧形式来看，唐五代时期虽以卷轴装为主，但民间文献中可以看到许多小册子本，这些册子本中包含了宋以后印刷时代书籍各种装帧形式的雏形①。在各种装帧形式的文献中，有卷轴装文献题记 2139 条、折页装文献题记 1 条和册子本文献题记 26 条。

二　根据文献内容性质分类

敦煌文献包含甚广，不仅有佛教、道教、摩尼教等宗教文献，还有不少传世古籍、俗文学文献和官牍文书等非宗教文献，根据所依附文献的不同，我们有必要对题记划分类别来研究，即分为佛教文献、其他宗教文献、非宗教文献三类题记。分类的标准有三：第一，先以《随书·经籍志》将敦煌文献分为经、史、子、集四部书及佛、道二经部，原因在于《隋书·经籍志》的编撰在唐代，它的分类方法体现了当时人们对典籍的认识，而敦煌文献中大部分为唐五代宋初的文献，按此分类，较能真实体现出当时的学术分野；第二，按照王重民《敦煌古籍叙录》对四部文献的收录，确定何者应归入四部书；第三，在前两条基础上，我们又根据敦煌文献的实际情况做了一些调整。王重民将《老子道德经》《南华真经》《大秦景教三威蒙度赞》《摩尼教经》归入子部，但《老子道德经》《南华真经》在敦煌主要被用作道教文献受持供养，《大秦景教三威蒙度赞》《摩尼教经》亦因其是外来宗教的经典而备受关注，笔者认为应将这几者从子部抽离。王重民还将《历代三宝记》《慧超往五天竺国传》《持诵金刚经灵验功德记》归于子部，《王梵志诗》《维摩诘经讲经文》《降魔变文》《欢喜国王缘》《莲华色尼出家因缘》《丑女缘起》归于集部，但因其皆与佛教密切相关，故而从各部抽出，归入佛教文献讨论。因佛教文献占有大宗，故而将景教、摩尼教、祆教文献与道教文献合并讨论。各类的具体内容为：佛教文献题记包含佛教经、律、论、应用文、佛画、讲经文、赞文、佛教歌辞等题记；其他宗教文献题记包括道教经、戒、应用文和景教、摩尼教经典的题记；非宗教文献题记即传统四部书的题记。

---

① 参见《题记的书写位置》"册子本"。

❖ 第二章 敦煌文献题记概述（下） ❖

以上从文献抄印、装帧形制和文献内容性质角度的分类，使我们对敦煌文献题记有一个概括的认识，也是我们以后论述的话语基础。

三 根据题记内容分类

敦煌文献题记从内容角度，可分为记事性题记和祈愿性题记两种。许多题记只具有记事性内容，如记录抄校点读之内容者；有些题记记录了写造者的愿望，如佛经的祈愿题记；有些题记则两者兼有。

（一）记事性题记

记事性题记，指题记内容是对制作、使用、说明文献的事实的记录，包括翻译、书写、校勘、标点、编撰、修补、读诵、学习、受持供养、说明版本和流传过程等。以下按类举例述之。

1. 记录佛经的翻译情况

记录佛经翻译情况的题记有两类，一类是出自官方译场的译经题记，一类是对翻译者和翻译时间的简要记述。译经题记是对参与翻译佛经的司职人员姓名、职衔、分工和译经时间的记录，即学界所称之"译场列位"。敦煌文献中保存的译经题记有玄奘译场《天请问经》（书博 071）和《佛地经》（P.3709）题记，义净译场《金光明最胜王经》（S.0523 卷八、BD 03339 卷五）题记和 P.2585《义净译经题记》以及菩提流支所译《佛说宝雨经》（S.2278）题记。其形制如 BD 03339《金光明最胜王经卷第五》义净译经题记：

　　大周长安三年（703）岁次癸卯十月己未朔四日壬戌，／三藏法师义净奉制于长安西明寺新译并缀文正字，／翻经沙门婆罗门三藏宝思惟证梵义，／翻经沙门婆罗门尸利末多读梵文，／翻经沙门七宝台上座法宝证义，／翻经沙门荆州玉泉寺弘景证义，／翻经沙门大福先寺寺主法明证义，／翻经沙门崇先寺神英证义，／翻经沙门大兴善寺伏礼证文，／翻经沙门大福先寺上座波仑笔受，／翻经沙门清禅寺寺主德感证义，／翻经沙门大周西寺仁亮证义，／翻经沙门大总持寺上座大仪证义，／翻经沙门大周西寺寺主法藏证义，／翻经沙门佛授记寺都维那惠表笔受，／翻经沙门大福先寺都维那慈训证义，/请翻经沙门天宫寺明晓，转经沙门北庭龙兴寺都维那法海、弘建勘定。

简记译经者和翻译时间者，其目的在于标明所据之版本。如：

上博 67《大佛顶如来密因修正了义诸菩萨万行首楞严经卷三》：右大唐修州沙门怀迪共梵僧于广州译。

S.1252《金光明最胜王经卷第六》：长安三年岁次癸卯十月己未朔四日壬戌，三藏法师义净奉制于长安西明寺新译。

P.2073《萨婆多宗五事论》：丙寅年五月十五日于大蕃甘州张掖县译。

2. 记录写卷的书写情况

书写题记记录了写卷的写造者、书写时间、书写地点、书写目的、所用纸张数目、抄写字数、所据版本等，可仅记其一或选记多项。

（1）仅记写造者、持有者。

这类题记为数众多，且以佛教文献为多见。通常以"某人写""某人书""某人记""某人题记"等形式出现，可确知为抄写者姓名；或称"某人造""某人经"，则知为造经者或持有者姓名，此卷可能为其自写，也可能请他人代写；或者仅在卷末标记署名，则有可能是抄写者或持有者，不能明确区分。例如：

P.2428《长爪梵志请问经》题：佛弟子何三娘号名四德敬写。

P.2170《太玄真一本际经圣行品卷第三》题：女官赵妙虚敬写。

中图 25《金光明最胜王经卷第九》题：米通信书。

BD 00403《小钞》题：比丘道应提（题）记。

S.0050《金光明最胜王经卷第九》题：僧人善惠题。

第二章　敦煌文献题记概述（下）

Дx 11689《般若波罗蜜多心经》题：学师阎洪润书记。

BD 00985《大方广佛华严经卷二二》题：优婆夷包敬造。

BD 13967《大般若波罗蜜多经卷第二百六十六》题：尼坚护经。

国图ＷB32（7）《佛顶尊胜陀罗尼咒》题：潜融。

（2）仅记抄写时间者。

此类题记在佛、道、四部文献中均可见到。题记所记录的抄写时间详略不一，有朝代、年号、干支、月日均详记者；有兼记年号及月日者；有仅记年代、干支、月日之一者；也有记及时辰者。例如：

P.2568《南阳张延绶别传》题：于时大唐光启三年闰十二月十五日传记。

中图139《道安法师念佛赞文》《入山赞》题：贞明四年己卯岁二月十日书记。

"中研院"07《大般涅槃经卷第十八至廿》题：开元十一年四月五日写了。

历博55《天成元年残日历卷》题：丙戌年沽（姑）洗之月十四日巳时题毕。

P.2215《量处重轻物仪》题：龙朔三年写讫记。

BD 01733《佛名经卷一三》题：庚辰书。

BD 09106《般若波罗蜜多心经》题：五月十三日写了。

（3）兼记书写者、书写时间、书写地点者。

书写地点一般不单独记录，往往和书写者、书写时间一并记录，三者可以任意组合。所记书写地点，有详载州郡寺观者，有仅记寺观名称者，有仅记州郡地名者，亦有仅记抄写处所者。时间一般写在最前面，偶有将书写者写在前面者。例如：

书写者和时间：

P.2621《事森》题：戊子年四月十日，学郎员义写书故记。

BD 01032《维摩经义记》题：释琼许，大统三年正月十九日写讫。

书写时间和地点：

BD 01061《四分戒本疏卷三》题：壬子年三月廿八日于沙洲永寿寺写。

P.2361《本际经疏卷第三》题：景龙二年三月十四日于神泉观写了。

P.2632《手决一卷》题：咸通十三年八月廿五日于晋昌郡写记。

P.3271《论语卷第五》题：乾符四年丁酉正月十三，庙堂内记也。

书写者、时间和地点：

P.3030《因地论一卷》题：开元廿五年五月廿八日，陈奉德于沙洲豆卢军在营写因地论一卷记。

3. 记写卷的用途

此处所讨论之写卷的用途，包括诵读、受持、供养、流通、学习等方面，用于祈愿的写经则不在此讨论范围。

（1）用以诵读。

诵读多指佛经而言，"看文曰读，背文曰诵"，读指阅读、观览；诵则是离文背诵而不忘。佛教信众认为佛经乃佛祖之至言，若读诵受持者，可以灭罪生福；若能因言悟旨，可得心地开明，显发智慧。佛教文献中屡见诵读题记。如：

D 089《昙无德部随机羯磨卷上》题：持律道真念。

BD 00111《天地八阳神咒经》题：三界寺僧沙弥海子读八阳经者。

BD 08212《杂咒一卷》题：比丘洪敞读诵。

第二章 敦煌文献题记概述(下)

四部文献中也有抄写用来读诵者,如:

P.2825《太公家教一卷》题:大中四年庚午正月十五日学生宋文显读,安文德写。

P.2570《毛诗卷第九》题:寅年净土寺学生赵令全读,为记。

(2) 用以受持。

受持经典也指佛经而言。隋吉藏《胜鬘宝窟》卷上曰"始则领受在心曰受,终则忆而不忘曰持"①,信徒受持经典,须深信如来言教,以恭敬心阅读,时时讽诵,忆念不忘。信众写造佛经多有为受持之目的者,如:

S.4167(2)《佛经戒律》《略抄本一卷》题:比丘尼觉如受持。

P.2222D《净名经关中疏卷上》题:岁次庚辰年十月六日,比丘归真写并受持记。

BD 07439《无量寿经卷下》题:白衣赵业受持。

S.0194《妙法莲华经卷第一》题:垂拱四年六月日,信女杨阿僧与人受持。

(3) 用以供养。

供养乃供给、资养之意,指施舍衣服、饮食、卧具、汤药、香华、璎珞、末香、涂香、烧香、缯盖、幢幡、伎乐等的财供养,和说法修行、证菩提道、利益众生、摄受众生的法供养。写经是法供养之一途,供养经典可得无量功德。因此,供养者必于经卷上题写姓名,说明功德之归属。如:

---

① 《大正新修大藏经》第37册,第11c页。

上图 112《无量寿经卷下》题：瓜州刺史元太荣所供养经，比丘僧保写。

S.0457《大智论卷第四十四》题：开皇十三年岁次癸丑四月八日，弟子李思贤敬写供养。

P.3136《佛说摩利支天经》题：清信佛弟子节度押衙李顺子一心供养。

敦研 015《中论经第二》题：保宗所供养经，一校竟。

（4）用于流通。

题记言明写经用于流通者一般见于佛教文献。佛法的传播依赖经典的流传，所谓流则不滞，通则不壅。正法流通而不壅滞，能利益众生。佛经经末一般都有流通分，即以所说之法，付属弟子，使流通于遐代。因之，佛教信众视写经流通为传播佛法之无量功德，并在所写经卷上以题记明示为流通而写。如：

S.2048《摄论章卷第一》题：仁寿元年八月廿八日，瓜州崇教寺沙弥善藏在京辩才寺写摄论疏，流通末代。

P.2091《胜鬘义记卷下》题：大隋大业九年八月五日，沙门昙皎写之，流通后世。校竟也，经疏卷之下。

BD 08888《金刚般若波罗蜜经》题：丁卯年三月十二日，八十四老人手写流传。

（5）用于学习。

有些经卷的题记注明为僧尼修习经本后所记，如：

P.2137《略抄本一卷》题：胜寂习记。

S.5962《梵网经卢舍那佛说菩萨心地戒品》题：比丘宝贤再修已。

第二章 敦煌文献题记概述（下）

4. 记录讲经传法及听讲

佛教僧侣以开坛讲论来宣传教义，为僧众和在家信众讲解经典之奥义。听讲者边听边记，将法师所解之义整理成文，许多经典的疏释就是这样整理并保存下来的，例如唐道液所撰《净名经集解关中疏》、吐蕃法师法成《瑜伽师地论分门记》等。在这些经疏的题记中，有的详细注明于何时何处听某位法师讲某经，记录者为何人，如：

P.2079《净名经关中释抄卷上》题：壬辰年正月一日，河西管内都僧政京城进论朝天赐紫大德曹和尚，就开元寺／为城煌（隍）禳灾，讲维摩经，当寺弟子僧智慧并随听写此上批，至二月廿三日写讫。

中图121《净名经关中疏卷上》题：己巳年四月廿三日，京福寿寺沙门维秘于沙洲／报恩寺为僧尼道俗敷演此净名经，以传来学之徒，愿秘藏不绝者矣。／龙兴寺僧明真写，故记之也。

书博081《瑜伽师地论卷第卅五》题：大唐大中十一年十月六日比丘明照就龙兴寺随听写此论本记。／大唐大中十一年十月十日三藏和尚于开元寺说毕。

大部分则仅记录了听讲的时间和记录者，如：

北三井102《瑜伽师地论》题：大中十年廿三日比丘恒安随听写记。

MS12《瑜伽论卷第一》题：大中九年年三月十五日智慧山随学听。

有的记录了听讲的次数，如：

P.2132《金刚般若经宣演卷下》题：贞元十九年听得一遍，／又至癸未年十二月一日听第二遍记，／庚寅年十一月廿八日听第三遍了。/义琳听常大德法师说。

有的还记录了讲经活动中的主讲法师和都讲，如：

P.2603《赞普满偈》题：开运二年正月日相国寺主上座赐紫/弘演正言，当讲左街僧录圆鉴。

5. 记录书写的经卷数量

财力丰厚的造经者往往同时写造多部经典或一部经典写造多卷，通常会在题记中说明。写造多部经典者，则罗列经题及部数，如：

D 083《优婆塞戒发愿品第七》：仁寿四年四月八日，楹雅珍为亡父写灌顶经一部，优婆塞一部，善恶因果一部、太子成道一部、五百问事一部、千五百佛名一部、观无量寿一部，造观世音像一躯，造卅九尺幡一口。所造功德，为法界众生一时成佛。

书博051《大般涅槃经卷第十六》：是以比丘尼建晖为七世师长、父母敬写涅槃一部、法华二部、胜鬘一部、无量寿一部、方广一部、仁王一部、药师一部，因此微福，使得离女身后成男子；法界众生，一时成佛。大统二年四月八日。

若重复写造一部经典则说明已完成的卷数或部数，如：

BD 06242《佛说无量寿宗要经》：卷第一万九千九百九十九，宋良金写。

大谷0722《妙法莲华经卷第五》：第一千八百七部，弟子蒋孝璋造流通供养。

津艺287《妙法莲华经卷第七》：菩萨戒弟子萧大严敬造，第九百二部。

❖ 第二章 敦煌文献题记概述(下) ❖

6. 记录字数

经典抄完之后统计总字数是简帛时期书写制度的遗存，写本统计字数的题记不太多见，但在儒家经部文献中仍有保留，个别佛经也有此类题记。如：

P. 2536《春秋谷梁传庄公第三、闵公第四合为一卷》：龙朔三年三月十九日书吏高义写。/用小纸卅三张，/凡大小字一万二千一百四言。五千六百四言本，/六千五百言解。

P. 2486《春秋谷梁传哀公第十二》：凡大小字四千一百六十言。一千九百言大，/二千二百六十言小。/龙朔三年三月日亭长娄思恽写，/用纸十二张。

P. 2548《论语卷第六》：经二千六十四字。

BD 04277《妙法莲华经卷第六》：第一千七百八十四部，凡一万三百七十四言。

S. 2968《大智慧无极放光明品第一》：凡万五千八十二字。

7. 记录用纸数

卷轴是由一张张单页纸粘贴连成一个长卷，书写者一般先在单页纸上抄写，抄完后再将所有单页纸统一粘贴制作。唐代书籍的行款较为固定，一张纸的行数及每行的字数都是大致固定的，一部书或一部经卷所需的纸数就是一定的。在卷末标记用纸数目，便于对内容完缺的核查。有些写卷上仅题写用纸数，如：

P. 2501《阃外春秋卷第四、第五》：卅七纸。

北三井 095《入楞伽经卷第七》：用纸廿张。

S. 1381《华严经卷第四十六》：纸廿四张。

BD 05700《道行般若经卷第六、第七》：用纸十五枚。

大部分写卷的题记中，纸数只是其中一项，连同其他书写、受持、校勘等题记一起写在卷末，如：

上博 18《妙法莲华经卷第五》：仪凤二年二月十三日群书手张昌文写。/用纸二十张。

S.3883《佛说海龙王经》：卅七纸。/校竟。/法相校。

8. 记录校勘

校勘题记多见于佛教文献上，盖因抄写佛教经律论者有做功德之心理，而佛教又宣扬抄经不认真乃至颠倒舛错，不仅使经无灵验之功、诵无救苦之益，甚而会由此结下恶业。① 因此，写经完成后多有校勘之举，写卷上就有了许多校勘题记。道教文献和四部文献中也偶见校勘题记，亦能反映出一种谨慎的态度。

有的仅记"勘""校"等字，以示校事完成。如：

P.2462《老子道德经序诀》《玄言新记明老部》：校了。
BD 03953《佛顶尊胜陀罗尼一卷》：勘了。

有的写明校勘者，如：

P.2245《四分戒本疏卷第三》：沙门福慧勘记。
P.2606《太上洞玄灵宝无量度人上品妙经》：清都观道士刘□校。

有的还记录校勘时间和校勘地点，如：

P.2085《四分律删繁补阙行事钞卷上》：寅年六月十六日于东山兰若勘了再记。

---

① 《法苑珠林·敬法篇》"谤罪部"云："纵有抄写，心不至殷，既不护净，又多舛错。共同止宿，或处在门檐，风雨虫寓，都无惊惧，致使经无灵验之功，诵无救苦之益。"引《敬福经》云："善男子，经生之法，不得颠倒一字重点，五百世中，堕迷惑道中，不闻正法。"

第二章　敦煌文献题记概述（下）

P.2121《四分律删繁补阙行事钞中卷之上》：巳年六月上旬于胡丘之园勘较（校）定。

有些写卷要经过二校甚至三校，以确保其准确无误，如：

上博54《大般若波罗蜜多经卷第四百卅一》：一校了。重校了。

D 004《大般若波罗蜜多经卷第二百九十六》：义泉勘了，第二勘灵秀，第三勘超藏。

有的题记还记录了写经的校勘经过，如：

S.0102《梵网经卢舍那佛说菩萨心地戒本卷下》：右此戒本，前后并广略，乃至远年及近写等，约共校勘一十九本。将为句义圆满，文字楷定，稍具备于诸本。是故文有多少，差别不同。所以然恐时人见之欲传受者，遂妄致生疑执怪，因兹疑怪则更其机嫌，有爱有憎，或赞或毁。以赞毁故，乃动其三业；动三业故，当即惧坠陷诸宿于恶道邪徒（途）之中，自招殃累，讵保安乐。夫求福利者，以众善普会；持净戒者，用澄肃为资。如上因果既若是，更凭何文思修。愚每惮斯深患情所实莫堪忍，谨奉白先明后哲，幸愿详而照揽，庶望杜绝其呵责凡庸因致谤于圣教真法者矣。但能瞻言尽理，即决将久竟无怀悔于往误焉。岂不慎之哉，岂非善之哉。其戒经本于诸名僧大德，或至道俗贤能，或隐居山谷，或混遁人间，处处请求勘校。向余四载，方始毕功，心亡力尽，尚未将为满足胜愿。愿当来同学者，咸悉遵崇庆，重惭耻愧；惜光阴，切不虚生趣舍，被无常逼逐，各各自应思省知尔。

9. 杂记
（1）抄写者为写卷中可能出现的错讹而请后读者见谅并勘正。

P.3433《论语卷第八》：丁未年十月十六日张坚坚写毕功了。/手恶笔若（弱），多有错厥（阙），朋师见者，即与盖（改）却。

P.3780《秦妇吟一卷》显德二年丁巳岁二月十七日，就家学士郎马富德书记。/手若（弱）笔恶，若有决（阙）错，囗书见者，决丈五索。

S.5562《礼忏一本》：太平兴国五年庚申岁四月廿七日，借请本写者，更错决（阙）者，后人读者察（?）著记。

(2) 底本有缺失，未能全部抄完，待自己或请后读者续之。

P.3487《忏悔文》：从此已后，阙本不得缓暂，他日去续之。

P.3916（8）《大佛顶如来顶髻白盖陀罗尼神咒经》和P.3916（9）《观自在菩萨如意轮念诵仪轨》间有两个半页空白，上题：于此已上更欠多半纸来，后人寻得本者，便乃写全者也。

(3) 写卷需校勘。

BD 01017《洞真上清诸经摘抄》：写未了，语不尽，见本勘。

P.3851《沙洲准目录欠藏经数》：如或写者，切须三校，不请有留/错字也。

(4) 点读说明。

S.2577《妙法莲华经卷第八》：余为初学读此经者，不识文句，故凭点之。亦不看科段，亦不论起尽，多以四字为句。若有四字外句者，然始点之；但是四字句者，绝不加点，别为作为

❖ 第二章 敦煌文献题记概述(下) ❖

(怖委反),别行作行(闲更反),如此之流,聊复分别。后之见者,勿怪□朱,言错点也。

(5) 饬令抄写、诵持经戒。

S. 2851《菩萨十无尽戒》:右以前十戒,仰人各写一本,令诵持。如因斋日试不通,罚一七人□。

(6) 与写卷没有直接关系者。

P. 2384《大元帅启请》:应顺元年六月,改为清泰元年。时当岁次甲午,天旱故记之耳,比丘志勤。

10. 述怀

敦煌出土了许多由学郎抄写的文献,且以四部文献为多。这些写卷多是当地学郎为自己抄写的学习课本,也有为他人佣书而作。此类文献的题记中除了记明抄写者和日期外,还有学郎题写的表达个人思想、情感的诗歌。这些诗歌虽然写得比较稚拙,但能反映出敦煌学生的生活及心理状态。敦煌地区纸张难得,学生很难获得纸张自用。有些诗歌就表达了替人佣书的学郎珍惜纸张,不愿浪费而题诗于上,如:

P. 2947《释门文范》《佛经答难》:甲寅年四月十八日书记。/书后有残纸,不可列(裂)将归。虽然无手笔,且作/五言诗。

有些诗歌表达了学生自知肩负父母的期望和重托,希望通过努力读书走入仕途,立身成名,实现自我价值的愿望。如:

P. 2498《李陵苏武往还书》:天成三年戊子岁正月七日学郎

李幸思书记。/幸思比是老生儿，投师习业弃无知。父母偏怜昔（惜）爱子，日讽万幸不滞迟。

P.3534《论语卷第四》：亥年四月七日孟郎郎写记之。/由由（悠悠）天上云，父母生我身。小来学李（里）坐，今日得成人。

S.0614《菟园策第一》：巳年四月六日学生索广翼/写了。高门出贵子，好木不（出）良才。易见不□□，□□□□。

BD 08668《百行章一卷》：庚辰年正月廿一日净土寺学郎王海润书写，邓保住、薛安俊札。/庚辰年正月十六日净土寺学使（士）郎邓保住写记述也，薛安俊札用。/写书不饮酒，恒日笔头干。且作随宜过，即与后人看。学使（士）郎身姓（性），长大要人求。堆亏急学得，成人作都头。

P.3192《论语卷第六》：丙子年三月五日写书了，张安□读。书后有残纸，不可列（裂）将归。虽然无手笔，且作五言诗。/卅余年在战场，百生千死位君王。彤（雕）弓岁岁恒/看月，金钾年年镇披霜。

有些诗歌则表达了替人佣书者不同的工作态度以及不能及时拿到报酬时内心的怨愤。如：

P.3386《大汉三年季布骂阵词文一卷》、《杨满川咏孝经壹拾捌章》：维大晋天福七年壬寅岁七月廿二日三界寺学士郎张富牟记。/计写两卷文书，心里些些不疑。自要身心□（恳）切，更要□□阇梨。

P.2937《太公家教》：维大唐中和四年二月廿五日沙洲敦煌郡学士郎/兼充行军除解太学博士宋英达。/写书不饮酒，恒日必（笔）头干。但作须宜过，有作□□□。

S.0692《秦妇吟》贞明五年己卯岁四月十一日敦煌郡金光明寺学仕郎安友盛记。今日写书了，合有五斗米。高代（贷）不可得，坏（还）是自身灾。

❖ 第二章 敦煌文献题记概述（下） ❖

P.2516《尚书卷第五》：野棘知人意，因何不早回，既能牵绕得，待后／泄将来。／薛石二书记。

11. 记录抄写的版本

唐五代时期，印刷术已经用于图书的生产。印本书籍行款整齐、字迹清晰，成为印刷术尚未普及的地区人们抄书的范本。著名印刷作坊有西川过家、成都卞家、京都李家等。在敦煌文献中我们就发现有不少以这些作坊印刷的书籍为底本抄写的，这些文献的题记中记录了抄自何家印本。如：

P.2633（4）《崔氏夫人要女文》：上都李家印。

P.2675《新集备急灸经一卷》：京中李家于东市印。

S.5444、S.5534、S.5669、S.6726、Дх 00088 + Дх 00099 + Дх 06054 + Дх 11040v、BD 08888、BD 10902、P.3398（1）《金刚般若波罗蜜经》：西川过家真印本。

BD 06823v《大降魔秽积金刚圣者启请》：洛京新样了也。

12. 记录经典的来历

有些书写者为了征信于后人，还在题记中交代了佛经的由来和传播过程，或经典疏释的形成过程。

P.3918《佛说金刚坛广大清净陀罗尼经》，题记中记录了此经由昙倩于安西翻译，由于阗传至甘州的过程。其中还记录了比丘利贞刻石写经、梦中蒙老人相助和于阗小僧因毁訾该经而碎身自戮的灵验故事。①

S.4000《佛说智慧海藏经卷下》：大唐宝应元年六月廿九日，中京延兴寺沙门／常会，因受请往此敦煌城西塞亭供养，／忽遇此经。无头，名目不全，遂将至宋渠／东支白佛图别得上卷，

---

① 题记颇长，略而不录，参见《敦煌遗书总目索引新编》，第305页。

合成一部。恐/后人不晓，故于末尾书记，示不思/议之事合会。愿以此功德，普及于/一切，我等与众生，皆共成佛道。

Ф337《佛说竺兰陀心文经》：竺兰陀心文经，大藏所无有也。元丰二年，太/常少卿薛公仲孺死之三年，以地狱之苦不/能往生，依陕西都运学士皮公公弼之女求/是经，以解冤结，公哀许之。大索关中，获古本于/民间，饭僧诵之。一日，薛卿复附语以谢曰：赖公/之赐，获生天矣。公诘以特索是经之意，云：佛书/几万卷，冥间视此经犹今之时文，方所信重，故/一切苦恼，悉能解脱。予是以获其佑也。今三秦/士民，竞传诵之。/卫州管内僧判兼表白仁化寺净土院讲唯识因明论僧贤惠校勘，/卫州管内副正仁化寺净土院主讲华严经传法界观僧贤熙校勘。/承议郎杨康国男大名府乡贡进士据璞、琬、瑰、琚、瑄、璘，女四娘、五娘，奉为/亡妣金华县君石氏小祥，谨镂版印施/竺兰陀心文经五百卷，庶缘/胜利，用浸广于善因，追荐/慈灵，愿早/登于净土。/元丰六年三月日施。

13. 记录修补经典

敦煌地区佛事活动频繁，佛经的使用率极高，因此极易损坏。残损的经卷不可能全部废弃，而是要进行修补使其恢复功能。修补佛经的活动在敦煌一直都存在，在题记中有所反映。如 S.2231《大般涅槃经卷第卅九》令狐光和修补《涅槃经》的记录：

令狐光和□故破涅槃修持□□一部，诵读为一切众生耳。闻教者永不落三徒（途）八难，愿见阿弥陀佛。贞观元年二月八日修成乞（讫）。

而最著名且规模最大者当属五代宋初三界寺僧道真的修经活动，从题记中我们可以获知如下信息：

BD 05788《佛说佛名经卷第十三》：沙门道真修此经，年十

第二章　敦煌文献题记概述（下）

九，浴（俗）姓张氏。

敦研345《三界寺藏内经论目录》：长兴五年（934）岁次甲午六月十五日，/弟子三界寺比丘道真，乃见当/寺藏内经论部不全，遂乃启颡，/虔诚誓发弘愿，谨于诸家亟藏，/寻访古坏经文收入寺，修补头尾，/流传于世，光饰玄门，万代千/秋，永充供养。愿使/龙天八部，护卫神沙，梵释四/王，永安莲塞。城隍泰乐，社/稷延昌。府主大王常臻宝位。先亡姻/眷，超腾会遇于龙花，见在/宗枝，宠禄常沾于亲族。应/有藏内经论，见为目录。

S.5663a《中论卷第二》：己亥年七月十五日写毕，三界寺律大德沙门惠海诵集。/乙未年（935）正月十五日三界寺修大般若经兼内道场课念沙门/道真，兼条修诸经十一部，兼写报恩经一部，兼写大佛名经一部。/道真发心造大般若秩六十个，并是锦绯绵绫具全。造银番（幡）/五十口，并施入三界寺。铜令（铃）香卢（炉）一、香椟一，施入三界寺。/道真造刘萨诃和尚，施入番（幡）二七口，铜令（铃）香卢（炉）一，香椟、/花毡一。已上施入，和尚永为供养。道真修大般若经一部，修诸经十三部，番（幡）二七口，铜令（铃）香卢（炉）一、/香椟一，经案一，经藏一口，经布一条，花毡一，已上施入经藏供养。

S.6225《佛经目录》：三界寺比丘道真诸方求觅诸经，随得杂经录记。

在934年和935年这两年中，道真修补了166部佛经，最主要的是将600卷的《大般若经》配补齐全了，同时还抄写了《报恩经》《大佛名经》等。此次修经活动结束后，道真还捐赠了六十个经秩，很明显是为了《大般若经》而准备的；还舍施铜铃、香炉等物品以作供养。

14. 受经戒盟文

此类题记只见于道教文献中。道教求法弟子需接受传授经戒的科仪，方可成清信弟子。所求受之经戒分别为《老子道德经》和《十戒经》。在受经戒的仪轨中，求法弟子需写经戒盟文，盟文的内容完全是遵照仪轨而行，且求经之盟文与求戒之盟文略有不同。这些反映仪轨的盟文没有单篇独行，而是以题记的形式写在经卷的末尾。例如 P.2347a《老子德经下》题记为唐真戒的求经盟文：

大唐景龙三年岁次己酉五月丁巳朔十八日甲戌，沙州敦煌县洪闰乡长沙里女官清信弟子唐真戒年十七岁，甲午生。既耳目贪于声色，身心染于荣宠，常在有欲，无由自返。伏闻老子以无极元年七月甲子日将欲度西，而关令尹喜好乐长生，欲从明君受一言之经。老子曰："善哉！子之问也。吾道甚深，不可妄传，生道入腹，神明皆存；百节关孔，六甲相连；徘徊身中，错综无端；胎息守中，上与天连。行之立仙，拜为真人。传不得法，殃及其身，身死名灭，下流子孙。"真戒既肉人无识，窃好不已；专志颙颙，实希奉受。今依具盟科法，赍信誓心，诣三洞法师北岳先生阎□□，求受道德五千文经，修行供养，永为身宝。断金为盟，违科犯约，幽牢长夜，不敢有言。

P.2347b《十戒经》题记为唐真戒的求戒盟文：

大唐景龙三年岁次己酉五月丁巳朔十八日甲戌，沙州敦煌县洪闰乡长沙里冲虚观女官、清信弟子唐真戒，年十七岁。但为宍（肉）人无识，既受纳有形，形染六情，六情一染，动之弊秽，或（惑）于所见，昧于所着，世务因缘，以次而发。招引罪垢，历世弥积。轮回于三界，漂浪而忘返；流转于五道，长沦而弗悟。伏闻天尊大圣，演说十戒十四持身之品，依法修行者可以超升三界，位极上清。真戒性虽愚昧，愿求奉受，谨赍法信。谨诣北岳先生阎□明，奉受十戒十四持身之品，修行供养，永为身宝。僭盟负约，长幽地狱，不敢蒙原。

第二章 敦煌文献题记概述(下)

此外,受《老子道德经》之盟文还有 P.2255、P.2350a、P.2735、S.6453(有残缺),受《十戒经》盟文有 P.2350b、P.3770、甘博 017、S.6454,各篇大体一致,可以总结出受经盟文的结构及内容为:时间、乡里、清信弟子姓名、检讨世俗业缘、老子授经于尹喜、诣某法师求受《道德经》、依科订盟、许愿发誓;受戒盟文的内容及结构为:时间、乡里、清信弟子姓名、检讨世俗业缘、诣某法师奉受十戒十四持身之品、依科订盟、许愿发誓。

(二) 祈愿性题记

祈愿性题记是对写造经典的目的与所寄托的愿望的表达和申说。宗教经典宣扬了写经功德,人们才有写经祈愿之举。因此,祈愿性题记只存在于宗教文献中,佛教和道教文献均有。祈愿性题记虽然也记录了经典的写造时间和写造者等信息,但内容偏重于表达写经的目的和愿望。有些题记中仅用只言片语来表达;有些题记则形成了长篇的愿文,其形式与斋会法事中使用的愿文无甚差别;有些题记还记述了写经的宗教意义。

写经祈愿题记与北朝时期的造像记是在不同的宗教活动中使用的、性质相同的文献,它们的内容和结构是相似的。日本学者佐藤智水曾将造像记分为 A、B 两种形式,并分别举例解析了它们的结构。① 侯旭东在此基础上又将佐藤氏两种类型的内部结构做了进一步剖析。② 这些分析对我们研究祈愿性题记的结构有极大的借鉴意义。

参照造像记的内容和结构,并根据题记中有无对写经宗教意义的表述,可将敦煌文献祈愿性题记的内容和结构分为 A 型和 B 型两大基本类。两大基本类之下,因组成要素的完缺和排列组合之不同,又分别有若干变体,以下举例分述之。

1. A 型祈愿题记

A 型:(1)写经时间—(2)(身份)写经者—(3)写经对象—(4)写经题材—(5)发愿对象—(6)祈愿内容

---

① [日]佐藤智水:《北朝造像铭考》,《史学杂志》第86卷第10期,1977年。
② 侯旭东:《五六世纪北方民众佛教信仰——以造像记为中心的考察》,中国社会科学出版社1998年版,第87—91页。

A型祈愿题记是不包含写经宗教意义表述的题记，主要由以上六个要素组成。其中写经者身份指写经者姓名前加缀的清信弟子、佛弟子等称号以及职衔、郡望等，大部分题记有写经者"身份"内容，也有一些并不记录；发愿对象则可有若干个，每个对象之后有相应的祈愿内容。① 六要素具体所指，以 P.2881《妙法莲华经卷第一》题记为例解析如下（题记结构要素名称与正文按编号对应）：

总章三年三月廿四日⁽¹⁾清信女孙氏，⁽²⁾为亡母⁽³⁾敬写法华经一部，⁽⁴⁾愿亡者⁽⁵⁾神生净域，面睹弥陀，⁽⁶⁾法界含灵，⁽⁵⁾俱登佛道。⁽⁶⁾

A型题记因组成要素的完缺和排列组合变化而产生了若干变体。观察这些变体的结构可发现，有些变体具有一个共同的不变要素，而其他要素发生了省略或次序变化。依据这些不变要素，我们将这些变体分为四类。

A1 型：（1）写经时间—（2）（身份）写经者—（3）写经动机—（4）写经题材—（5）发愿对象—（6）祈愿内容

A1 型是在 A 型的基本形态上省略了"写经对象"，而在相应位置上增入"写经动机"②。"写经动机"是 A1 类的不变要素。例如 S.4284《大方便佛报恩经卷第七》：

今贞观十五年七月八日⁽¹⁾菩萨戒弟子辛闻香，⁽²⁾弟子为失乡

---

① A型祈愿题记有以下卷号：D 083、上博 05、P.2056、P.2094a、P.2117、P.2138、P.2205、P.2276、P.2334、P.2457、P.2881、BD 09525、招提 17、大东急 107 - 16 - 1、大谷 0709、大谷 0711、滨田 018、S.0081、S.0592、S.1472、S.1864、S.2419、S.2598、S.3135、S.3935、S.4162、S.4570、BD 06968、书博 057、书博 060、书博 173 第二卷（5）、Дх 00180 + Дх 02597 + Дх 02980、历博 38、甘博 005。

② A1 型祈愿题记有以下卷号：D 102、D 050、上博 56、P.2143、P.3135、P.3668、P.4506a、BD 10363、北三井 060、北三井 070、S.0791、S.0980、S.1177、S.1945、S.2157、S.2791、S.3518、S.4284、S.4528、书博 021、书博 144、书博 173 第二卷（2）、津艺 193、津艺 243、津艺 306、津艺 345、Ф 069、Дх 11679、招提 02、招提 03、"中研院" 48、中图 79。

第二章　敦煌文献题记概述（下）

破落，离别父母，生死各不相知，(3)奉为慈父亡妣敬造报恩经一部，(4)后愿弟子父母(5)生生之处，殖（值）佛闻法，常生尊贵，莫经三途八难。(6)愿弟子(5)将来世中，父母眷属，莫相舍离，善愿从心，俱登正觉。(6)

A1.1型：（1）写经时间—（2）（身份）写经者—（3）写经题材—（4）写经动机—（5）发愿对象—（6）祈愿内容

A1.1型是在A1的基础上调换了"写经题材"和"写经动机"的位置，① 例如P.2805《佛说摩利支天经》题记：

天福六年辛丑岁十月十三日，(1)清信女弟子小娘子曹氏(2)敬写般若心经一卷、续命经一卷、延寿命经一卷、摩利支天经一卷，(3)奉为己躬患难，今经数辰，药饵频施，不蒙抽减；今遭卧疾，始悟前非。(4)伏乞大圣济难拔危，鉴照写经功德，望仗厄难消除；(6)死（怨）家债主，(5)领兹福分，往生西方，满其心愿，(6)永充供养。

A1.2型：（1）（身份）写经者—（2）写经动机—（3）写经题材—（4）发愿对象—（5）祈愿内容

A1.2型是在A1的基础上省略了"写经时间"②，例如P.3235v《太玄真一本际经卷第二》题记：

弟子(1)比缘染患，沉疴积时，针灸不疗，药石无损。爰发弘愿，委命慈尊，遂蒙大圣匡扶，宿疾除愈，(2)谨抽妙宝、割舍净财，敬写本际经一部。(3)愿是功德资益弟子九玄七相、内外亲姻，(4)长辞地狱之酸，永受天堂之乐；(5)傍周动植、爰及幽明，(4)同会胜因，俱沾此福。(5)

---

① A1.1型祈愿题记有以下卷号：P.2805、书博114。
② A1.2型祈愿题记有以下卷号：P.3235v、Дx 11036

A2 型：（1）写经时间—（2）（身份）写经者—（3）写经题材—（4）发愿对象—（5）祈愿内容

A2 型是在 A 型基础上省略了"写经对象"。此类写经并非专为某人所写，其"写经对象"实际上和"发愿对象"是一致的，故而可以省略。① 这类题记数量最多，例如甘博002《入楞伽经卷第九》题记：

岁次戊寅十月卅日，⁽¹⁾比丘尼元英⁽²⁾敬写大集经一部、楞伽经一部，⁽³⁾为七世师宗父母、法界众生，⁽⁴⁾三途八难速令解脱，一时成佛。⁽⁵⁾

A2.1 型：（1）写经时间—（2）（身份）写经者—（3）发愿对象—（4）祈愿内容

A2.1 型是在 A2 型基础上省略了"写经题材"，能够作此省略者是因为功德主只写造了一部经典，题记与经典是一一对应的，故而"写经题材"在题记中不再提及。② 例如上博50《佛说救疾经一卷》题记：

武德六年四月廿七日，⁽¹⁾清信佛弟子索行善⁽²⁾敬造。愿阎浮提中所有幽厄疾病者，⁽³⁾藉此福田悉除差；⁽⁴⁾普及六道苍生，⁽³⁾减（咸）同斯庆。⁽⁴⁾

---

① A2 型祈愿题记有以下卷号：P. 2144、P. 2160、P. 2189、P. 3110、P. 3113a、P. 3308、P. 4563、BD 00876、BD 11870、S. 1529、S. 2527、S. 4520、S. 6650、滨田 125、S. 0736、S. 1317、S. 1415、S. 2424、S. 2605、S. 3054、书博 014、书博 046、书博 049、书博 055、书博 069、书博 173 第二卷（1）、津艺 039、津艺 251、甘图 017、甘博 002、甘博 029、甘博 121、Дх 02949、S. 4415、S. 4476、S. 4553、S. 5669、S. 5762、S. 6667。

② A2.1 型祈愿题记有以下卷号：上博 50、P. 2098、P. 2806、P. 2900、P. 2965、P. 3045、BD 06261、S. 2863、S. 3686、S. 4601、S. 5682、S. 6485、书博 82、津艺 166、敦研 007、Ф 215、Ф 235、Ф 320、Дх 18946AR、Дх 00020 + Дх 04285 + Дх 04308 + Дх 10513 + Дх 10520、书博 173 第四卷（1）。

❖ 第二章 敦煌文献题记概述（下）❖

A2.2型：（1）写经时间—（2）发愿对象—（3）祈愿内容

A2.2型是在A2.1型基础上省略了"（身份）写经者"①，例如书博074《佛说善恶因果经》题记：

先天二年六月二日写了，⁽¹⁾唯愿合家大小⁽²⁾无诸才掌（灾障），早见家乡；⁽³⁾愿一切众［生］，⁽²⁾早得利（离）苦地。⁽³⁾

A3型：（1）（身份）写经者—（2）写经题材—（3）发愿对象—（4）祈愿内容—（5）写经时间

A3型是在A型基础上将"写经时间"移至题记的末尾，并省略了"写经对象"②。例如书博052《大般涅槃经卷第十二》题记：

清信士张珍和夫妻⁽¹⁾同发善心、减割资财，敬写涅槃经一部，⁽²⁾愿七世师长父母、所生父母、合家大小，⁽³⁾并生无量寿国；⁽⁴⁾及法界含生，⁽³⁾皆同此愿。⁽⁴⁾开皇元年岁次辛丑八月十八日。⁽⁵⁾

A3.1型：（1）（身份）写经者—（2）发愿对象—（3）祈愿内容—（4）写经题材—（5）写经时间

A3.1型是在A3型基础上将"写经题材"和"发愿对象""祈愿内容"的位置进行了调换。③ 例如历博56《观世音菩萨毗沙门天王像》题记：

清信佛弟子董文员，⁽¹⁾先奉为先亡父母⁽²⁾神生净土，勿落三途；⁽³⁾次为长兄僧议渊⁽⁴⁾染患未蒙抽减，凭佛加威，乞祇救扶。⁽³⁾敬画大慈大悲救苦观世音菩萨及北方大圣毗沙门天王供养。⁽⁴⁾时庚寅年七月十五日题毕。⁽⁵⁾

---

① A2.2型祈愿题记有以下卷号：书博003、书博074。
② A3型祈愿题记有以下卷号：书博052、书博115、津艺007、Дх01362、Дх17433。
③ A3.1型祈愿题记有以下卷号：历博56、甘博018。

A3.2 型：（1）写经题材—（2）发愿对象—（3）祈愿内容—（4）写经时间

A3.2 型是在 A3 型的基础上省略了"（身份）写经者"①，例如 D 079《贤劫千佛名经卷上》题记：

敬写大佛名经贰佰捌拾捌卷，(1)惟愿城隍安泰，百姓康宁；府主尚书曹公，(2)己躬永寿，继绍长年；合宅枝罗，常然庆吉。(3)于时大梁贞明陆年岁次庚辰伍月拾伍日写记。(4)

A3.3 型：（1）写经对象—（2）写经题材—（3）发愿对象—（4）祈愿内容—（5）写经时间

A3.3 型是在 A3.2 型基础上加入了"写经对象"②。例如 S.0616《金光明经卷第四》题记：

为亡比丘龙泉窟主永保(1)敬写金光明一部、胜鬘一部、方广一部，(2)愿亡者(3)托生佛国，面奉慈颜；长□三途，永与苦别；生生之处，遇善知识，发菩提心；(4)普及含生，(3)是成佛道。(4)太和三年岁次戊子五月廿八日。(5)

A3.4 型：（1）写经对象—（2）发愿对象—（3）祈愿内容—（4）写经时间

A3.4 型是在 A3.3 型的基础上省略了"写经题材"，例如 S.6230《阎罗王授记经》题记：

奉为慈母(1)病患，速得诠嗟（痊差），免授（受）地狱；一为在生父母(2)作福；二为自身及合家内外亲因（姻）等，(2)元知

① A3.2 型祈愿题记有以下卷号：D 079、上博 25、P.2312、BD 04072、BD 06824、北三井 079、书博 112、津艺 041、S.4240、S.6255。
② A3.3 型祈愿题记有以下卷号：BD 05742、S.0616、S.2650、S.5544b。

第二章　敦煌文献题记概述（下）

□长，病患不侵，常保安乐，书写次（此）经，免其□□业报。(3)同光四年丙戌岁六月六日写记之耳。(4)

A4型：(1)（身份）写经者—(2)写经对象—(3)写经题材—(4)发愿对象—(5)祈愿内容

A4型是在A型基础上省略了"写经时间"①，例如中图17《佛说八阳神咒经》题记：

清信弟子□行者王，(1)与先亡父母(2)作福，奉写八阳经一卷。(3)现存合家眷属，(4)愿生净土，无经八滩（难），护福长年，不历三涂。(5)

A4.1型：(1)（身份）写经者—(2)写经题材—(3)发愿对象—(4)祈愿内容

A4.1型是在A4型基础上省略了"写经对象"②，例如BD 02148《金光明最胜王经卷第十》题记：

弟子李昛(1)敬写金光明经一部十卷，(2)乙丑年以前所有负债负命、怨家债主，(3)愿乘兹功德，速证菩提，愿得解怨释结，(4)府君等(3)同沾此福。(4)

A4.2型：(1)（身份）写经者—(2)发愿对象—(3)祈愿内容

A4.2型是在A4.1型基础上省略了"写经题材"③，例如S.2824《金刚般若波罗蜜经》题记：

---

① A4型祈愿题记有以下卷号：P.2082、P.2104、"中研院"47、书博054、中图17、S.1963、S.2876。
② A4.1型祈愿题记有以下卷号：BD 02148、BD 03228、BD 06035、S.2360。
③ A4.2型祈愿题记有以下卷号：P.3295、P.4505、P.3835a、BD 00244、BD 03129、S.2077、S.2824、S.5248、书博152（16）、Дх 11697、"中研院"05。

佛弟子王超⁽¹⁾敬写，上为七代父母、下为妻女，并大地蠢动众生，⁽²⁾悉愿离苦解脱，舍邪归正，皆发菩提心，常闻佛闻法。⁽³⁾

A4.3型：（1）（身份）供养者—（2）祈愿内容

A4.3型是将A4.2型的写经者替换为了供养者、省略了发愿对象，且供养者和祈愿内容的位置可互换。① 例如S.4479a《救诸众生一切苦难经一卷》题记：

谨请四方比（毗）沙门天王护我居宅，⁽²⁾请（清）信佛弟子刘英舍一心供养。⁽¹⁾

A4.4型：（1）发愿对象—（2）祈愿内容

A4.4型是最为简省的祈愿题记类型，仅包含了祈愿对象和发愿内容。② 例如S.5544a《金刚般若波罗蜜经》题记：

奉为老耕牛⁽¹⁾神生净土，弥勒下生，同在初会，俱闻佛法。⁽²⁾

2. B型祈愿题记

B型：佛法颂赞—（身份）写经者—写经动机—写经对象—写经题材—发愿对象—祈愿内容—写经时间

B型题记仅见于佛教经卷和佛画题记中，共有37条。B型题记是在A型基础上加入了一个相对独立的、称扬佛法或申说写经造像之佛法意义的佛法颂赞部分。佛法颂赞一般写在题记的开首，以发语词"夫"开头引出一段骈文性质的颂赞，如S.2724《华严经卷第

---

① A4.3型祈愿题记有以下卷号：BD 09095、S.1023、Дх 18510、S.4479a、S.5482。
② A4.4型祈愿题记有以下卷号：P.3857（1）、BD 05382、BD 09157、S.2794、S.2981、津艺187、津艺255、S.4441、S.5450、S.5544a、S.6884。

❖ 第二章 敦煌文献题记概述(下) ❖

三》:

> 夫妙旨无言,故假教以通理;圆体非形,必藉□以表真。是以/亡兄沙门维那慧超悟财命难持,识三圣易依,故竭资/贿,唯福是务。图金容于灵刹,写冲曲于素竹,而终功/未就,倏□异世。弟比丘法定,仰瞻遗迹,感慕遂甚。/故莹饰图刹,广写众经,华严、涅槃、法华、维摩、金刚、/般若、金光明、胜曼(鬘),冀福钟亡兄,腾神梵乡;游形净国,/体悟无生,早[出]苦海;普及含灵,齐成正觉。/大魏正光三年岁次壬寅四月八日都讫。

个别写在"写经者"之后,以"窃闻"或"盖闻"引出写经者对于佛法或写经功德之理解,如书博012《摩诃般若波罗蜜放光经卷第二》:

> 白衣弟子广昌公主元台,稽首归命,常住三宝。盖/闻积财灵府,终获如意之宝;寄饭神钵,必蒙天厨之味。弟子仰感诚言,/誓心弥笃,故简纸墨,敬写八时般若经一部,即请僧转读校定已讫。讽诵/习者获无上之因,转读者证彼岸之果;冀以斯福,愿七世先灵考妣,往魄□□;普及法/界,超寤(悟)无生,获深法忍;又愿弟子舍身受身,护持正法,广利众生,高/栖常乐。

佛法颂赞以外部分,B型题记包含了A型题记可能出现的各种变体,不再赘述。

B型题记的写作者有三分之一是僧尼,三分之二为在家信众。在家信众中多有官吏(书博020、上博16等)及贵族(S.2838、书博012等),其他信众从其文字表达水平来看,也都为受过教育者。可以说,B型题记的祈愿者均为受过教育者,且对佛教之义理较一般信众有更深入的认识。

B型题记的祈愿者对佛法的认识从三个方面进行了阐释：

（1）佛法妙旨需假借经教开化群迷。

从题记可知，这些信众深知众生沉溺爱河、漂流欲海、恶业深种，遍历人世别离、疾患、饥馑、刀兵、灾异之痛，亡后还受地狱之苦，在无常追逼之下，仍坠于迷雾不知觉醒。然而"夫灵景耀天，则氛雾歇其蔼；法炬辉世，则尘暗复其昏"（P.2907），佛法如慧日、如火炬驱散世人愚痴的雾霭，使苦难的人世间得到真理的眷顾。佛法乃万世之常法，"至道玄凝，洪湑有无之境；妙理寂廓，超拔群品于无垠之外"（书博020），其渊深寂廓，能妙尽世间真理。这一法界之真理能"光放三界，妙音遥响，声流八难，慧通清澈，方之空虚"（S.1329），三界众生历经八难者皆能沾润。但佛法高深莫测，凡俗莫能了然于心，于是"大圣矜悼迷蠢，应迹形名，舍深禅定，诞化娑婆"（上博02），佛陀乃以化身示现人间，为之说法，启悟众生。"沉溺者莫不凭之以渡岸，穷辛者莫不归之以阶道"（P.2907），蠢物迷俗皆以佛法为出离苦海之津梁。"但众生道根华（菲）薄，娑罗隐灭，流（留）经像训诲"（大谷0713），佛陀寂灭后，众生不能聆听声教，则以经像为悟解之途。佛法至理本不是言语所能表达，但佛陀涅槃，声教不传，故而"假形声以接化，随方类以济物，使耳目之徒，藉权仪（宜）超悟于真原，寻微言玄契于法本"（上博16），经像乃是传法的权宜之计。虽为权益之法，但经法毕竟为"如来神口之所宣，圣贤教诫之善事"（P.2866），何况雪山大士因半偈而舍身，萨陀波仑为求经而析骨（甘博028、P.2106、S.2838）；而佛像真容可以示现佛祖所证得的涅槃无余之身及在世说法的真实之相，① 凡愚众生能不虔敬经像、供养礼拜？此乃B型题记的祈愿者对于佛法救助众生的重要作用，以及佛法需假借经像以开晓迷俗的深刻认识。

（2）供养经像可得福报。

对于崇拜经典，祈愿者还有一层更功利的认识，即功德利益。

---

① 林保尧：《东魏武定元年铭石造像释迦五尊立像略考——造像记文的用语、纪年、意旨试析》，《东方宗教研究》第2期，1988年9月，第18页。

❖ 第二章 敦煌文献题记概述(下) ❖

佛法能利益众生,"若比丘、比丘尼、优婆塞、优婆夷,皆悉礼拜赞叹,不敢轻慢,恭敬供养,一切生老疾苦死,皆得解脱,灾障不起,长夜安稳,诸怖远离"(天理183—イ107)。"生老疾苦死"是人人必经之苦难,佛法于此五苦中解脱世人的妙力无疑是最吸引人的。如何才能获得佛法妙力的护佑呢?"盖闻积财灵府,终获如意之宝;寄饭神钵,必蒙天厨之味"(书博012),"灵府""神钵"乃佛法之谓,"积财""寄饭"则是舍财供养之意,只有归心于佛法、供养佛法才能蒙佛福佑。然供养有财供养和法供养之分,《华严经》云"诸供养中,法供养最。……如前供养(财供养)无量功德,比法供养,一念功德,百分不及一,千分不及一"①,可知法供养功德最盛。写经、施经乃法供养之一种,"施经妙善,获三乘之惠因;赞诵真诠,超五趣之业果"(书博122),因而能使众生深种佛因,超越五道生死轮回。正是认识到了写经的种种善报,人们才热心地投身于写经活动。

(3)具体信仰对象之福佑。

除以上两方面外,祈愿者还表达了对所信仰具体对象之福佑的理解。有信仰弥陀净土者,"盖闻安养国者,乃是西域之净土,而道殊斯利。故法藏大士阐弘誓之妙因,迹登圆觉以为证,十地玄轨以镜□,观音大势志(至)以弼化,受乐汪汪,胎刑绝识"(BD 03728),西方净土有阿弥陀佛阐扬妙法,观音菩萨、大势至菩萨辅助教化,身处其中能息心忘欲,如初生婴儿般纯洁,无有苦痛。欲往生弥陀净土则需写经供奉、念佛称赞,如BD 03728题记云"窃寻慈典,辨九品,开总群或(惑),□(垂)终发心十念,获果长存,解说书写,以迹难宜",此祈愿者所写之供养经恰为净土三部经之《无量寿经》。

亦有对某一菩萨、神的神奇验力大加崇信者。如波士顿美术馆藏No.201570《观音经变相》题记云:"观音大圣神验无边,

---

① 《大方广佛华严经》卷第四十《入不思议解脱境界普贤行愿品》,《大正新修大藏经》第10册,第845a页。

慈悲至尊，威录（？）罕测。有求必应，净福满于大千；所愿皆从，梵祉周于百亿。"又如 P.3879《毗沙门天王像》版画题记云："北方大圣毗沙门天王主领天下一切杂类鬼神，若能发意求愿，悉得称心；虔敬之徒，尽获福佑。""有求必应""所愿皆从""悉得称心""尽获福佑"是对观音菩萨大慈大悲救度心怀，以及毗沙门天王北方守护神形象的最生动描述，也是信众信崇归奉的根本原因。

据有确切年代可考的题记来分析，B型题记最早见于北魏永平五年（512，P.2907），其中写于北朝者12条、隋代2条、唐代3条、高昌国时期2条、吐蕃统治时期1条，五代宋初8条（多为佛画题记）。从时间分布来看，B型题记盛行于北朝。北朝时期，由于统治者崇佛，佛教造像和写经都非常兴盛。造像和写经是佛事活动中经像崇拜的两个方面，其通过供养崇拜而祈福的本质是一致的。现存北朝造像记为数众多，已有学者进行过研究，其中有大量B型造像记。[①] 而造像记和写经题记作为记录佛事活动和祈愿的文体，在形式和内容上是可以相互借鉴的。因此，佛教写经中的B型题记应当是受到了北朝造像记的影响。五代时期的佛教绢画、版画，以图绘佛菩萨像和经变为题材，实际亦是造像的一种形式。佛画题记很可能出现模仿造像记的情况，这应当是五代宋初B型题记较前期增多的原因。

3. 祈愿题记与斋会愿文的对比

在敦煌文献中，保存了数以千计的在各种佛教斋会上宣读的文章，有学者称之为"斋文"，也有学者将其归入愿文之大类中。这一类文章与斋会的内容相关，旨在悼亡、追福、祈愿等。其结构如郝春文所总结，包括：a. 颂扬佛的功德法力，称"号头"；b. 说明斋会事由，赞叹被追福、祈福者或斋主、施主的美德，称"叹德"；c. 叙述设斋的缘由与目的，称"斋意"；d. 描绘斋会的盛况，称"道

[①] 侯旭东：《五六世纪北方民众佛教信仰——以造像记为中心》，中国社会科学出版社1998年版。

第二章 敦煌文献题记概述(下)

场";e. 表达对佛的种种祈求,称"庄严"①。如 S.0343《亡尼文》:

> 夫世想(相)不可以久流(留),泡幻何能而永贮?从无忽有,以有还无。如来有双树之悲,孔丘有两盈(楹)之叹。然今所申意者,为亡尼某七功德之所崇也。惟亡尼乃内行八敬,外修四德,业通三藏,心悟一乘;得爱道之先宗,习莲花之后果;形同女质,志操丈夫,节(即)世希之有也。可谓含花始发,忽被秋霜;春叶初荣,偏逢下雪。何期玉树先雕(凋),金枝早落。父心切切,母意惶惶;睹喜(嬉)处以增悲,对娇车而洒泪。冥冥去识,知诣何方?寂寂幽魂,聚生何路!欲祈资助,惟福是凭。于是幡花布地,梵向(响)陵天,炉焚六殊(铢),餐茨(资)百味。以斯功德,并用庄严亡尼所生魂路:惟愿神超火宅,生净土之莲台;识越三涂,入花林之佛国。然后云云。②

其中"号头"相当于 B 型题记的佛法颂赞;"斋意"相当于写经缘由;"叹德"相当于写经对象;"道场"相当于写经题材;"庄严"相当于祈愿部分;A 型题记则类似于省略了"号头"的斋会愿文。由此可知,写经题记与斋会愿文在结构上几乎可以对应。但两者在内容上有一些差异,如写经题记会交代写经对象,即为谁而造写经功德,但很少赞颂写经对象之美德,故实无"叹德"之内容。又如斋会愿文所针对的法事活动为斋会,故而需描写道场之盛况;而写经题记所记述之行为乃写经活动,故需铺陈所写造经典之题名。

综上所述,祈愿题记中 A 型题记占多数,B 型题记仅有少数。通过 B 型题记和斋会愿文的对比我们可以看出,这一结构的法事文章在敦煌地区是普遍存在的,但更多地应用在斋会愿文中。而 A 型题

---

① 郝春文:《关于敦煌写本斋文的几个问题》,《首都师范大学学报》1996 年第 2 期,第 64 页。
② 黄征、吴伟:《敦煌愿文集》,岳麓书社 1995 年版,第 9 页。

记也渐趋简化，有些只剩下祈愿部分。呈现出这种情况的原因，笔者认为与写经施舍并非是一种隆重仪式有关。写经施舍是日常佛法供养活动，并无针对写经活动本身的仪式；它是功德主个人与佛菩萨间交流的凭借，题记则相当于功德主对佛菩萨所说的"话"。这些"话"虽有格式可遵循，但也可择其要者而言，即将最主要的内心愿望表达给佛菩萨。只要愿望被佛菩萨知晓了，功德就做成了，从中也可看出功德主的功利之心。

第二节　题记的书写位置

展卷而观，题记的书写位置呈现出多样化的特点，佛画文献与文字文献、卷轴装与册页装文献、写本与印本文献的题记书写位置都有所不同。然而通过逐卷梳理，我们依然能够得出一些规律性的结果。要之，有以下几种。

一　卷轴装文献

（一）卷末

卷轴装文献的题记大部分写在卷末，概因书写完毕，随笔而记之故。然写于卷末乃笼统视之，实因写卷之具体情况和题记之内容亦有不同。

1. 写于尾题之下者

写于尾题之下的题记，有接写在尾题之下者，如 Дх 12280B "十住卷第二比丘道秀所供养"，P.3691 "新集书仪一卷勘讫"，S.4292 "大乘无量寿经清信佛弟子张毛毛妻子彭氏一心供养"，题记均接抄在尾题之下，尾题与题记间没有空格。有尾题下空几字后题写者，如 P.2089 "摩诃衍经卷第卅三　比丘善惠所供养经"，尾题与题记间约有五字的空格；定博 006 "瑜伽论第卅七卷分门记　智慧山随听学记"，尾题与题记间约有七字空格；BD 03347 "四分戒疏卷第一　未年五月廿三日比丘惟其写"，题记写于尾题行末。二者相较，以有题空者为多。内容一般较为简单，如：S.0326 "大

第二章　敦煌文献题记概述（下）

般涅槃经卷第卅四　一校竟"记校勘记，Φ232"悲华经卷第二廿二张"记用纸数，BD 08888"金刚般若波罗蜜经　西川过家真印本"记版本，P. 2598"新集文词九经钞一卷　阴贤君书记本"记书写者，敦研015"中论经第二　保宗所供养经"记供养者等，文句简练、字数较少，易于在尾题行下不算宽裕的位置题写。

2. 写于尾题与正文间空行者

写卷尾题与正文间往往留有空白行，少则一行，多则数行，留白处可题写题记。题写于此处的题记，有顶格而写的，如：上博64《大般涅槃经后分卷第卅二》"大唐永徽二年佛弟子华云升敬写"，上博66《灌顶经卷第八》"大唐乾封元年弟子许化时沐手敬造"，P. 2915《诸杂斋文一卷》"天复四年甲子岁二月廿三日"。有低正文若干字而写的，如：P. 2570《毛诗卷第九》"寅年净土寺学生赵令全读"，S. 1910《阿弥陀经》"开元八年四月清信弟子孙思忠写了"，BD 04332《大方广佛华严经卷第四十》"杨法仲所供养经"。以上皆为尾题与正文间空一行者，所写题记比较简短。

另有尾题与正文间空行较多，题写题记较长者，如：D 083《优婆塞戒发愿品第七》尾题"卷第二"与正文间空行写四行题记，P. 3136《摩利支天经一卷》尾题与正文间空行写两行题记，此种篇幅较长的题记一般会低正文几字书写，以示区别。

3. 写于尾题之后者

题记写于尾题之后者最多，有八百多件。以书写位置与尾题的距离而论，近者则提行便写，如甘博008《妙法莲华经卷第三》尾题提行写"上元二年十月廿三日公孙仁约写"；远者隔几行而写，如中图82《大般涅槃经卷第八》尾题后隔一行写"高弼为亡妻元圣威所写经"；更甚者写至卷末行，如津艺314《金刚般若波罗蜜多经》卷末写"开元五年慧持供养"。题记与尾题距离的远近似可依题写者的意愿而定，无一定制。然包含发愿内容的题记往往写在离尾题较近的位置，一般为提行便写或隔一行至两行题写，大概是因为发愿题记篇幅较长，靠近尾题可使卷尾的空白足够题写长篇内容。

写于尾题之后的题记也有顶格题写和低若干字题写两种，从数量上来看，顶格题写者（133条）几是低字而写者（648条）的五分之一，不及后者普遍。低字而写者又以靠近纸卷下端或抵行末书写者为主。

4. 写于正文之后者

卷末题记的位置一般以尾题为参照，写于正文之后者专指没有尾题的文献而言。敦煌文献中有相当一部分没有尾题的，就有题记的文献言之，包括四类：第一，部分儒、释、道经典、注疏及节抄，如上博01《佛说维摩诘经卷上》、D 168《戒本含注一卷》、P.3274《御注孝经疏》、BD 01017《洞真上清诸经摘抄》等；第二，佛教应用文，主要包括愿文、各种斋文、告疏、牒状等，如 P.2189《东都发愿文》、P.2887《散食文一本》、P.2947《释门文范》、敦研007《大慈如来十月廿四日告疏》、S.0381a《唐京师大庄严寺僧释智兴判》等；第三，文学作品，如 S.0173《秦将赋残句》、P.2054《十二时普劝四众依教修行》、S.0610《启颜录》等；第四，佛教偈赞、讲经文，如 P.2292《维摩诘经讲经文》、P.2133v《金刚般若波罗蜜经讲经文》、中图139《道安法师念佛赞文》《入山赞》等。第一类文献多为学习者自行抄录的学习读本，抄写不规范，故而有缺失尾题的情况。后三种文献则多为单篇独行或多个短篇丛抄一册的形式，其中单篇文章只有首题；多篇丛抄者或在首部冠一总题，或根本没有总题，仍如单篇形制，故而这三类文献也没有尾题。

无尾题的文献，题记便题写在正文下或正文后。题写在正文下者一般以空格做标记，如 P.2222E《僧尼唱文》正文末六字空格下写"元二年润月八日写讫"；P.2590《大乘入道次第》正文末五字空格后写"二月九日沙弥明惠书记"。题写于正文后者，一如题写于尾题之后者，以提行或隔行为标记，顶格或低字而写。如 BD 01017《洞真上清诸经摘抄》正文隔四行顶格写"写未了，语不尽，觅本勘"；历博57《新菩萨经一卷》文末提行低字写"乾德五年丁卯岁七月廿四日善兴写记"。

5. 写于卷轴包纸上者

D 035《大般涅槃经后分卷上》，此卷尾部有赭色漆木轴，木轴包纸上写有小字题记"丙辰年五月廿七写史沙奴经了"，写在卷轴包纸上的题记仅见此一例。

（二）卷首

写于卷首的题记为数不多，不到四十件，包括写于首题下和首题前行两种形式。因首题顶格而写，其下就有相当余裕，抄写者便将署名或抄写日期等写于其下。此类题记一般内容简单，字数较少，以首题下空白能够容纳为宜，且与首题以空格相分隔，其书写规则同于写在尾题之下的题记。例如：P.3193《何晏论语集解卷第一》首题为"论语序"，其下空一字写"咸通四年三月三日学生王文川"；BD 06417（2）《四分比丘尼戒本》首题下空二字写书写者题名"仙童"（BD 06490 同）；S.5257（3）《东夏显正略记》首题下空一字写"于内供奉十大德道□法师边借写"。亦可见接写于首题之下者，如 BD 05089《妙法莲华经卷第五提婆达多品第十二》首题下接写"弟子氾思亮受持"，但以小字与首题相区别。

有些写卷首题前留有两行空行，这是简策"赘简"形制的遗留，起保护卷首文字的作用。那些内容稍长而首题下空白不足以容纳的题记，就写在了首题前的空行处，如：P.2681《论语卷第一并序》首题前一行写"维大唐乾符三年三月廿四日敦煌县归义军学士张喜进书记之也"；S.1415《律藏第四分卷第六》首题前一行用小字低于首题写"大兴善寺邑长孙略等卅一人敬造一切经"；ZSD 060v 抄《社司转帖稿》（拟）和《诗三首》（拟），《社司转帖稿》首题前隔两行写"癸未年十月永安寺学士郎张宗宗书已之耳"。

有一种情况值得注意，即虽写在卷首，但并非此卷之题记。例如：BD 00558《无量寿宗要经》首题前行行末写"令狐晏儿写"，但并非此卷的题记，而是前卷遗留的题记。这种情况在《无量寿宗要经》的写卷上常常见到。此经篇幅短小，多为几件连抄，且每件末尾都有抄写者题名，前一件经文脱落了，题记却保留了下来，看起来似乎是写在卷首的，实际上是前卷末尾的题记。BD 02397、BD 03349 等都是如此。

题记写在卷首的写卷，几乎全为普通百姓或学生所抄的学习用本，书法不精、书写款式不规范，题记的书写位置具有随意性，以空白处为目标。

（三）卷中

篇卷的概念出现在简帛广泛用作书写载体的时期，由于简策过长则太重，于是每个篇章分别编，各称为一卷，一书则有数卷。写卷时期，纸卷轻薄，粘贴长一些也无妨，就有了数卷抄于一个纸卷之上的情况。同时，将几种篇幅短小的文献合抄在一个纸卷上也成为可能，并在民间广泛使用。在这种情况下，前一种文献或同一文献前一卷末尾的题记就处在整个纸卷的中部，但实际上它的题写方式等同于文献末尾题记的题写方式。例如 P.2226 连抄《多心经一卷》和《佛说阿弥陀经》，两件经文之间写题记"壬申年七月十日奉为殁羊一口早退身毛，好道如生，领受功德记"。从此写卷的整体来看，题记位于卷子中部；但它实际上写在《多心经一卷》尾题的下一行，题写方式与写在卷末尾题后的题记一样。S.6537v、P.3833、S.6897v、Φ235、BD 05920 等都是几种文献合抄的形式，其中某件文献后的题记就如同写在卷中一般。又如 S.3011 抄《论语集解》卷六、卷七，卷六存先进第十一、颜渊第十二，卷七存子路第十三。"子路第十三卷第七"首题前行有"戊寅年十一月六日，僧马永隆手写论语一卷之耳"的题记，即写在卷六和卷七之间。P.2537《略出籝金一卷并序》、S.6483《瑜伽师地论卷第五十五、五十六》等都属此类。这类题记的书写位置透漏出一个信息，即抄写者在抄写多卷本书籍或宗教经典时可能在每卷卷末都写有题记。

另外一种写于卷中的题记，是将题记写在正文中的空白处，如敦研 062《金光明经序品第一》，经文分四栏书写，题记"太和十二年八月一日张宁安写经"写于第三、四栏连通的一个空白行中，前后都有经文；P.2930《释门文范》卷末两段正文间的空行写"三界寺比丘道真持念"，且字体大于正文；BD 06639《佛说无量寿宗要经》第九纸第十五行中写"白衣贾伏生写"等。这类写卷抄写者文化水平不高，书写草率，不讲究行文款式，将题记随意题写在写经空白处，没有规则可言。

第二章 敦煌文献题记概述（下）

（四）卷背

古纸坚致，表里皆可书写。敦煌佛教文献中，经论、疏释写卷常于正文所应补充修正之处的背面记录补疏，废置不用的写卷也被收集起来利用背面抄写其他内容，是为写卷背面被利用的常例。题记也有不少写于卷背的例子。正文写在正面而题记写在卷背的情况比较常见，如 P.2841《小乘三科》"太平兴国二年丁丑岁二月廿九日，白侍郎门下学仕郎押衙董延长写小乘三科题记"，写在卷尾背面；BD 05775《放光经卷第一》"二教（校）"，写在卷首背面；中图 142《太玄真一本际经》"开元二年十月初五日道士索洞玄写"，写在卷背中部。有的写卷卷背写有题目，题记则写在了卷背题目之下，如 P.2889《须摩提长者经》卷背写此经经题，题下小字写"持经僧法律善惠"；S.5119《大智论卷第五十》卷背题目下写"尹夫人受持"。另有一种特殊的形式，即题记不是直接抄写在卷背上，而是写在类似于裱补纸的长方形小纸条上贴在卷背。例如 BD 00502《梵网经卢舍那佛说菩萨心地戒品第十卷下》卷背贴有两张小纸，上写"丙寅年十一月日，就灵图寺施经布戒记"及"天复六年丙寅岁十一月廿日，接囊布戒全还，惠永记"。S.0778《王梵志诗集并序》卷背贴有小纸四张，其中三张写"大云寺学仕郎邓庆长"，一张写"壬戌年十一月五日邓庆长"。

另有一些文献在写卷正面没有抄完，便接抄到背面。这些正背接抄的写卷多是为了利用之便和节省纸张的民间抄撮之作。正文末尾在背面，写于文末的题记便也在卷背了。如 BD 07805 正背接写《和戒文一本》和《散花乐》，《散花乐》文末提行写"建隆三年岁次癸亥五月四日，律师僧保德自手题记，比丘僧慈愿诵"；P.3984《传赞文》最后一行接写到卷背，文末提行写"岁次辛丑七月朔十三日题毕"。BD 09405、S.0797、S.5977 等都与此相同。

有些写在卷背的经文，它的题记却相反写到了正面。如 P2566 正面写《妙法莲华经妙音菩萨品第二十四》，背面写《礼佛忏灭寂记》，《法华经》后写一行题记"开宝九年正月十六日抄写礼佛忏灭寂记，书手白侍郎门下弟子押衙董文受记。后有人来，见莫怪焉"。由内容可知，其为卷背《礼佛忏灭寂记》的题记。又如 S.0796vb 正面写《庄子》，背面写《略抄一本》和《小钞一卷》，而在《庄子》之后写有题记"清信佛弟子关良赞为亡父写小钞一卷，乙巳年三月廿一日于大蕃国沙洲永寿寺僧法原写毕"，当为卷背小钞的题记。此类可视为卷背题记的特例。

（五）护首

写卷在装裱时，为保护正文起见，往往在卷首粘贴一段空白纸，称为"玉池"，俗称"包头""护首"。护首类似于后代书籍的封面，可题写书名、卷数、秩号以作查阅的标记，一般不写其他内容。现存敦煌文献中有八件在护首上题写题记，如：BD 01048《善信菩萨二十四戒经》"比丘惠真于甘州修多寺写"；S.10865《妙法莲华经卷第一》"清信士女仪十二娘为身患敬写"；BD 03448《佛说佛名经卷第十五》"杨孔目家佛名"；S.10916《金光明最胜王经卷第十》"恩（报恩寺）梁法律经"。除了 BD 01048、S.10865 为书写记录外，其余六件都是题名。这些题记都写在护首经题之下，字体略小以示区别，并以书写者或持有者的题名为主。

（六）卷轴装文献题记书写位置的通例

通过对敦煌文献实物的考察可知，卷轴装文献题记的书写位置具有多样性，尤其是民间写本。但在多样性中又可以找出最为常见的款式，即书写于卷末，其中又以写于尾题之后者为多，此应看作题记题写位置的通例。称其为通例，还因为官府和宫廷写卷均采用这种行款。如北魏时期敦煌镇官经生所写的 P.2110《大方广佛华严经离世间品之二卷第卅五》、书博 017《摩诃衍经卷第卅二》等，① 梁天监十八年敕写的 P.2196《出家受菩萨戒法卷

---

① 北魏写经还有 P.2179、北三井 051、大谷 0705、书博 012、书博 017、书博 019、书博 020、书博 046、书博 173 第二卷（1）、S.0341、S.0524、S.0996、S.1427、S.1547、S.2067、S.2724、S.2925v、S.3888、S.4823、S.6727、S.6912、上图 035 以及东阳王元荣写经 P.2143、书博 021、S.4415、S.4528、上图 111。

第二章　敦煌文献题记概述(下)

第一》，① 隋开皇九年皇后写浙敦 029《太子慕魄经》、津艺 021《大楼炭经》等，② 唐代官经生写上博 30《妙法莲华经化城喻品第七》、P.3278《金刚般若经》等，这些经典的题记都写在尾题后提行或隔行的位置。③ 敦煌道经文献书写都极规范工整，书法精美，其中亦不乏官经生所写经卷，如 S.2295 隋大业八年秘书省经生王俦写《老子变化经》、S.0238 武周如意元年经生邬忠写《金真玉光八景飞经》、P.2457 开元廿三年河南大弘道观为开元神武皇帝写《阅紫录仪三年一说》、P.2257 天宝十二年白鹤观为皇帝所写《太上大道玉清经卷第二》等经卷的题记均写在尾题隔一行之后。官府和宫廷写卷的版式行款体现了当时通行的书写惯例，可视为定制。

日本学者岛田翰《汉籍善本考》卷一《书册装潢考》载：

> 《大唐书仪》曰："隋时修文馆书写，卷末间一行留空纸，每一卷毕记名空处。"《延喜式》载："凡写书者，发首留二行，卷末留一行空纸，然后题卷。"合而考之，卷末大名之前间一行者，书其钞起毕于何时也。往时贵师传家学，不知其所自，则虽圣贤之经传，亦有所不读也。卷末之必记书写年月及姓名，亦所以征信于后世也。而发首留二行空纸者，是盖古简策赘策之遗意，汉晋以来之旧式，而旧时钞本，莫不皆然矣。至后世移卷末之识语，而识之于卷尾大题之后，于是失特间一行之意矣。若夫所以卷末空白，必止于一行者，盖恐其末尾多蠹蚀剥落之难，乃内之大题前也。④

---

① 南朝写经还包括 P.2965、书博 023、书博 024、津艺 022、敦研 323，题记的书写位置都相同。
② 隋皇后写经还有上博 57、P.2413、甘博附 135、S.2154b 等卷以及秦王妃所写 S.4020 号经，题记的书写位置都相同。
③ 少数无尾题的经卷题记写在了正文末提行或隔行的位置，如甘博附 135 隋皇后写经、书博 46 大魏三年写《诸尊陀罗尼》。
④ [日]岛田翰：《汉籍善本考》，北京图书馆出版社 2003 年版，第 57—58 页。

《延喜式》乃日本平安时代（794—1192）的法典，成书于927年，其书所记载的时代相当于中唐至后唐明宗天成二年。岛田翰所论当为隋至五代时期的书写形制，然参以实物，则知所论非确。岛田翰所得结论与实物不符，其原因在于对《大唐书仪》和《延喜式》记载的理解有误。文中"卷末大名"即我们所说写经的尾题，然而《大唐书仪》和《延喜式》的记载中并未提及尾题这个概念，仅提到了"卷末"一词。一个完整的写卷，应包括首题、正文和尾题，卷末所指应是写卷书写完毕后所余部分，即尾题之后的余纸。那么，《大唐书仪》所谓"卷末间一行留空纸，每一卷毕记名空处"则指在尾题隔一行后的空白处书写题记，体现出的具体情形是题记写在卷末的空白处，但与尾题之间有一行之间隔。《延喜式》"卷末留一行空纸，然后题卷"说的就是这个意思。官府及宫廷写卷题记包括书写时间、书手题名、校勘者题名、监造官员题名，往往不止一行，尾题与正文间仅一空行，如何能够写下？既然题记原本就写在尾题之后，那么"至后世移卷末之识语，而识之于卷尾大题之后，于是失特间一行之意"便无从说起了。

中村不折的藏品中有若干件日本平安时期的写经，这些写经题记的书写位置一如同期唐代宫廷的写经。略举二例，如书博178《四自侵经》和书博179《瑜伽师地论卷第六十七》是皇后藤原氏为其父母所写，题记都写在尾题隔行之后。即便是日本平安时代的写经，也并不像岛田翰所说题记写在卷末大名之前。

因此，笔者认为，从文献实物所呈现的实际情况和官方书仪制度的记载结合来看，写卷时期题记书写位置的定制是在尾题之后，其他写在卷首、卷中、卷背、护首者仅是民间随意性书写的变例。

二 册子本文献

唐代书籍以卷轴装为主，但几卷或几十卷的文献写在一个卷子上，翻检查阅比较困难。欧阳修《归田录》卷二云："唐人藏书皆

第二章 敦煌文献题记概述(下)

作卷轴,其后有叶子,其制似今策子。凡文字有备检用者,卷轴难数卷舒,故以叶子写之。"① 是说针对卷轴查阅不易的缺点,唐代时已有"叶子"式装帧的书籍出现。何谓"叶子"?欧阳修说"其制似今策子",宋代"策子"即经折装,那么唐代的"叶子"也就是类似于经折装的册页形式。通过对敦煌文献的考察,我们发现有别于卷轴装的册页形式被笼统地称为"小册子",实际上则涵盖了几种册页装的雏形。例如,S.5444 天祐二年写《金刚般若波罗蜜经》类似于旋风装,② P.4515 天福十五年印本《金刚般若波罗蜜经》是折页形式,S.5451 天祐三年《金刚般若波罗蜜经》类似蝴蝶装,③ S.5589《大悲心真言》则相当于包背装,④ S.5531 合抄《佛说地藏菩萨经》《佛说延寿命经》《摩利支天经》,类似于后世的线装书,⑤ 其中尤以类似蝴蝶装的册页形式最多见。这些装帧形

---

① (宋)欧阳修撰,李伟国点校:《归田录》,《唐宋史料笔记丛刊》,中华书局1981年版,第31页。

② 这个册子在装帧时先预备好封底,而后依次排好所写的经叶,从最末叶开始,先以右边无字之空白条处粘于封底的右边上。而后再以次末叶之右边无字空白条处向左相错地缩粘于末叶右边之空条处。以此类推,此后每叶均以左边无字空条处向左相错地粘于先此粘好书叶的右边无字空条处,直至粘完第一叶,最后粘贴上封面。这个册子在书口处形成鳞次栉比的龙鳞状,与旋风装极为相似。参见李致忠《敦煌遗书中的装帧形式与书史研究中的装帧形制》,《文献》2004年第2期,第86页。

③ 此件双面书字,共十六叶,存二十九面文字。第一叶背面右半叶不书字,对折粘连成册之后就做上封面。今上封面已佚,故文字也佚去一面。最后一叶背面左半叶不书字,对折粘连成册后即做封底,今仍完整无损。余各叶由于都是双面书字,故对折之后就形成了四面是字。各叶对折之后,以折边为准依次排好戳齐,然后将折边各叶彼此粘连在一起,形成书脊。这种装帧和后来蝴蝶装的折叶、粘连方法基本相同,当是后世蝴蝶装的尝试和雏形。参见李致忠《敦煌遗书中的装帧形式与书史研究中的装帧形制》,《文献》2004年第2期,第93页。

④ 此件双面书字,近于小方册。共二十六叶,五十二面。折叶方式是以中间为准,对折。折好的书叶依次排定,戳齐折边,用线装订。其装订方式,从内部看,类乎骑马装订式;从书脊看则是五针横索,类乎现代平、精装书的索线方法。线为杏黄色丝线。另外用一张比书册稍宽的整纸对折,粘包于书脊之上,作为书衣,或者叫做上下或前后封皮。这种装帧在固定书叶、包裹书脊等原理上,与后世的包背装大同小异,堪称包背装的起源。出处同上。

⑤ 此件双面书写,首叶背面右半叶、末叶背面左半叶未书字,对折后当作前后封面。其余各叶均双面书字,折叠后形成四面是字。在右边沿书脊打四孔,用丝线绳在书内骑马式竖穿,在书外书脊处横向索线,很类似现代平精装书的索线方式。出处同上。

式均是对卷轴装的改良，是以便于使用为目的而逐渐形成的过渡形式。这些过渡形式在唐五代时期主要被用来抄写流行的短小经典，如《金刚经》《观音经》以及赞文、佛曲、书仪、文范等，形制较小，便于随身携带并随时念诵。

虽然装帧的形式变化了，但书写的款式却延续了卷轴装的形制，仅发生了一些细微的变化。册子本文献题记的书写位置大体上和卷轴装文献一样，可题写在尾题之下或之后，如 S. 5534《金刚般若波罗蜜经》和 S. 5682《观音经》；若几种文献合抄在一个册子上，题记则写在其中某件之后，如 P. 3833 合抄《王梵志诗卷第三》和《孔子项托相问书》，题记写在《王梵志诗卷第三》尾题后；也有写于纸背的，如 S. 5572 合抄十三篇文献，题记写在第一篇《三冬雪词》纸背；P. 2490《田积表》题记写在第四叶纸背。册子本与卷轴装不同之处在于有封面和封底，从残存的一些封面和封底来看，其上也有书写题记的情况。例如：上博 48 为四十一件文献合抄的小册子，封面上写题记"庚辰年八月十七日记之"；P. 4092《新集杂别纸》封面上写"乙丑年四月七日别纸书尽，别纸马判官本是"；S. 5464 合抄《开蒙要训一卷》和《金刚经赞》，封底上写"己卯年十月十三日"。

雕版印刷技术除了应用在佛教版画上，还用来雕印佛经和历日。虽然遗存不多，但现存者上也有题记，亦需探讨。印本佛经现存有 S. P. 2、S. P. 11、P. 4515 三个卷号的《金刚般若波罗蜜经》。S. P. 2 为咸通九年王玠为二亲敬造，此经以写经版式刊刻为一长卷，题记刻在经末真言后一行；S. P. 11 和 P. 4515 为曹元忠天福十五年刻版所印，装成经折装，题记也刻在经末真言后一行。虽然经卷的制作方式改变了，但此期书籍的版式及装帧形式还没有发生彻底变化，因此题记的刻印位置与写卷题记相同，并未有所创新。

三 佛画

（一）绢纸画

敦煌文献中有七十件有题记的佛画，其中有绢画、手绘纸画和版画。绢画、手绘纸画，通常是在举行法会时悬挂或张贴在窟内和寺内

第二章　敦煌文献题记概述（下）

的特定位置，法会结束后由僧人收起来以备下次使用。[①] 供养人为了表达自己的宗教热情，常常请画工绘制绢画等作为功德施舍入寺。佛画题记包括供养人题名和愿文两部分，题记的书写位置与图画的结构有关，一般写在专门画出的题笺框内。题笺框的底色与画面底色不同，以示区别。

因为施舍入寺的佛画是功德画，图绘主神及侍从像之外，也要画上供养人像，并在题记中说明做功德的原委和祈求的愿望。供养人像绘制的位置大致可分为两种情况，题记书写的位置也因之不同。

其一，供养人像画在图的左右下角，题记题写在供养人像的正上方。例如：

Ch.liv.006《观世音菩萨像》，画面中轴上绘观音菩萨像，左右两侧下方各绘供养人普光寺法律尼严会及故弟殿中监张友诚像，两像之上皆有题笺框，内写题记数行。

Ch.00101《药师琉璃光佛像》，画面中轴上绘药师琉璃光佛，仅在左右下角绘很小的两个男女供养人像。右下角男供养人像上有题笺框写题记三行，左下角女供养人右侧题笺框写题记一行。

Ch.xxi.001《观音变相》，画面中轴绘观音菩萨像，左右下角各绘两个供养人像，每个供养人上方题笺框内写供养人题名。菩萨脚下也有一题笺框，内写发愿文。

此类绢纸画中，主神占据了画面的绝对幅面，供养人像仅在画面的左右两个角落里绘制。这种构图适合绘制少量的供养人像，一般为一个至两个，且像身极小。题记写在供养人正上方，供养人题名和愿

[①] 李翎：《佛画与功德——以集美博物馆藏 17775 号绢画为中心》，《故宫博物院院刊》2008 年第 5 期，第 134 页。在这一观点的注释中作者提到马世长先生的意见，即莫高窟许多洞窟内壁上的木橛或钉子可能就是用来悬挂这些功德画的，从其保存较为完好和鲜艳的色彩可看出，这种功德画不是长期张挂的，而是只用于法会之中。

文没有分栏题写。从画面整体来看，仍然是主神最为突出。Ch. xxi. 001《观音变相》中供养人像数量增至四个，供养人题名也和愿文分栏题写，主神的图像与画面底端已留开了一段距离，以便书写愿文。此画呈现出了一种过渡状态，在这种结构基础上，绢画最常见的构图方式已见端倪。

其二，主神及供养人像分占画面的上下两部分，供养人题名和愿文分栏题写，形成了中部是愿文，左右两侧绘制供养人像的形式。以Ch. xx. 005《观音菩萨像》为例，画面五分之四的空间为观音菩萨像，下部中间题笺框内写愿文，左右两侧各绘三个供养人像，上下两部分间明显有一条线界隔。题记从右至左为：

供养人题名：
（1）明律
（2）普净
（3）孙胜明供养
愿文：时唐大顺三年岁/次壬子十二月甲申/朔三日，孙沙门智刚、尼胜明等奉为亡尼法律阇梨敬绘救苦观世音菩萨一躯，永充供养。
（4）智刚供养
（5）妙真一心供养
（6）和子供养

这种形式在五代时期的绢画中最为常见，与莫高窟洞窟壁画题记是一样的。① 由于当时敦煌地区佛事活动兴盛，对绢画的需求量很大，画工们便把当时流行的图样画成半成品，即画好主神部分而把供养人像和题记的位置空留下来。如此待客而售，再按照功德主的具体成员绘制供养人像，并把题记填写在中间的题笺框里。这样一幅功德

---

① 如晚唐第 12 窟东壁供养人像、晚唐第 20 窟东壁供养人像、晚唐第 9 窟东壁供养人像、五代第 220 窟甬道北壁供养人像、五代第 61 窟东壁供养人像。

❖ 第二章 敦煌文献题记概述（下） ❖

画就快速诞生了。① 佛画批量生产导致主神与供养人像和题记的构图固定为一种模式，题记的题写位置也因此而固定不变了。值得注意的是，这些佛画题记中的祈愿内容大大增加了，结合供养人像身在整个画面所占比例的不断提高，我们发现佛画的功用发生了从对佛、菩萨的神圣崇拜到功德主个人愿望的极力表达之转变。这样的转变和莫高窟洞窟壁画由神圣洞窟时期到人神洞窟时期的转变是一致的。

很少一部分绢纸画上只绘主神及侍从，没有供养人像，供养人单纯通过题记文字来表明功德的归属。在这种绢纸画上，题记一般书写在画面的左右上角或左右侧边，例如：

Ch. xxxviii. 002《天王行道图》，右上角题笺框内写"水路天王行道时/施主徐汉荣一心供养"；

Ch. liv. 007《炽盛光佛并五星帝图》，左上角题笺框内写"炽盛光佛并五星/神，乾宁四年正月八日，/弟子张淮兴画表□/讫"；

Ch. liv. 0011《南无观世音菩萨》，图左侧边写"清信佛弟子缝鞋靴匠索章三一心供养"。

Ch. xviii. 003《菩萨像》、Ch. lvi. 0033《陀罗尼符》、P. 4518（35）《地藏菩萨像》、MG. 20378《药师佛并二侍从僧像》、Eo. 1398《多宝如来佛坐像》、MG. 17657《引路菩萨图》都属于这种类型。

此外，这种没有供养人像的绢纸画也有将题记写在画面正上方和画中间者，例如：

Ch. xxxviii. 005《观音菩萨像》，绘两身面对而立的观音菩萨，画面正上方两菩萨头之间的题笺框内写有清信弟子温义、永

---

① 关于绢画批量生产的观点是李翎在《佛画与功德——以集美博物馆藏17775号绢画为中心》中提出的，作者还用英藏《观世音菩萨与弥勒菩萨》中供养人的发髻超过了原本画好的上半部分的界栏，以说明供养人像和题记的位置确实是预先空留下来的。《故宫博物院院刊》2008年第5期，第133页。

安寺老宿慈力、优婆夷觉慧等至少五个人的供养题记；

Ch. xxiv. 008《菩萨像长幡》，在幡的最上端写着"显德三年归义军节度使内亲［从］任延朝刺血书幡题记"；

Ch. xxxvii. 004《药师净土图》，吐蕃语和汉语对照的题记写在画面的正中央，说明所画的诸神像名。

由上可见，没有供养人像的绢纸画，题记的书写位置以不破坏画面的整体构图为准，多在画面的四角或两边。Ch. xxxvii. 004《药师净土图》虽是个特例，但因此图的构图呈现曼荼罗式，① 药师如来随带二胁侍和众多眷属坐于上部中央，统辖整个画面，下方两侧是普贤菩萨和文殊菩萨；下段中央是千手千眼观音，左边伴如意轮观音，右边残像是不空羂索观音，众菩萨环绕四周游戏庄严。正好图画中间部位呈现为小块空处，题笺框就选在了这个位置，实际上它仍然是遵守前述题写原则的。这些题记内容上多为描述主神的称名和供养者身份题名，祈愿内容比较少。

(二) 版画

版画是伴随雕版印刷术的发明和使用而出现的艺术形式。明代陆深撰《河汾燕闲录》中引费长房《历代三宝记》中的记载"隋文帝开皇十三年十二月八日，敕废像遗经，悉令雕撰，此印书之始"②，胡应麟据此认为"雕本肇自隋时，行于唐世，扩于五代，精于宋人"③。印刷术肇始于隋代一说学界尚有争论，但有一点共识则是印刷术的发明是与佛教经像的雕造相结合的，因为现存最早的雕版印刷品均是唐代的佛教经典和版画。版画的制作，早在初唐就已存在。据唐末冯蛰《云仙散录》卷五"印普贤像"条引《僧园逸录》载：

---

① 筑方圆之土坛安置诸尊于此，以祭供者，是为曼陀罗之本体，而此坛中聚集具足诸尊诸德成一大法门，如毂辋辐具足而成圆满之车轮，是曼陀罗之义也。而常称为荼罗者，是图画者。参见丁福保编《佛学大辞典》，文物出版社1984年版。

② (明) 陆深：《河汾燕闲录》，《丛书集成新编》第87册，新文丰出版公司1986年版，第679页。

③ (明) 胡应麟：《少室山房笔丛》甲部《经籍会通四》，上海书店出版社2001年版，第45页。

第二章　敦煌文献题记概述（下）

"玄奘以回锋纸印普贤像，施于四众，每岁五驮无余。"① 玄奘于麟德元年（664）圆寂，这些普贤像当在此前就已施印，"每岁五驮无余"足见印量之大，社会需求之广。这是有明确记载的最早的佛教版画印制活动，然仅见于载籍，并无实物流传后世。1949 年在成都望江楼附近唐墓出土的《陀罗尼经咒》是现存最古老的佛教版画，画约一尺见方，四周双边，中央印跏坐佛像，四周环以梵文经咒，咒文外围刻有小佛像。图右侧有题记"成都府成都县龙池坊□□□□□近下□□□□□咒本"，是佛教版画有题记之最早例证。②

敦煌文献中有两百多件版画，多为五代时期敦煌本地的作品。10 世纪时，敦煌在乐僔始建石窟的六百年里开窟六百多个，窟面容量渐趋饱和，加之开窟造像所费不赀，普通民众的供养对象转向了花费较小，但功德相同的佛画。早期的绢画虽较开窟造像简便易行，但一般用于法事活动，并不常见于普通民众的日常供养中。作为广泛制作和运用于民间的佛教宣传品和供奉品，版画便成为壁画和绢画的替代物，在特定场合下与佛窟造像、壁画和绢画等具有同样的信仰功德。③

既然是作为一种功德，供养人也如同造像、写经或绘制绢画一般，在版画上刊刻题记。据笔者对英藏和法藏文献的调查，有题记的版画共 21 件。这些版画大部分都是归义军节度使曹元忠施资雕造的，雕刻的题材是当时流行的观世音菩萨、毗沙门天王单体尊像，也有少量其他个人出资雕刻的普贤菩萨像和陀罗尼。

现存有题记的版画在版式结构上有以下几类：

（1）供养式。④ 其一为 P.4514（3），此件为两个图版连续捺印，左边为《四十八愿阿弥陀佛》，右边为《大圣文殊师利菩萨》。

---

① （后唐）冯贽编，张力伟点校：《云仙散录》卷五，《古小说丛刊》，北京中华书局 1986 年版，第 62 页。
② 唐肃宗至德二年（757），成都始称府，故此版画应雕刻于至德二年之后。
③ 余义虎：《敦煌版画的性质与用途》，《敦煌研究》2005 年第 2 期，第 21 页。
④ 关于版画从版式结构角度的分类和从画面内容及用途角度划分版面形式的分类，参见吴荣鉴《关于敦煌版画制作的几个问题》，《敦煌研究》2005 年第 2 期。

每个图版都是上图下文的形式,下部框栏内刻受持功德文。从画面内容及用途来看,这个版画属于供养受持笺式,它极有可能是寺院刻经僧自行雕刻的,也可能是信徒为做法事布施的。它的题记手书于左右两边的空白处,左书"甲申年三月六日,弟子比丘智端安置文殊[师]利菩萨",右书"甲申年三月六日,右壹大师流(留)次(此)功得(德)记"。从题记内容可知,此二人均非版画的雕刻者,而仅是供养者,题记是后写上的,并非与版画一体刻成。其二为 P.3879《毗沙门天王》和 P.4514(6)《大慈大悲救苦观世音菩萨》,此二种版画都是单体尊像,是曹元忠于(后晋)开运四年七月十五日一起雕刻的。每个图版也是上图下文的形式,与 P.4514(3)不同之处在于上部图画和下部题记分为两块刻板,复版套印而成。因是曹元忠个人印施的功德画,便在原本版画下部功德文的位置改刻了题记,记录施主名号和身份地位、制作时间、祈愿和工匠姓名。这两种版画遗存最多,Ch.00185.d、Ch.xxx.02、S.P.8 也是这两个图版所印,可知其在敦煌流行最广。这种题记雕刻在图画下的版式也广泛使用起来,S.P.246 杨洞芊刻《大圣普贤菩萨》下部题记中说明发诚志雕此真容所祈祷的愿望,就是这种版式在敦煌广为使用的一例。此种版式的版画是功德主为供养受持或广结佛缘施入寺院或舍给民间百姓的,他人获得之后也会在版画上写上自己的供养题记,这样的题记则写在了画的左右两侧。如 P.4514(9)13《大慈大悲救苦观世音菩萨》即是曹元忠的雕版所印,但为他人所得,并于画右侧手写题记"上报四恩三友及法界众生";S.P.9《大慈大悲救苦观世音菩萨》与 P.4514(9)13 相同,画右侧手书"孝子愿净造一心供养"。

(2)曼荼罗式。曼荼罗式的版画构图类似于坛城,分为内、中、外三城。画面中心以圆形单身佛教人物形象出现,四周分四个方向排列汉文或吐蕃文经文、题识。如 Ch.xliii.004 北宋太平兴国五年所刻《大随求陀罗尼》,内城中八臂菩萨跏坐于莲台之上,菩萨周围排列19层梵文佛经,外层是一圈莲蓬状装饰纹;中城为莲花宝池,下部两角为二天王;外城四角相间排列菩萨和莲蓬,中间隔以法器。题记

❖ 第二章　敦煌文献题记概述（下）❖

愿文雕刻在中城正下方，供养人及雕版者题名刻于中城上方左右两侧。题记包含在画面之内，与画面浑然一体。以《大随求陀罗尼》为题材的版画还有 MG. 17688、MG. 17689、P. t. 2、EO. 3639，其中 P. t. 2、EO. 3639 与 Ch. xliii. 004 相同；MG. 17688 题记在中城正下方，左右两侧没有雕版人题名；MG. 17689 没有题记愿文，雕版人题名刻在中城正下方。由上可见，曼荼罗式的版画构图中，题记融合在画面之内，一般雕刻在中城的下方。

总体来看，绢纸画和版画的题记以将供养者题名写刻于画面左右两侧、题记愿文写刻于画面正下方为主流方式，这种位置设置与石窟壁画是一脉相承的。从现存文献考察，绢纸画和版画的流行时代要晚于石窟壁画，在创作题材、构图等方面对壁画不可避免地有所模仿。

第三节　题记的题写特点

《大唐书仪》载"隋时修文馆书写，卷末间一行留空纸，每一卷毕记名空处"①，知隋时抄书每卷卷末都有题记，已成常式。考察敦煌隋唐写卷遗存，确实如此。但在遵守这一常式的基础上，呈现出一些特点。

1. 官府写卷题记结构固定

官府写卷题记结构固定，书写题记包括书写时间、书写者题名、装潢者题名、校勘者题名、监造者题名；译经题记为口译、笔受、证文、缀字等译场列位的详列。题记内容因各职司人员的不同组合而发生变化。例如 S. 0084 咸亨二年写《妙法莲华经卷第五》题记：

咸亨二年十月十日经生郭德写。/用纸廿一张。/装潢手解善集装。/初校经生郭德，/再校西明寺法显，/三校西明寺僧普定。/详阅太原寺大德神符，/详阅太原寺大德嘉尚，/详阅太原寺主慧立，/详阅太原寺上座道成。/判官少府监掌冶署令向义

---

① ［日］岛田翰：《汉籍善本考》，北京图书馆出版社 2003 年版，第 57 页。

感，／使大中大夫行少府少监兼检校将作少匠永兴县开国公虞昶监。

S.0312咸亨四年写《妙法莲华经卷第四》题记：

咸亨四年九月廿一日门下省群书手封安昌写。／用纸廿二张。／装潢手解集。／初校大庄严寺僧怀福，／再校西明寺僧玄真，／三校西明寺僧玄真。／详阅太原寺大德神苻，／详阅太原寺大德嘉尚，／详阅太原寺主慧立，／详阅太原寺上座道成。／判官司农寺上林署令李德，／使大中大夫守工部侍郎摄兵部侍郎永兴县开国公虞昶监。

在内容上仅是书写者、校勘者和监造判官不同，结构形式上则完全一致，说明官府写卷是严格遵守书写制度和题记题写原则的。

2. 同一人写造多卷本文献或多部文献，每一卷或每一部后的题记是一样的

笔者在整理题记时，发现大量同一人写造一部多卷本经典或同时写造多部文献的情况，排比归纳之后约有四十组。其中大部分写造者在每一卷或每一部后都写有同样的题记。例如隋开皇十七年袁敬姿造《华严经》一部：

开皇十七年四月一日，清信优婆夷袁敬姿谨减身口之费，敬造此经一部，永劫供养。愿从今已去，灾障殄灭，福庆臻集；国界永隆，万民安泰；七世久远，一切先灵，并愿离苦获安，神游净国，罪灭福生，无诸障累；三界六道，怨亲平等，普同含生，同升佛地。

袁敬姿所写《华严经》现存有书博055卷第四、上图092卷第七、S.2527卷第九、上图022卷第十四、S.6650卷第三十、上图067卷第三十三、P.2144卷第三十七、S.4520卷第四十七、S.1529

❖ 第二章 敦煌文献题记概述（下） ❖

卷第四十九，还有不知卷数的 S.5762、BD 11870，卷末无一例外均抄写前引题记。此人又于同年四月十日敬造《大般涅槃经》一部，滨田 125 即为此经卷一，卷末同样抄写这条题记。

开元六年神泉观道士马处幽写《无上秘要》一部：

> 开元六年二月八日，沙洲敦煌县神泉观道士马处幽并侄道士马抱一，奉为七代先亡及所生父母、法界苍生，敬写此经供养。

马处幽所写《无上秘要》有 P.2861 目录、P.2602 卷第二十九、P.2371 卷第三十三、BD 05520 卷第五十、P.3141 卷第八十四，卷末都写有此题记。

开元二年道士索洞玄写《太玄真一本际经》一部：

> 开元二年十一月廿五日道士索洞玄敬写。

索洞玄所写《太玄真一本际经》现存 S.3563 卷第二、P.2475 卷第二、P.2369 卷第四。同日，索洞玄还写造了 P.2256《通门论》卷下、S.2999《太上道本通微妙经》卷第十，两卷题记与《本际经》相同。

大梁贞明六年写《佛名经》：

> 敬写大佛名经贰佰捌拾捌卷，惟愿城隍安泰，百姓康宁；府主尚书曹公己躬永寿，继绍长年；合宅枝罗，常然庆吉。于时大梁贞明六年岁次庚辰五月十五日写讫。

题记中称敬写"大佛名经"，实际上所写包括《贤劫千佛名经》，存 D 079 卷上和津艺 041 一卷；《佛说佛名经》，存 BD 06824 卷第三、S.4240 卷第四、上博 25 卷第六、书博 112 卷第六、上图 031 卷第六、S.3691 卷第十五、北三井 079 卷第十五；《佛名经》，存上图 044 卷第二、P.2312 卷第十三。《佛说佛名经》全文共十二卷，《佛名经》共三十卷，《贤劫千佛名经》一卷，总共才四十三卷。题记中称共写贰佰捌拾捌卷,那么三部经典的每一卷势必反复抄写才能合成总数。现存的写卷中恰恰有同一内容存有两卷的情况,正符合了我们的推测。而在这三部经典反复抄写的每一卷末都写有前引题记。

敦煌文献中,如此情况的写卷还有很多。① 从题记内容可知,这些写经都是作为功德施舍入寺庙或道观的。从其规模来看,应是由功德主出资请人书写,将祈愿文字一并交付书手誊抄;并择定一个日期施入寺观,题记中的书写日期其实就是施经入寺观的日期。如此而来,在同一次做功德的活动中,功德主所造经典每一卷的题记都是一样的了。

3. 同一人写造多卷本、合抄本文献或多部文献,在保证基本信息相同的前提下,各卷或各件文献题记的繁简程度不同

多卷本文献第一卷题记较长,包含了发愿文,以后各卷则只写"某人敬写"。如 BD 14961 邓元穆写《摩诃般若波罗蜜经第一》题记:

> 弱水府折冲都尉钱唐县开国男菩萨戒弟子邓元穆,谨为七世父母敬写大品经一部,愿法界众生同登正觉。

而甘博 073《摩诃般若波罗蜜经第廿七》、三井 017《摩诃般若波罗蜜经第廿八》卷末的题记则简省为:

> 菩萨戒弟子邓元穆敬写。

---

① 如隋开皇九年皇后写浙敦 029《太子慕魄经》、上博 57《持世经》卷第三、P. 2413《大楼炭经》卷第三、津艺 021《大楼炭经》卷第六、S. 2154《佛说甚深大回向经》;贞观二年苏士方写《大菩萨藏经卷三》、京都博物馆藏《妙法莲华经卷五》、李盛铎旧藏《解深密经卷二》;开皇十三年李思贤写《大智论释》一部存 S. 0227、S. 0457、S. 4954、S. 4967、S. 5130、BD 11809、P. 2199;大业三年苏七宝为父母写《大智度论》一部,存大谷 0710、P. 2138、天理 183—ノ109、书博 057、历博 38;大业四年比丘慧休写《大般涅槃经》一部,存招提 02、北三井 060、国图 WB32 (15)、中图 079、Φ069;景龙二年薛崇徽写《大般涅槃经》一部,存 S. 2136、三井 058。

❖ 第二章 敦煌文献题记概述（下）❖

合抄本文献第一则题记较完整，以后每则题记内容简化了，如 S.6417 丛抄金光明寺僧戒荣转念各种佛教斋文的底稿，第一件《邑斋文》末尾写题记：

> 贞明六年庚辰岁二月十七日，金光明寺僧戒荣里白转念。

其后《印沙佛文》《自咨唱道文》《散莲花乐》《临圹文》《愿文》《亡考文》等文末的题记均简省为"戒荣文一本"。

同一人所写造的多部经典，第一件和最后一件的题记比较完整，而中间各经题记简化，如津艺193、BD 04544、P.2055 三个卷号的写经合在一起恰好是翟奉达在亡妻的七七斋和百日斋、周年斋、三年斋所写的功德经。按照斋序，分别写造了津艺193《佛说无常经》《佛说水月光观音菩萨经》《佛说咒魅经》《佛说天请问经》；BD 04544《佛说阎罗王授记经》《佛说护诸童子陀罗尼咒经》《般若波罗蜜多心经》；P.2055《佛说盂兰盆经》《大般涅槃经摩耶夫人品》《佛说善恶因果经》，每经之后都有题记。开七斋所写《佛说无常经》是此批功德经起首的经典，其后的题记如下：

> 显德五年岁次戊午三月一日夜，家母阿婆马氏身故。至七日是开七斋，夫/检校尚书工部员外郎翟奉达忆念，敬写无常经一卷，敬画宝髻如来佛/一铺，每七至三年周，每斋写经一卷追福。愿阿娘托影神游，往生好处，/勿落三涂之灾，永充供养。

这条题记内容完整，记明了造经者、写经对象、写经时间和缘由、写经题材和祈愿内容。然而，二七斋至年周斋所写经卷末尾的题记则省除了造经者、写经时间、写经题材，愿文也较为简练。如二七斋写《佛说水月光观音菩萨经》题记：

> 十四日二七斋，追福供养。愿神生净土，莫落三涂之难，马氏承受福田。

百日斋写《佛说盂兰盆经》题记：

六月十一日是百日斋，写此经一卷为亡家母马氏追福，愿神游净土，莫落三涂。

最后，三年斋所写《佛说善恶因果经》的题记总括了每斋所做的功德：

弟子朝议郎检校尚书工部员外郎翟奉达为亡过/妻马氏追福，每斋写经一卷，标题如是：/第一七斋写无常经一卷、第二七斋写水月观音经一卷、/第三七斋写咒魅经一卷、第四七斋写天请问经一卷、/第五七斋写阎罗经一卷、第六七斋写护诸童子经一卷、/第七斋写多心经一卷、百日斋写盂兰盆经一卷、/一年斋写佛母经一卷、三年斋写善恶因果经一卷。/右件写经功德为过往马氏追福，奉/请龙天八部、救苦观世音菩萨、地藏菩萨、/四大天王、八大金刚以作证盟，一一领受/福田，往生乐处，遇善知识，一心供养。

因为这些写经是为"七七斋"做功德，题记的题写特点受到了"七七斋"仪式的影响。"七七斋"广泛流行于唐以后的敦煌社会，① 按照《佛说十王经》的说法，人死之后在七七日、百日、一周年、三周年要经过冥间十王的层层"审查"，才能到第十王——五道转轮王之前，根据前生的善恶因果转生，因此每斋日要做功德为亡人追福。"开七日"是"七七斋"的开始，斋事隆重，二七至七七则相对

---

① 施萍亭认为这种方式的"七七斋"是唐以后的民间习俗，主要是因为《佛说水月光观音菩萨经》和《佛说阎罗王受记经》，不见于唐以前各种经目和《开元释教录》；翟奉达所写《般若波罗蜜多心经》是玄奘译本，也证明上述习俗唐以后才流行。参见施萍亭《一件完整的社会风俗史资料——敦煌随笔之三》，《敦煌学研究》1987年第2期，第35页。

第二章 敦煌文献题记概述(下)

简单；百日、周年、三周年都很重要，尤其是三周年，其斋会的规模超过了以往任何一次。三周年斋之后，为亡者设斋做功德就算圆满了。题记书写的繁简与斋会的程序和每次斋会的隆重程度相关，"开七斋"需交代清楚设斋做功德的缘由；以后每斋则按例而行，题记只需标明是为哪一斋所写；三周年斋是最隆重的一次，则历述以往所做功德，张扬事功，以求圆满。由这一组写经可以推知，当时敦煌社会中"七七斋"写经的程序，但凡在"七七斋"为亡者写经追福的，题记的书写模式都应是如此的。惜乎完整保存下来的仅此一组，缺少其他材料相互参证。

4. 合抄本文献的题记需根据每件文献书写者的同异具体判断

（1）同一人所写之合抄本文献，题记写在最后一种文献后。P.3110抄《佛说摩利支天菩萨陀罗尼经》和《佛说延寿命经》，《佛说延寿命经》尾题下空一字接写题记：

> 清信弟子阴会儿敬写摩利支天经一卷、延寿命经一卷。

P.3386写《大汉三年季布骂阵词文一卷》和《杨满川咏孝经壹拾捌章》，在第二件后提行写题记：

> 维大晋天福七年壬寅岁七月廿二日，三界寺学士郎张富㐄记。记写两卷文书，心里些些不疑。自要身心恳切，更要□□阇梨。

S.5646合抄《金刚般若波罗蜜经》《摩利支天菩萨陀罗尼经》《佛说斋法清净经》，第三件尾题隔行写题记：

> 于时大宋乾德七年己巳岁四月十五日，/大乘贤者兼当学禅录河江通发心/敬写大小经三策（册）子记九卷，昼夜念诵，/一心供养，故记之耳。

这些合抄本从书迹字体来看，每号写本上的几件内容确出自一人之手。合抄者多为篇幅较短的文献，少则两卷，多则十数卷；其用途一般是提供给个人使用，比如学习、念诵；书写者以记录书写事实为目的，并以一次连续的书写行为为单位来题写题记。这样的写本所存不少，① 因其私人写本的随意性有别于宫廷写经题记的程序性，又因其个人学习念诵的功能性有别于功德经每卷必写题记的祈愿性。

（2）有些合抄本文献是几个人先后写成的，某件文献之后的题记仅属于该件，不能成为整个写卷的题记。

例如 P.3627 合抄《汉八年楚灭汉兴王陵变一铺》《书仪》《壬寅年二月十五日莫高窟百姓龙钵略欠阙疋帛状》，三件文献字迹皆不同，当为三个人所抄。在《汉八年楚灭汉兴王陵变一铺》后有题记"天福四年八月十六日孔目官阎物成写记"，此题记即应归属《汉八年楚灭汉兴王陵变一铺》，而与后两件文献没有关系。据此只能判断出第一件的书写时间，其他两件需待其他材料以考证。

（3）还有一些合抄本写卷是黏合在一起的，其中某件文献可能不是题记书写者所写。如 P.3620《封常清谢死表》《讽谏今上破鲜于叔明令狐峘等请试僧尼及不许交易书》《无名歌》，前一件是粘贴在后两件的写卷上的，与后两件栏格、字体均不同，可以判定第一件与后两件不是同一人所书写。那么，此号卷末的题记"未年三月廿五日学生张议潮写"就只是后两件文献的题记，与第一件无关。

5. 一个写卷上的多条题记或为一人题写，或为多人题写

一般情况下，一卷之后只有一条题记，但也不排除一卷之后写有几条题记的特例。一卷之上的多条题记可能是同一人题写的，也可能是几个人题写的。多条题记是同一人所写的，有以下两种情况。

（1）同一个人在不同时间写了两条题记，例如：

S.0214《燕子赋一卷》：癸未年十二月廿一日，永安寺学士

---

① 此种情况的写卷还有 P.3136、P.3210、P.3620、P.3912、BD 01036、BD 03355、历博 57、浙敦 020、Дх 47、Дх 50、S.0173、S.4167、S.5256、S.5464、S.5529、S.5531、S.5892、S.6459、S.6537v、S.6691、S.6897v。

❖ 第二章 敦煌文献题记概述(下) ❖

郎杜友遂书记之耳。/甲申年三月廿三日永安寺学郎杜友遂书记之耳。

  P. 3369《孝经一卷》：乾符三年十月二十一日，学生索什德书卷，书记/之也。/咸通十五年五月八日，沙洲学□（郎）索什德。

  S. 4307《新集严父教一本》：雍熙三年岁次丙戌七月六日，安参谋学侍（士）郎/崔定兴写严父教记之耳。/丁亥年三月九日定难坊巷学□（士）郎崔定兴自手书记之耳。

  甘博001《道行品法句经第廿八》：升平十二年沙弥净明。/咸安三年十月廿日沙弥净明诵习法句起。

  P. 2445v《略抄本一卷》卷端题："□年四月僧法澄书"，尾题后写："午年六月十四日记，僧法澄是主。"

  P. 2500《礼记第三卷》："开元十年九月廿三日周启心。/开元十二年三月五日周启心。"

  时间不同的两条题记分别记录了两次不同的活动，从甘博001题记中"诵习法句起"可知，沙弥净明的第二条题记是诵读题记。升平十二年（368）早于咸安三年（373）五年，第一条当是书写题记。P. 2445v第一条题记"法澄书"说明是书写题记，第二条时间稍晚，当是阅读题记。前三号文献的题记中虽未有明确说明记录的是何种活动，但结合后两号文献来考察，时间较早的一条很可能是书写题记，而稍后的一条则为阅读题记。另外，从题记书写者的身份和所持写卷的功用来看，学士郎是指学生，沙弥指初学佛法的出家人，他们抄写经卷皆为学习之用，需经常持念诵读。初次抄写完毕后题记抄写时间，以后每次学习完一遍，就在写卷上记录学习完毕的时间。因此卷末便会出现同一人所写的时间不同的两条题记。

  （2）同一人在写卷正背或首尾都写有题记，但内容侧重不同，如：

  S. 4723《佛顶尊胜陀罗尼神咒一本》尾题下空一字接写

"沙洲沙弥乾元寺法弁",卷背写"戌年十月廿四日法辩写记,日诵五行"。

P.2598《新集文词九经钞一卷》尾题下空三字写"阴贤君书记本",卷背写"中和三年四月十七日未侍(时)书了,阴贤君书"。

P.3110《佛说摩利支天菩萨陀罗尼经》《佛说延寿命经》,《佛说延寿命经》尾题下空一字接写"清信弟子阴会儿敬写摩利支天经一卷,延寿命经一卷",卷背写"逐日各持一遍,先奉为国安人泰,社稷会昌;使主遐寿,宝祚长兴;合宅枝罗,常然者(吉)庆;过往父母,不历三途。次为己躬,同沾此福,永充供养。丁亥年四月十四日书,写经人僧会儿题记之耳。后有▢"。

S.5257b《东夏显正略记》首题下空一字写"于内供奉+大德道□法师边借写",正文中部中断,前段末尾有"时以开元廿八年正月十二日释子海云于京云居寺写记"。

这几条题记都是写卷抄写时题写的,但每一号的两条题记题写在写卷不同位置。两条题记合而观之才可将书写时间、内容、书写者身份、祈愿等一次书写行为所涉及的所有信息交代清楚。

多条题记不是同一人所写的,有如下四种情况。

(1)前人写造经典转为后人学习、念诵、转读,书写者和念诵转读者各有题记,如:

P.2618《论语卷第一》尾题后写"沙洲灵图寺上座随军弟子索庭珍写记",尾题下写"乾符三年学士张喜进念"。

S.2732《维摩经义记卷第四》:龙华二儒共校定也,更比字一校也。/大统五年四月十二日比丘惠能写记流通。/保定二年岁次壬午,于尔锦公斋上榆树/下,大听(德)僧雅讲维摩经一遍,私记。

国图WB32(15)《大般涅槃经卷第十五》:大业四年二月十五日比丘慧休知五众之易迁,晓二字之难遇,仅割衣资敬造此

❖ 第二章 敦煌文献题记概述（下） ❖

经一部。愿乘兹胜福，三业清净，四实圆明；戒慧日增，惑累消灭；现在尊卑，恒招福庆；七世久远，永绝尘劳；普被含生，遍沾有识，同发菩提，趣萨婆若。/清信佛弟子尹嘉礼受持，开九开十开十一年各一遍。①

（2）有些经卷是供养者专门请人书写或从写经生处购置的，书写者和供养者各有题记，如：

　　书博039《佛说未曾有经卷上》尾题后写"清信女郑氏供养"，卷末行写"陈延机书"。

　　P.2274《金光明经卷第七》尾题后隔三行写"大中八年五月十五日奉为先亡敬写，弟子比丘尼德照记"，再隔三行写"比丘道斌写"。

　　D 050《妙法莲华经观世音普门品第廿五》"菩萨戒弟子令狐兰，知身非有，浅识苦空，知己非身将易尽。今有男孙女观音，早从风烛，永绝爱流，恐溺三途，重染胞胎之像。遂发心敬写观音经一卷，庶使三途止苦，八难亭（停）酸；亡者沐浴八水之池，常游净度之界；见在安乐，具免盖缠；法界苍生，恒念观音，咸同离苦。/天授二年九月卅日写。写人上柱国子张晋朝为阿娘敬礼常住三宝故记之也。"②

（3）有些写经是前代流传下来被某人所受持供养，书写者或前代受持供养者和后世受持供养者各有题记，如：

　　敦研029《大般涅槃经卷第卅八》尾题后写"清信士郑天狗为父□所写供养经。/一校定。/苏阿陁所供养经"。

　　S.1824《受十戒文》：光启四年戊申五月八日三界寺比丘僧

---

① 尹嘉礼转读的经典还包括：上博03、北三井060、Φ069、S.3510。
② 请他人书写经卷用来受持供养的还有 P.3115、"中研院"05、S.4601、D 050。

法信于城东索使君佛堂头写记。/丁卯年后正月十四日写受十戒文卷，福严记之。①

北三井051《大方广佛华严经》：延昌二年经生和常太写，用纸十九。/大隋开皇三年岁在癸卯五月十五日，武侯帅都督前治会稽县令宋绍演，因遭母丧，亭私治服，发愿读华严经一部、大集经一部、法华经一部、金光明经一部、仁王经一部、药师经卅九遍，愿国主兴隆，八表归一，兵甲休息。又愿亡父母托生西方无量寿国，常闻正法，己身福庆从心，遇善知识，家眷大小康然，一切含生普蒙斯愿。

（4）亦有不同人写的同一种文献粘贴在一起，上面就有几个人的题记，如P.3706《大佛名忏悔文》由两截纸卷拼贴而成，前后内容连贯，但非同一人所写，卷背有几行题记，从右至左依次为：

三界寺僧戒慈略忏一部。/三界寺僧戒慈略忏一部一品一经耳。三界寺僧戒慈略（下阙）/三界寺僧法智悔忏，不得人争。三界寺法知（智）略忏一部一卷。/戒慈念诵记，永世不得人传。道真念记。

从题记可知，此卷两部分分别为戒慈和法智所写。末尾有道真署名，结合写卷形态，笔者认为此卷可能是经道真修补过的经卷。

6. 吐蕃时期题记用藏文或汉藏文对照题写

吐蕃时期，墀祖德赞在前代赞普奠定的良好基础下，将佛教的发展推向了高潮，兴建寺院、发展僧侣，并下令对前代所译经典广泛传抄，形成了全国范围内的大规模抄经事业。敦煌在这次抄经活动中担当了重任，大量写经生投入了这项工作。现存的汉文佛经多为《大乘无量寿经》《金有陀罗尼经》《大般若经》和《金光明经》，按照

---

① 此种还有P.2104、P.2130、P.3818、P.3919、S.0728、S.1824、BD 03270、BD 03390、书博173第四卷（1）、历博56（佛画）。

❖ 第二章 敦煌文献题记概述（下） ❖

吐蕃的抄经制度，每抄一件经生都会在卷末署名，其后有三位校勘者的题名，以示责任的归属。

（1）用藏文题写。

从笔者搜集到的资料来看，抄写汉文佛经的写经生多为汉族，只有个别其他民族的写经生，但题名却有不少用藏文来书写的。例如 BD 01676《金有陀罗尼经》题"yeng – tig – tshe – bris"（杨德才写）、BD 01815《金有陀罗尼经》题"aim – bran – bran – bris"（安占占写）、BD 01999《无量寿宗要经》题"cang – se – ka – bris"（张思钢写）、BD 08060《无量寿宗要经》题"vgo – kyu – len – bris"（郭居良写），"bris"是"为某人所写"的意思，"bris"之前的单词是写经生姓名的藏文翻译。① 这种用藏文署名的题记仅见于《金有陀罗尼经》和《无量寿宗要经》。

（2）用汉藏文对照题写。

写经生的题名还采用汉藏文对照的形式，如 BD 01343《金有陀罗尼经》卷末先写藏文"tong – dze – tsheng – bris"，然后在下一行写上汉文"董再清写"，BD 08092 同；BD 05879《金有陀罗尼经》卷末先写藏文"cang – kim – kim – bris"，隔几行写汉文"张今今"，BD 06433 同；BD 06231《金有陀罗尼经》卷末写"deng – kyen – kyen – bris"和"邓坚写"；BD 07360《金有陀罗尼经》卷末写藏文，卷背上端写"宋德"；国图 WB32（7）《佛顶尊胜陀罗尼神咒》写有"潜融"和藏文题名。这类题记所存较少，一般先写藏文再写汉文，汉文似乎是藏文的注释，仅见于《金有陀罗尼经》。

在汉文写经后用藏文题名，笔者认为可能与写经制度和写经生与写经执事人员的民族语言差异有关。吐蕃时期的写经是在"将"和"部落"两个层级组织的，其中设有一些执事人员，如百户长、将、里正、校对人、收集官、属吏等。将和里正负责保存和发放纸张、墨

---

① 汉文写卷写经生的藏文题名还有 BD 02166、BD 02321、BD 02552、BD 02853、BD 04308、BD 05234、BD 05511、BD 05699、BD 06003、BD 06020、BD 06137、BD 06202、BD 06513、BD 06701、BD 06735、BD 07038、BD 07625、BD 07751、BD 08060、BD 08224、BD 08401、BD 08460、BD 08508。

汁，督促抄经进度，编写物资出纳报告和写经生劳役簿；收集官则承担收集经卷的职责，并和写经生形成附带责任，如果写经生所写的经卷没有被如数收回，他将受到上级的惩罚。① 基于这种制度和汉文写经上写经生藏文题名的事实，笔者认为这批写经的收集官很可能是藏族人，且不懂汉语，在连带责任的压力下，他要求管辖内的写经生用藏文书写题名，以便于他辨认和统计。但这只是笔者的推论，确凿的解释有待于更多材料的发现。

7. 朱笔书写的题记

绝大部分题记都是用墨笔书写的，少量使用了朱笔。但使用朱笔书写并不是随意的，在笔者的统计中，有三类文献上存有朱笔题记，即校勘题记、佛经论疏的听讲题记和点读题记。P.2085《四分律删繁补阙行事钞卷上》朱笔写"寅年六月十六日于东山兰若勘了再记"；BD 13802《妙法莲华经卷第二》朱笔写"西天取经僧继从乾德六年二月日科记"；甘博 102《大方便佛报恩经卷三》朱笔写"元和三年岁己丑六月廿八日于报恩西院勘交（校）讫"等，是为校勘题记。② P.2132《金刚般若经宣演卷下》卷末写"贞元十九年听得一遍，又至癸未年十二月一日听第二遍记。庚寅年十一月廿八日听第三遍了。义琳听常大德法师说"；MS 12《瑜伽师地论卷第一》题"大中九年年三月十五日智慧山随学听"；书博 081《瑜伽师地论卷第卅五》题"大唐大中十一年十月六日比丘明照就龙兴寺随听写此论本记。□得，大唐大中十一年十月十日三藏和尚于开元寺说毕"，是为听讲题记。③ 中图 124《净名经关中释抄卷上》题"戊戌年夏五月廿日三界寺沙门道真念记，俗姓张氏"；BD 01032《维摩经义记卷三》先用墨笔写"大统三年正月十九日写讫"，后用朱笔写"二月廿五日

---

① 赵青山：《吐蕃统治敦煌时期的写经制度》，《西藏研究》2009 年第 3 期，第 50 页。
② 校勘记用朱笔写者还有 P.2245、P.2528、P.3342、BD 01061、BD 03355、BD 03433、BD 03718、BD 4387、BD 06591、北三井 108、天津文物 17、甘博 107。
③ 听讲题记用朱笔写者还有 BD 02072（1）、BD 02072（2）、BD 02072（3）、书博 082、Φ 070、津艺 113、上图 117、P.2165。

❖ 第二章 敦煌文献题记概述（下） ❖

观之讫，记之也"，是为点读题记。

凡是用朱笔书写题记的这三类文献，正文中无不有大量红色标记。可知，用朱笔书写题记并非是为了突出内容或与其他题记相区别，而是因为这些题记所记录的行为过程中使用了朱笔。校勘经卷时需手持红笔勘正错误之处；听讲记录是用朱笔在抄好的经卷上随听随作补充记录，标记出段落起止等；点读题记则是在阅读中标出句读。在校读的过程中既已使用朱笔标记，卷末书写题记时就不必特意换作墨笔，便直接用朱笔书写了。

日本奈良东大寺正仓院圣语藏藏《大乘大集地藏十轮经》，卷中有白笔训点，卷末用白笔书"此上五卷，正历三年（992）五月十五日点了"①。这卷写经被认为是从唐朝带回日本的，白笔训点和题记类同与中土写经的朱笔校点题记，是中土校点习惯在日本的承继。

8. 右行书写的题记

敦煌文献题记中，出现了许多从左向右书写的现象，有别于传统书写行款从右向左竖行书写的形式，我们称为右行书写。从文献类型角度，大致可分为如下两类：

其一，写卷题记。右行书写者仅见三件：BD 00268《佛说延寿命经》卷背癸未年王长盈儿、王再成、王章叁迁化题记，BD 01046《四分律删补随机羯磨卷下》午年金光明寺僧利济题记，BD 07310《十二时·众生重重紫俗事》甲申年报恩寺僧比丘保会题记。

其二，佛画题记。佛画右行书写的题记很多，有些佛画的供养人题名是右行书写的，有 Ch. liv. 007《炽盛光佛并五星神》乾宁四年张淮兴题记、Ch. xxxviii. 002《天王行道图》徐汉荣题记、P. 4518（19）《千手千眼观音像》大云寺沙弥题记、P. 4518（27）《毗沙门天王像》张□□题记。

有些佛画的题记愿文是右行书写的，包括 Ch. liv. 006《天复十年

---

① ［日］池田温：《〈中国古代写本识语集录〉解说》，李德范译，《北京图书馆馆刊》1995 年第 1—2 期，第 85 页。

彩绘观世音像》、Ch. lviii. 003《建隆十年绘地藏菩萨图》、Ch. xxxvii. 004《丙辰年绘药师净土图》、Ch. 00224《天福四年绘文殊普贤菩萨图》、Ch. 00167《开宝四年绘观世音菩萨像》、Ch. lvii. 004《太平兴国八年绘观世音菩萨像》、Ch. xx. 004《僧元惠敬画观世音菩萨像》、Ch. 00102《李文定画观世音菩萨像》、Ch. xlvi. 0013《显德四年绘十一面观音并四菩萨像》、Ch. xxiv. 008《显德三年归义军节度内亲从任延朝刺血绘菩萨长幡》、EO. 1135《天福五年绘弥勒净土变相图》、NG. 17695《显德二年绘观音菩萨像》、MG. 22799《观音菩萨立像》、EO. 1143《延寿命菩萨图》、EO. 1176《不空绢索观音立像》、MG. 23079《庚戌年绘不空绢索观音图》、EO. 3583《十一面观音菩萨立像》、NG. 17778《十一面观音菩萨图》、MG. 25468《显德六年画十二面观音菩萨图》、MG. 17775《天福八年绘千手千眼观音菩萨图》、MG. 17659《太平兴国六年绘千手千眼观音菩萨图》、MG. 17622《太平兴国八年绘披帽地藏菩萨并十王图》、EO. 1173《千手千眼观音与地藏十王图》、波士顿美术馆 No. 201570《开宝八年绘观音经变相》、四川省博物馆藏《建隆二年绘水月观音像》、甘肃省博物馆藏《淳化二年绘报父母恩重经变图》。

　　右行书写不仅存在于题记中，社司转帖、契约文书中也有。如：P. 3094《雇工契》、P. 2716v《咸通五年（864）后社司转帖》、P. 3826v《丁亥年（987）邓憨多雇工契》、S. 329v《唐末大中至大顺年（847—891）间社司转帖》、S. 5509v1《甲申年三月五日敦煌乡百姓苏流奴雇韩壮儿契》、S. 6104《社司转帖》、S. 6461v《甲戌年社司转帖》、S. 6614v《丙辰年社司转帖》及《庚辰年洪闰乡百姓唐丑丑雇工契》、Дх 1377《乙酉年（925）五月十二日莫高乡张保全贷生绢契》、Дх 5534《廿日夜礼佛见到僧》。

　　从上述材料可知，敦煌文献右行书写者以佛画题记为多，写经题记和私人文书仅见少数。少量右行书写的世俗文献都是民间百姓日常所用的私人文书，一般写在正规抄写的佛经或其他文献的卷背，旁边常写有其他杂写内容，如 P. 3094v《雇工契》写在《大乘百法明门论开宗义记》卷背，旁边写有《社司转帖》二行、《梁朝傅大士颂金刚

第二章 敦煌文献题记概述（下）

经序》二行；P.2716v《咸通五年后社司转帖》写在《论语卷第七》背面，共有内容相同的文书两份，一份左行书写，字迹工整，另一份右行书写，字迹潦草，这些私人文书具有草稿的性质。数量最多者为佛教绢画上的题记愿文，占出土绢画总量的绝对多数。绢画的构图是对敦煌石窟壁画、塑像及供养人像的模仿，在功能上也是一致的，都是以图绘真容而祈愿。在石窟题记中也能找到一些右行书写的例子，如敦煌研究院编号156窟前室北壁墨书咸通五年《莫高窟记》、196窟前室北壁《高僧传戒图》榜题、225窟东壁门北侧女供养人题记、387窟西壁龛下后唐清泰元年（934）功德记、412窟西壁龛下中央表层天福年间功德记、431窟前室甬道入口上方中央太平兴国五年功德记。根据文献上的纪年信息，所有这些右行书写的题记和文书都写于9—10世纪。

考察以上题记愿文、功德记和私人文书，可发现它们一个重要共同特征，即它们都写于9—10世纪——吐蕃和归义军政府先后统治敦煌的时期。笔者以为，敦煌文献右行书写现象多而集中地出现，当与这一特定的社会背景和历史条件息息相关。

敦煌是中原通往西域的咽喉要道，历来是西域少数民族和汉族杂居共处之地，多种文化在这里交汇融合。各民族杂居的社会形态，促进了语言文字的交流，藏经洞中出土的梵文、回鹘文、粟特文、藏文、于阗文等文献就是西域文字在敦煌流传的见证。这些文字的书写顺序多与汉文不同，如梵文和藏文是右行横书、粟特文是左行横书、回鹘文是右行直书等，多样化的书写格式使汉族人意识到文字的书写方向不是唯一的。这种认识为汉字书写方向的变化展开了多元文化的背景，而吐蕃时期的抄经事业则为促成书写习惯发生变化的直接动因。

藏文是一种拼音文字，依照藏族传统的说法，藏文是7世纪时由松赞干布的文臣通米桑布扎参照梵文的某种字体创制的，从左向右横写。[①]在吐蕃的统治下，汉藏文化、生活上的交流与融合使汉人对藏

---

① 这一说法是在11—12世纪出现的《松赞干布宝训集》《译师·大班智达遗教》《布顿佛教史》《王统世系明鉴》中提出的。参见王尧《藏文》，《民族语文》1979年第1期，第71页。

文的书写习惯有所了解实为必然。特别是在松赞干布下令开展的写经事业中，大量汉人加入写经生的行列中抄写藏文经典，极大地促进了藏文在汉人中的传习。从现存藏文写经题记中，我们发现许多汉族写经生的题名，如 Db. t. 1201 阴祖勒抄《十万般若颂》、Db. t. 1216 张公略抄《十万般若颂》、Db. t. 1240 杜谈讯抄《十万般若颂》、甘博13076 令狐尊泽写《大乘无量寿宗要经》、甘博 10569 张世笛写《大乘无量寿宗要经》等。① 这些写经生来自各个部落，在 Ch. 73xv5 藏文文书上记录的写经纸张分配数额中，仅悉董萨、阿骨萨、悉宁宗三个汉人军事部落就有写经生 90 人，② 数量之众可见一斑。除了粗通藏文的敦煌百姓承担了写经之责外，敦煌大族如张、曹、索、阴、令狐等氏族成员都参与了写经，后来的归义军节度使张议潮也是写经生中的一员，参加了藏文《十万般若颂》《佛说大宝积经》和《大乘无量寿宗要经》的抄写工作，③ 可见写经生社会阶层的分布也是很广泛的。在抄经过程中，汉族写经生对藏文从左向右横向书写的习惯有了切身的体验，对右行书写从"知"达到了"用"，进而在汉文的书写中进行模仿。Ch. xxxvii. 004《药师净土图》供养人题记用吐蕃语和汉语对照书写，均是从左向右书写，从中可以清楚地看到汉文对藏文书写顺序的模仿。

  然而，受藏文书写方向影响的结果并非从根本上改变了当地人的书写习惯，而只是在主流书写习惯外多了一种选择，使民间百姓的书写更加具有随意性。例如，P. 3720v《莫高窟记》与 156 窟中的《莫高窟记》内容相同，前者左行竖行书写，后者右行竖行书写，关于前者是后者的底本还是抄录本学界尚有争议，但其中透露出一个不争的事实是，时人在书写时可以随意选择书写方向。然而，吐蕃统治者并未对藏文书写格式进行特意宣传，这种影响仅存在于民间的潜移默

---

  ① 参见张延清《甘藏吐蕃钵阐布敦煌校经题记》，《敦煌学辑刊》2010 年第 1 期；王南南、黄维忠《甘肃省博物馆藏敦煌藏文文献叙录》，《中国藏学》2003 年第 4 期。
  ② 参见杨铭《吐蕃"十将"（Tshan bcu）制补正》，《中国藏学》1996 年第 2 期。
  ③ 张延清：《藏文写经生的结构分析》，《丝绸之路民族古文字与文化学术研讨会论文集》，2005 年，第 140 页。

第二章 敦煌文献题记概述(下)

化中,因此,敦煌文献中右行书写的形式只存在于民间百姓所写的契约、转帖等私人文书、私人手抄经卷和功德画题记中,而正式的写卷、官府文书则无一例外地使用左行书写的方式。张议潮领导的归义军虽然结束了吐蕃在敦煌的统治,但却无法磨灭吐蕃文化在敦煌的长久影响,因此9世纪末到10世纪上半叶,右行书写的情况依然存在。

民族语言文字相互影响导致书写顺序的变化不仅存在于汉、藏文之间,汉文与回鹘文之间也存在。据杨富学考证,回鹘文是8世纪前后漠北回鹘根据粟特文字母创制的一种文字,起先是从右向左横向书写的,后来可能受到汉文的影响改为自上而下竖行书写。[①] 敦煌藏经洞出土的早期回鹘文献中左行横行格式,转变为吐鲁番出土的后期文献中右行直行书写格式这一过程中,这种影响得以清晰展现,成为我们观点的有力佐证。

总上,敦煌文献右书现象的出现其重要原因是受藏文书写顺序的影响则是无疑的。[②]

[①] 杨富学:《回鹘文源流考辨》,《西域研究》2003年第3期,第73页。
[②] 参见朱瑶《敦煌文献"右行"考述——兼与杨森先生商榷》,《民族研究》2011年第4期。

第三章　佛教文献题记研究

佛教传入东土后，经典渐次翻译传写，使佛教义理和观念传播于社会的各个阶层。适应不同层次人们的不同心理需求，佛教在中土社会形成了两种形态，即精细、高深的哲学形态和粗俗、普及的信仰形态。方广锠先生将这两者称为"义理性佛教"和"信仰性佛教"，并指出义理性佛教以探究诸法实相与自我证悟为特征；而信仰性佛教则以功德思想与他力拯救为基础。① 敦煌佛教文献记载了大量民间写经、开窟、造像、浴佛、燃灯、行香等佛事活动，这些活动的核心意旨就是通过各种供养行为换取佛菩萨的救助，它展现了敦煌地区以求取功德的宗教实践为主要方式的信仰性佛教面貌。

写经乃是以功德为目标的宗教实践之一途。南北朝至唐代，写经之风日盛，写经者往往在经卷末尾写有题记，记录写经时间、写经者身份、写经题材、祈愿对象和祈愿内容。举凡现实生活中遭遇的困苦、难题，善男信女皆写经发愿，祈求以写经功德化解难题，获得佛菩萨的救助，这逐渐演变成一种包括抄写、受持、供养、施舍经典的经典崇拜。据笔者统计，有题记的佛教文献共2051件，占附有题记文献总数（2248）的91.2%。诸如佛教经、律、论、佛画、应用文、讲经文、赞文、佛教歌辞等文献均可见抄写者附记题记的现象，而以佛经为最多。不唯写本有题记，印本文献亦见刻印题记者，如

---

① 方广锠：《敦煌寺院所藏大藏经概貌》，《戒幢佛学》第2卷，第61页。关于佛教的两种形态，李正宇先生将其称为"正统佛教"和"世俗佛教"，参见李正宇《唐宋时期敦煌佛经性质功能的变化》，《戒幢佛学》第2卷。

❖ 第三章 佛教文献题记研究 ❖

S. P. 11 和 P. 4515《金刚经》、Ф337《佛说竺兰陀心文经》、Дх17433《大般若波罗蜜多经》及 P. 4503 拓本《金刚经》。敦煌出土的最早的佛经题记为上博01 北凉麟嘉五年（393）王相高写《佛说维摩诘经卷上》题记，① 最晚者为 Ф32 北宋咸平五年（1002）敦煌王曹宗寿与济北郡夫人氾氏捐经题记，在这六百年间留下来的佛教文献题记有简有繁，篇幅有长有短，内容则以记事和祈愿为主。这些题记是我们研究魏晋到宋初敦煌地区以抄写佛经为代表的经典崇拜现象和信众宗教心理的宝贵资料。

第一节 中土佛教经典崇拜

写经题记中的祈愿文字表明，以写经求取功德的经典崇拜在信仰性佛教中非常突出。经典崇拜盛行的原因，正是我们此节要讨论的中心。

一 佛教的宣传

佛法乃金口之圣说，为万世之常法。然以佛法教化愚昧众生，则需借助言教。佛经正是佛法的载体，"上契十方诸佛所说之理，下契一切听经众生的根机"，是学法者悟教的津梁。佛教东传之初非常注重经典的翻译传抄，两晋时期的出经后记中多处表达了译经者冀望众生奉持、流传经典的心愿，如西晋元康元年《合首楞严经记》："愿令四辈揽综奉宣，观异同意"②；《如来大哀经记》："当令大法光显流布，其有览者，疾得总持，畅泽妙法"③；《圣法印经记》："令此深法普流十方，大乘常住"④，经典的流通乃是存续宗教慧命的途径。

---

① 另有书博005《摩诃般若波罗蜜经》题"（西晋）永嘉二年（308）二月写讫"，甘博001《道行品法句经第廿八》题"生平十二年（368），沙弥净明。/咸安三年（373）十月廿日，沙弥净明诵习法句起。"池田温认为这两件写经为伪卷。
② （梁）释僧祐：《出三藏记集》卷七，中华书局1996年版，第271页。
③ （梁）释僧祐：《出三藏记集》卷九，中华书局1996年版，第335页。
④ （梁）释僧祐：《出三藏记集》卷七，中华书局1996年版，第277页。

佛教深入民间时，采用了不同的方式来宣传经典的神圣性和神通性，以此来保证经典乃至宗教的流传。

（一）佛经中对写经功德的宣传

何谓功德？隋慧远撰《大乘义章》卷九二曰："言功德者，功谓功能善有资润福利之功，故名为功。此功是其善行家德名为功德。"① 隋吉藏《仁王经疏》卷上曰："功德者，施功名功，归己曰德。"② 《胜鬘经宝窟》上本曰："恶尽言功，善满称德。又德者得也，修功所得，故名功德也。"③ 即通过建寺、造塔、造像、写经、燃灯、念佛、诵经、布施等诸多善行，修身养性、利益众生，灭除愚痴、智慧现前，恶尽善满之意。

供养经典属于法供养，借此可获殊胜功德，因此写经成为一种重要的求取功德的宗教实践。写经功德在佛经中屡有说明，如《佛说弥勒下生经》云：

或复有书写读诵，来至我所；或复承事供养，来至我所者。是时弥勒便说此偈："……若有书写经，班宣于素上，其有供养经，皆来至我所。"④

《道行般若经》卷二《摩诃般若波罗蜜功德品》云：

善男子善女人，书般若波罗蜜持经卷自归作礼承事供养名华捣香泽香杂香缯彩华盖旗幡，得福多。⑤

《法华经》卷四《法师品》第十云：

---

① 《大正新修大藏经》第44册，第649c页。
② 《大正新修大藏经》第33册，第318c页。
③ 《大正新修大藏经》第37册，第11b页。
④ 《大正新修大藏经》第14册，第423a页。
⑤ 《大正新修大藏经》第8册，第432c页。

❖ 第三章 佛教文献题记研究 ❖

若善男子善女人，于法华经乃至一句，受持读诵解说书写种种供养经卷，华香璎珞末香涂香烧香缯盖幢幡衣服伎乐，合掌恭敬。是人一切世间所应瞻奉，应以如来供养而供养之。当知此人是大菩萨，成就阿耨多罗三藐三菩提，哀愍众生愿生此间，广演分别妙法华经，何况尽能受持种种供养者？①

《地藏菩萨本愿经·如来赞叹品》云：

假令诸识分散至气尽者，乃至一日二日三日四日至七日已来，但高声白高声读经。是人命终之后宿殃重罪至于五无间罪永得解脱，所受生处常知宿命。何况善男子善女人，自书此经或教人书或自塑画菩萨形像，乃至教人塑画，所受果报必获大利。是故普广，若见有人读诵是经，乃至一念赞叹是经或恭敬者，汝须百千方便，劝是等人勤心莫退，能得未来现在千万亿不思议功德。②

《金刚般若波罗蜜经》云：

当来之世若有善男子善女人，能于此经受持诵读，则为如来以佛智慧悉知是人，悉见是人，皆得成就无量无边功德。③

从经文中可知，写经是供养经典的一部分，或者说一个环节。其所获功德，或可现世得福，或可于未来得利益果报，甚或可以往生净土乃至成佛。这样的宣传在许多经典中都有，不胜枚举，佛教信奉者往往最先被这些功德利益所打动。在敦煌佛经题记中，许多写经者在表达写经的缘由时就提到了佛教功德观对他们宗教行为的影响。例如书博173《妙法莲华经卷第四》题记云：

---

① 《大正新修大藏经》第9册，第30c页。
② 《大正新修大藏经》第13册，第783a页。
③ 《大正新修大藏经》第8册，第750c页。

元年岁次壬申正月庚午朔二十五日甲午成，弟子辛兴升南无一切三世常住三宝。弟子兴升自唯宿行不纯，等类有识，禀受风末尘秽之形，重昏迷俗，沉溺有流，无明所盖。窃闻经云：大觉玄监，信敬大乘，果报无极。以是弟子兴升，国遣使向突贵，儿女在东，即率单情。咸（减）割身分之余，为七世父母、所生父母、妻子亲眷，敬写法华经一部、无量寿一部、药师一部、护身命经一部，愿持之功，一豪之善，使弟子超缠群俗，形升无量，托生紫宫，登阶十住。辩才无滞舍利弗，不思议力如维摩诘。行如文殊，得道成佛。又愿弟子，儿女相见，现家眷、兄弟、知识、子侄、中表，普及弟子兴升儿女得还家。庆会值佛闻法，含生等同斯契。

S.1329《大般涅槃经卷第二十》题记云：

窃闻圣教，乃欲当生栖方外，莫若现今凭仰三宝。故以减侧衣资，写此大般涅槃经一部，读诵受持供养，供（恭）敬尊重赞叹。以此之福，愿上及旷回宗师、七世父母；复为含令（灵）抱识、有刑（形）之类，众生同沾此庆。复愿现在居门，万恶冰消，众善来臻，四大康住，不造诸恶，乃作颂曰：圣化玄宗，通含至极。普及有刑（形），获教如则。八难返现，会睹弥勒。

"信敬大乘，果报无极"和"乃欲当生栖方外，莫若现今凭仰三宝"乃是佛教功德观在一般信众内心形成的总体印象，他们认为供养三宝比出家修行更易获得福佑。因此他们才积极投身于三宝供养的实践中，广写众经。

也有一些写经者表达自己对写经功德的认识，如书博144《佛说决罪福经上下二卷》题记云：

第三章 佛教文献题记研究

元二年岁次水酉三月四日丙寅，僧尼道建辉自惟福浅，无所施造。窃闻经云，修福田莫立塔写经。今怖崇三宝，写决罪福经二卷，以用将来之因。又愿师长父母，先死后亡，所生知识，盖蒙庆祐；远离三途八难之处，恒值佛闻法，发菩提心，遇善知识；又愿含华众，普同斯愿。

书博122《十诵尼律卷第四十六》题记云：

盖闻施经妙善，获三乘之惠因；赞诵真诠，超五趣之业果。然愿普穷法界，广及无边，水陆群生，同等（登）觉岸。时皇宋大观二年岁次戊子十月日毕，庄主僧福滋，管居养院僧福海，库头僧福深，供养主僧福住，都化缘报愿住持沙门鉴峦。

"窃闻经云，修福田莫立塔写经"和"盖闻施经妙善，获三乘之惠因"正是诸多佛经中所宣传之写经功德的表述，可知写经功德观已深入民间。虽然大多数写经题记中没有表达这种认识，但我们完全可以相信凡是造经祈愿者，无不是在这种观念的指导下而践行着写经供养活动的。

（二）佛教灵验记的宣传

灵验记，顾名思义，是对神奇灵验之事的记录。佛教的灵验记往往和佛、法、僧三宝联系在一起。宋非浊《三宝感应要略录》序云："灵像感应以为佛宝，尊经感应以为法宝，菩萨感应以为僧宝。良是浊世末代目足，断恶修善规模也。"[①] 信仰佛教者认为，凡是敬信或诋毁三宝都会招致一定的效验，此种效验也可以说是果报。崇敬三宝可以断恶修善。由于灵验记对佛教起到了宣传作用，故而可称为释氏教辅之书。

佛经的灵验记是在佛教的流传过程中逐渐产生并被记录下来的，常见于高僧传中述及高僧生平事迹时穿插的持诵经典的灵验故事；南

[①] 《大正新修大藏经》第51册，第826a页。

北朝小说诸如王琰《冥祥记》、刘义庆《幽明录》《宣验记》、颜之推《冤魂志》、侯白《旌异记》中所记录的佛经感应故事；佛教类书如《法苑珠林》各篇"感应缘"所辑录的佛经灵验记等。某种佛经的灵验故事也被搜罗成书，如刘宋傅亮传《光世音应验记》一卷、刘宋张演传《续光世音应验记》一卷、齐陆杲撰《系观世音应验记》一卷、唐惠祥撰《弘赞法华传》十卷、唐僧详《法华传记》十卷、唐惠英《大方广华严经感应传》一卷、唐孟献忠撰《金刚般若经集验记》、唐段成式《金光经鸠异》等。

灵验记大量面世，定有其必要性。唐释道宣在《集神州三宝感通录》中说明了灵验记的编撰目的：

> 夫三宝利见其来久矣。但以信毁相竞，故有感应之缘。自汉泊唐年余六百，灵相肹向群录可寻。而神化无方待机而扣。光瑞出没，开信于一时；景像垂容，陈迹于万代。或见于既往，或显于将来，昭彰于道俗，生信于迷悟。①

大部分人对宗教的信仰不是意在研究宗教哲学、开明智慧，而是为了现实功利。佛教东来，人们对信佛之功用将信将疑，为了争取更多的信众，遂有三宝感应故事的产生，所谓"昭彰于道俗，生信于迷悟"，则是希求借感应故事而取信于众人。

佛经灵验记中记录的故事往往是类型化的。观世音灵验记一般讲的都是陷于危难疾患者口称观世音名号，观世音菩萨便能临危显灵、救人于难；法华经灵验记则限于诵习《法华经》者能舌根不朽、感生莲花、天雨宝花、含灵呈祥、入冥灭罪、诵经生天等类型。② 这些类型化的故事核心意旨脱胎于佛经内容，实际上是对佛经的形象化、通俗化演说。以观世音灵验记为例，《观世音菩萨普门品》中，佛向无尽意菩萨讲说了持念观世音菩萨名号可救助的七种灾难，即水、

---

① 《大正新修大藏经》第52册，第404a页。
② 参见刘亚丁《佛教灵验记研究——以晋唐为中心》，巴蜀书社2006年版，第200—227页。

❖ 第三章 佛教文献题记研究 ❖

火、黑风、刀杖、罗刹、枷械、怨贼,而观世音灵验故事中,人们所遭遇的种种困厄皆不出这七种灾难。有学者就此指出,"几乎所有六朝时期观音救难应验故事都不同程度地是从这段经文敷演、演变而来的。佛经为观音救难故事提供了基本的构架模型。"① 由此可见,灵验记的创作并非是随意的,它与所宣传的佛经内容密切相关,实在地体现出了教辅之书对供养佛经功德的宣传功能。

对于大多数不信佛教的人来说,灵验记的内容未必都是事实,甚至是荒诞不经的。但对于灵验记的编撰者来说,他们认为自己是在记录供传信的事实,而不是在创作故事。故而作者常常在叙述某事经过后还要特别注明该事的出处来源,以示其不是杜撰;一些故事中还记录有目击者或知情人,而这些目击者和知情人在史料中都是确有其人的。② 可见灵验记的编撰者刻意强调故事的真实性和可信度。

综上所述,灵验记无论从编撰动机、内容选择、行文表述各方面都在申明故事的真实性和可信度。灵验记的真实反映出的是佛经功德的真实性。这是面对一般信众的功利主义需求所设计的方便法门,以便佛教能够在这个群体中传播。事实上,这种方便法门确实起到了作用,一般信众通过这种宣传接受了佛教,牢牢记住了供养经典的各种好处,并且热情投身其中,促发民间的写经风潮。

通过灵验记来宣传写经功德,在敦煌文献中有一个很明显的表现,即将灵验记附录于佛经的前后。如 P.2094《持诵金刚经灵验功德记》一卷附在《金刚般若波罗蜜多经》的前面,记灵验故事十八则;S.0364、S.1963、S.2981、S.3257、S.4155、S.4984、S.6514、P.2099、P.2203、北1360、北1363 等《金光明经》的前面都抄写有《忏悔灭罪〈金光明经〉传》。③ 又如大谷大学藏乙71 和 P.2297《普

---

① 郑筱筠:《观音救难故事与六朝志怪小说》,《社会科学》1998年第2期,第73页。

② 参见侯旭东《五六世纪北方民众佛教信仰——以造像记为中心的考察》,中国社会科学出版社1998年版,第39—40页。

③ 郑阿财:《敦煌写卷〈忏悔灭罪金光明经传〉初探》,《庆祝潘石禅先生九秩华诞敦煌学特刊》,1996年,第581—601页。

贤菩萨说证明经》之前都附有《黄仕强传》，此传记述黄仕强因病死去，但地府无其死籍；将被送回人间时，地府守文书人告知写《证明经》三卷可得寿一百二十岁，黄仕强访得经本抄写三卷后果如愿。此传实为《证明经》之得来因缘，也可看作灵验记一类。灵验记与佛经合抄流传，似在敦煌颇为盛行。据陈寅恪先生研究，甘肃出土的《金光明经》突厥文本（现存俄罗斯）和吐鲁番出土的《金刚经》吐蕃文断简前都附有灵验故事，故认为："是佛经之首冠以感应冥报传记，实为西北昔年一时风尚。"① 这种形式体现了写经者显扬感应，增加观览者对佛经的崇信，劝奖流通的心理。

二 本土的需求

在佛教的大力宣传之下，佛教的诸多观念深入社会的各个阶层。不同阶层的人们在不同的生活境况中，对佛教写经活动作出了不同的反应，并生发出了不同的需求。在各种需求的综合作用下，佛教的经典崇拜得以发展。

（一）民众救赎苦难的需求

汉末丧乱，中国经历了魏晋南北朝漫长的战乱分裂时期。政权频繁更迭，民生凋敝。人民淹没在无休止的刀兵、疾疫等天灾人祸中，无法解脱，精神上亦无所依托。及至隋唐，始天下一统，宇内安宁，民生恢复，然而死亡这一无法超越的痛苦，永远困扰着每一个人。安史之乱后，衰象复现，人民亦复沉沦苦海。敦煌地处边域，外族犯境，常受扰乱；十六国及北朝时期，战乱频仍；经过唐朝前期的短暂平稳，复又落入吐蕃统治之下。社会动荡不安，百姓饱受煎熬，无法左右政局，平复战乱，只能在宗教中求得解脱。

这一时期恰是佛教传入中国并发展至全盛的时期，佛教始持因果报应之说，宣扬善有善报、恶有恶报；人处于三世（前世、今世、来世）轮回中，善恶之报应不止一世。同时，面对死亡这一根本性的困惑，佛教也有地狱观念及净土信仰两种不同设计。在世为恶，不

---

① 陈寅恪：《金明馆丛稿二编》，生活·读书·新知三联书店2001年版，第291页。

❖ 第三章 佛教文献题记研究 ❖

敬信佛法、毁谤三宝，死后当入地狱，获酷烈之刑罚；在世为善，崇信佛法，敬礼三宝，则可往生净土，得极乐之世界。这些观念与中国本土的天命说、"福善祸淫"、泰山信仰相融合，最终被民众所接受。地狱观念和因果报应造成了一种宗教恐吓，人们畏惧恶行带来的恶报，害怕因之而堕入地狱，轮回于六道无法超脱。

中唐以后，佛教透露出一种末世劫难的思想。这一时期出现了许多疑伪经，诸如《救诸众生苦难经》《劝善经》《新菩萨经》等预言某年月日将出现何种灾难，都传递出了这种思想。至此，现实的苦难和精神上的恐惧成为人们身上难以摆脱的两种压力。为了获得救赎，人们还是把目光投向了宗教。

佛教在以三途恶报恫吓民众之时，也准备了一套救赎的方法，那就是通过做功德来增福灭罪。它遵循的也是善恶祸福报应的机制，以各种功德来利诱信众行善布施。佛教以现世来生的福报和往生净土为承诺，现世的苦难和精神的疾苦使人们无法抗拒这种宗教许诺，并对其产生了一种无条件的信任。信众在这样的信任基础上皈依了佛教，努力践行功德活动，以期得到救赎。而写经作为一种易行的救赎途径，被广大信众所青睐。

（二）政治对宗教的利用

历代统治者也有崇信佛教者，他们对佛教所能带来的福报、超脱生死抱有一定幻想，因此也写经祈福，往往规模巨大。这一行为对民间百姓也有很大的影响。但统治者主要是利用了这种信仰生成机制，为夺取政权正名并赋予神圣性，或者与百姓沟通宗教感情获得拥护。

佛教对信众苦难救赎的承诺，使命若朝露的百姓找到了精神的慰藉，进而促使佛教在民间扎下了根。统治者看到了佛教足资利用的地方，希望通过对佛教的控制，利用其为统治服务。首先，他们利用佛经来传播宗教谶言，说明其政权的得来应验了佛教的预言，从而使统治地位合理化并神圣化，同时利用民众的宗教感情而获得拥护。当新的统治者借助佛教取得了政权的合法性和神圣性之后，佛教转而成为维持国家秩序的一种手段。统治者提倡佛教，因为因果报应的理论某种程度上为原本由于统治不当给民众带来的苦难找到了塞责的借口,将责任归咎到了民众自身的善恶行为上。在这种麻痹之下,民众不易将矛头指向统治者,而是在宗教中化解自己的苦难。因此,统治者提倡写经做功德,以此来获得社会的表面和谐。

第二节 造经者与造经目的分析(上)
——政府、皇室、贵族造经

以往的论述中往往采用"写经者"来称呼出资写造经典和亲自抄写经典以供修持或供养的佛教信众。然而,最迟在北魏时期已有了职业抄写经书的写经生;① 寺院僧尼亦为一般信众代写佛经;唐代秘书省、集贤院、左春坊等设有楷书手等职,也曾参与佛经的抄写,抄写佛经者不必信仰佛教亦可为之。而本书讨论的乃是写经修持和做功德的佛教信众,"写经者"这个称法就容易和经典的实际抄写者混淆。另外,附有题记的佛教文献不必都是写卷,印本及拓本也有之,佛画亦有之,称"写经者"不能全面涵盖各类文献的制造者。因此,我们认为选用"造经者"一方面能与抄写者明确区分,另一方面也能总括题记所反映的修持及做功德的信众,殊为合适的称名。所造之"经"也不仅限于佛经,而指信众经典崇拜的所有对象,即本书所讨论的所有佛教文献。

敦煌佛教文献的造经者包括社会上阶层和下阶层两类,社会上阶层指统治者、皇室成员、地方政权统治者和高官贵戚等能对社会政治产生重大影响者;下阶层指为政府服务的一般官吏、民众和僧尼。两者造经的目的、功用、规模和所造经典的传播途径都不尽相同,当分而论之。本节拟从造经者分类切入,探讨不同阶层的造经者的造经目的、所造经典的功用等问题。首先讨论社会上阶层造经

---

① 北魏时期敦煌镇官经生的抄经题记说明此时已有政府写经行为,且已出现了职业写经生。如 P.2110《大方广佛华严经世界品之二》、P.2179《成实论卷第八》等。

❖ 第三章 佛教文献题记研究 ❖

活动。

佛教传播东土,其发展和兴盛颇多依赖于历代统治者的支持,正如道安法师所说"不依国主,则法事难立"[①]。佛教的传播端赖佛教经典的流传,统治者及皇室成员、地方政权统治者、高官贵戚则是佛经写造的积极推动者及最大的赞助者。社会上阶层写造的经典可分为两类,一是由政府写经机构所写造的用于储备、颁赐或流通的图书性质经典;二是皇室成员、地方政权统治者、高官贵戚以个人名义写造的祈愿性经典。

一 图书性质的写经

官方抄写佛经的活动自南北朝已有之,《隋书》载梁武帝于华林园中"总集释氏经典,凡五千四百卷。沙门宝唱,撰《经目录》"[②];《三宝感应要略录》卷中载:"齐高宗明帝,写一切经;陈高祖武帝,写一切经一十二藏;陈世祖文帝,写五十藏;陈高宗宣帝,写十二藏;魏太祖道武皇帝,写一切经;齐肃宗孝明帝,为先皇写一切经一十二藏,合三万八千四十七卷;隋高祖文帝,写一切经一十六藏,十三万三千八十六卷;炀帝写六百一十二藏,二万九千一百七十二部。"[③] 唯刘宋一代写经未见载录,其他如齐、梁、陈、隋及北魏官府都曾有过大规模的写经活动。唐朝时,随着长期战乱、分裂割据局面的结束,政权定于一尊,国家呈现稳定承平之象,佛教发展极于鼎盛,写经造藏更加频繁。然而千年之后,存留下来的官府写经却非常少,而完整保留了写经题记者更在少数。

(一) 北魏官府写经

敦煌出土的最早的官府写经是北魏时期敦煌镇组织抄写的一批经典,记有卷号如表3—1所示。

[①] (梁) 释僧佑:《出三藏记集》,中华书局1995年版,第562页。
[②] (唐) 魏征:《隋书》,中华书局1973年版,第1098页。
[③] (宋) 非浊:《三宝感应要略录》,《大正新修大藏经》第51册,第848a页。

敦煌汉文文献题记整理与研究

表 3—1

卷号	经题	年代	书写者
S.1427	成实论卷第十四	永平四年（511）	经生曹法寿
S.1547	成实论卷第十四	延昌元年（512）	经生刘广周
池158	华严经卷第卅一（故宫博物院藏，未见）	延昌二年（513）	经生曹法寿
池159	大方广华严经卷第八（散0648）	延昌二年	经生令狐礼太
书博017	摩诃衍经卷第卅二	延昌二年	经生马天安
P.2110	大方广佛华严经世界品之二	延昌二年	经生帅令狐崇哲
S.0341	大楼炭经卷第七	延昌二年	经生张显昌
S.9141	华严经卷第卅八、九	延昌二年	经生帅令狐崇哲
大谷0705	华严经卷第四十七	延昌二年	经生张显昌
S.2067	华严经卷第十六	延昌二年	经生令狐礼太
池166	大智度论卷十二（大谷二乐庄）	延昌二年	经生张干护
池167	华严经卷廿四（李盛铎旧藏）	延昌二年	经生令狐崇哲
S.6727	大方等陀罗尼经卷第一	延昌三年（514）	经生张阿胜
P.2179	成实论卷第八	延昌三年	经生帅令狐崇哲
池170	大品经卷八（北一四四二）	延昌三年	经生曹法寿
池171	大品经卷八（京都博物馆藏）	延昌三年	经生曹法寿
S.6912	大方广佛华严经卷第三十四、三十五	阙	阙

这批写经的题记遵从同一格式，如 S.1547《成实论卷第十四》：

> 用纸廿八张。/延昌元年岁次壬辰八月五日，敦煌镇官经生刘广周所写论成讫。/典经师令狐崇哲。/校经道人洪儁。

并且钤有统一的印章。抄写者为敦煌镇官经生，且由"典经师"① 统

---

① 中国古代政府有"典书"一职。汉代，于王国置"尚书"，后改称"典书"，掌王国教令（参见《中国历代官称辞典》）。《晋书·职官志》载"中朝制典书令，在常侍下、侍郎上。及渡江，则侍郎次常侍，而典书令居三军下。公国则无中尉、常侍、三军；侯国又无大农、侍郎、伯子男唯典书以下，又无学官、令史职，皆以次损焉"。唐代，弘文馆、秘书省、崇文馆、司经局，各置典书若干人，分掌各馆、局所藏之图书。此"典经师"当为敦煌地方政府掌管佛教经籍的官员。

◆ 第三章 佛教文献题记研究 ◆

率写经工作,说明这些写经是北魏敦煌当地政府所组织的一次官方写经。这次写经活动至少持续了四年,现存六种经典共十七卷应当只是当时写经的一小部分。题记中可见,每卷经典都经过"校经道人"的校勘,还有典经师的签署,并记明用纸数和书写日期,说明当时已经有了规范的写经制度。这些写经包括了大小乘经和大小乘论,方广锠先生认为这似乎说明当时所进行的是抄写藏经的活动;又因同一经典的同一卷有重复抄写者,如《成实论卷十四》,说明当时所抄可能不止一部大藏经。①

这些写经可能是北魏宣武帝下令抄写的。自400年李暠据敦煌建立西凉政权之后的一百年间,敦煌几乎长年处于战乱之中,先是在北凉灭西凉和北魏灭北凉的战争中受到重创;其后又在北魏延兴二年(472)开始不断受到柔然的侵略,人口损失严重,民生凋敝,当地的宗教事业也受到了损伤。至太和十六年(492)北魏才击败柔然,使敦煌境内重获安宁。此后,敦煌开始休养生息,但政权的更迭和多年的战乱使人民内心慌乱不安、无所依托,对北魏统治者亦未必建立起了强烈的信任感。恐慌的民众需要在宗教中寻求精神安慰,而北魏历代统治者(除太武帝)都推崇佛教,佛教正好成为统治者与百姓间沟通的桥梁。此时正值爱好佛理的宣武帝统治时期,其曾在洛阳伊阙山为孝文帝和文明皇太后开凿石窟做功德,敦煌镇的这一批写经很可能就是宣武帝下令敦煌当地政府写造的。其目的首先是为当地寺院补充经本,其次很可能是为初获安宁的敦煌祈福,更有可能是通过写经来祈求北魏在敦煌的统治能福祚长延。

(二)萧梁政府写经

南朝时期官府写造的经典,仅见梁武帝天监十八年敕写之P.2196《出家人受菩萨戒法卷第一》,其题记曰:

> 大梁天监十八年岁次己亥夏五月敕写,/用纸廿三枚。/戴萌桐书。/睪伱之读。/瓦官寺释慧明奉持。

---

① 方广锠:《敦煌寺院所藏大藏经概貌》,《戒幢佛学》第二卷,2002年,第51页。

· 129 ·

  《出家人受菩萨戒法》是梁武帝在僧侣的协助下编撰的一部戒律，它是在梁武帝倡行的政教合一的宗教政策中产生的。
  南朝长期存在政教冲突，①僧侣在"沙门不敬王者论"的影响下，其地位不亚于王者，甚至凌驾于王者之上。而支持国家成立的贵族多信奉佛教，贵族与沙门两大势力的膨胀给统治带来了极大障碍。梁武帝即位后，在一批高僧的相助合作下建立了以他为主导的"健康教团"，企图通过佛经的重新整理、编纂、批注、翻译等学术工作，使王法与佛法、军权与政权得到进一步结合。②除了对佛教经论进行翻译、重编外，梁武帝也敕令僧侣对律藏及戒律进行分类整理。《续高僧传·法超传》云：

    帝谓律教乃是象运攸凭，觉慧阶渐，治身灭罪之要，三圣由之而归。必不得门如闭目夜行，常惧蹈诸坑堑。欲使僧尼于五篇七聚导意奖心，以超律学之秀，敕为都邑僧正，庶其弘扇有徒，仪表斯立。武帝又以律部繁广临事难究，听览余隙遍寻戒检，附世结文，撰为一十四卷，号曰《出要律仪》。③

  梁武帝认为"戒律"乃佛教之根本，但苦于律藏复杂繁难，遇僧尼犯戒之事实，难于究明实情，于是在政务之余亲自翻览戒律，以简明的文字条列解释各种规戒，撰集为《出要律仪》十四卷。此《出家人受菩萨戒法》乃是当时的戒律整理工作遗留下来的唯一成果。梁武帝于天监十八年四月八日受菩萨戒，次月即颁布敕写此《菩萨戒法》。皇帝亲受菩萨戒引发了南朝民众对菩萨戒的广泛尊崇，

---

  ① 南朝之政教冲突，如白黑论之争、形神因果之辩论、夷夏之争、本末之争等，详见汤用彤《汉魏两晋南北朝佛教史》第十三章《佛教之南统》，昆仑出版社2006年版，第418—470页。
  ② 颜尚文：《梁武帝"皇帝菩萨"形成基础的理念及政策之形成基础》，《台湾师范大学历史学报》，第17期，1989年6月。
  ③ （唐）释道宣：《续高僧传》卷二十一，《大正新修大藏经》第50册，第607a页。

第三章 佛教文献题记研究

士民多有依法师受戒者,此风甚至延及到隋朝,这从写经题记中频繁出现"菩萨戒弟子"的称谓中也可看出。

(三) 隋代官府写经

隋朝官府写经也仅见二卷,津艺258《禅数杂事下》,此卷首残尾全,卷末题:

> 开皇十三年十二月十八日,经生郑颀书。/用纸十八张。/校经东阿育王寺僧辩开。/教事。/学士郑赜。/王府行参军学士丘世秀。

S.3548《中阿含经卷第八》,卷末题:

> 仁寿二年十二月廿日经生张才写。/用纸廿五张。/大兴善寺沙门僧盖校。/大集寺沙门法刚覆。

津艺258题记中有学士郑赜、丘世秀参与勘定。在隋朝,学士之职官属王府。《隋书》卷五八《柳䛒传》:

> (䛒)以无吏干去职,转晋王咨议参军。王好文雅,招引才学之士诸葛颖、虞世南、王胄、朱瑒等百余人以充学士,而䛒为之冠。[1]

据周一良先生考证,隋制亲王府官有文学二人,从六品,载在史志。至于学士盖无定员,其品秩当在七八品间。唐初秦府文学馆学士及太宗时魏王泰之设文学馆引招学士皆是此比。[2] 由此可知,津艺258号写卷当为隋代某亲王府所写造的。

隋文帝因自幼寄养于般若尼寺,对佛教颇有亲近之感,故而杨隋

---

[1] (唐)魏征等:《隋书》,中华书局1973年版,第1423页。
[2] 周一良:《跋隋开皇写本禅数杂事残卷》,参见《魏晋南北朝史论集》,中华书局1963年版,第358—359页。

一代皆奉佛法。对于经典的崇拜上至帝王，下至平民。从这两卷的题记来看，隋朝官府写经已形成了一定的制度，除了有专业"经生"负责抄写外，还委派了僧侣对经文进行校勘及覆校，同时还有"学士"等官员或文士参与对佛经的勘定。制度的建立乃是因为写经之事已成常务，参与人员多且程序复杂，需明确职司、按部就班。同时，制度的严谨也是当时写经任务繁重、写经之风盛行的间接反映。

（四）唐代官府写经

唐代的官府写经保存较前代为多，从现存实物来看，大概可分为三类：进奏本、赐本、详定本。①"进奏本"指呈送给秘书省的、尾部写有"译场列位"的新译佛经写本。"详定本"指新译经典奏进获准颁行后，由秘书省或东宫详定编目以后准予向外颁布、流行的写本。"赐本"指秘书省或左春坊等奉命抄写的佛教写本，即所谓"凡敕赐人书，秘书无本，皆别写给之"②。藤枝晃先生所论"宫廷写本"即指此类。

1. 进奏本

敦煌出土的唐代宫廷进奏本有 P.2323《能断金刚般若经》、P.2314《大周新译大方广佛华严经进经表及总目》、BD 03339《金光明最胜王经卷第五》、S.0523《金光明最胜王经卷第八》、S.2278《佛说宝雨经卷第九》。

进奏本题记的特点是记录译经时间和条列参与译经的诸位司职人员姓名和职衔。例如 BD 03339《金光明最胜王经卷第五》义净译经题记：

大周长安三年（703）岁次癸卯十月己未朔四日壬戌。/三藏法师义净奉制于长安西明寺新译并缀文正字。/翻经沙门婆罗门三藏宝思惟证梵义。/翻经沙门婆罗门尸利末多读梵文。/翻经沙门七宝台上座法宝证义。/翻经沙门荆州玉泉寺弘景证义。/翻经沙门大福先寺寺主法明证义。/翻经沙门崇先寺神英证义。/翻

---

① 对于唐代官府写经的分类及界定，参见施萍亭《S.2926〈佛说校量数珠功德经〉写卷研究》，《敦煌研究》1993年第4期，第35页。

② （唐）李林甫等撰，陈仲夫点校：《唐六典》，中华书局1992年版，第297页。

❖ 第三章 佛教文献题记研究 ❖

经沙门大兴善寺伏礼证文。/翻经沙门大福先寺上座波仑笔受。/翻经沙门清禅寺寺主德感证义。/翻经沙门大周西寺仁亮证义。/翻经沙门大总持寺上座大仪证义。/翻经沙门大周西寺寺主法藏证义。/翻经沙门佛授记寺都维那惠表笔受。/翻经沙门大福先寺都维那慈训证义。请翻经沙门天宫寺明晓,转经沙门北庭龙兴寺都维那法海、弘建勘定。

唐代设立译场翻译佛经,有著名的波颇译场、玄奘译场、义净译场和不空译场等。凡是新译经典都需"勘阅既周,缮写云毕,所司详读,乃上闻奏"①,奏进写卷末需附记参译人员和译经时间,也就是我们称为"译场列位"的译经题记。根据译场列位,可以对有唐一代译场制度进行研究。在这一方面前贤论述颇详,此处不再赘述。

2. 详定本

现存可能是官府所写的详定本有 S.2423《佛说示所犯者瑜伽法镜经》。详定本是新译佛经奏进获准颁行后,由秘书省或东宫详定编目以后准予向外颁布、流行的写本。它的题记一般包含了简要的译经信息、奏进时间、详定列位和写定时间。S.2423《佛说示所犯者瑜伽法镜经》的题记所列:

景龙元年岁次景午十二月廿三日三藏法师室利末多唐云妙惠于崇福寺翻译。/大兴善寺翻经大德沙门师利笔受缀文。/大慈恩寺翻经大德沙门道安等证义。大首领安达摩译语。/至景云二年三月十三日奏行。/太极元年四月日正议大夫太子洗马昭文馆学士张齐贤等进。/奉敕太中大夫昭文馆学士郑喜王详定。/奉敕秘书少监昭文馆学士韦利器详定。/奉敕正议大夫行太府寺卿昭文馆学士沈佺期详定。/奉敕银青光禄大夫太子右谕德昭文馆学士延(丘)悦详定。/奉敕银青光禄大夫黄门侍郎昭文馆学士上柱

---

① (唐)释道宣:《续高僧传》卷三《唐京师胜光寺中天竺沙门波颇传》,《大正新修大藏经》第50册,第440b页。

国李乂详定。/奉敕工部侍郎昭文馆学士上护军卢藏用详定。/奉敕左散骑常侍昭文馆学士权兼兼检校右羽林将军上柱国寿昌县开国伯贾膺福详定。/奉敕右散骑常侍昭文馆学士权兼检校左羽林将军上柱国高平县开国侯徐彦伯详定。/奉敕银青光禄大夫行中书侍郎昭文馆学士太子左庶子崔湜详定。/奉敕金紫光禄大夫行礼部尚书昭文馆学士上柱国晋国公薛稷详定。/延和元年六月廿日大兴善寺翻经沙门师利检校写。奉/敕令昭文馆学士等详定，入目录讫流行。

此卷是否真为官府所写详定本，有学者持否定意见。该卷题记所列详定列位"奉敕银青光禄大夫太子右谕德昭文馆学士丘悦详定"中"丘悦"写成了"延悦"。据此，施萍亭认为秘书省等机构的抄书手不会犯这样的错误，此卷应是后人照原本抄写的副本。① 笔者认为，此卷书法精美、行款严谨，以之与其他确为宫廷所出的写本比较，未见不妥。仅以一字之失判定其不为宫廷写本似太过严苛。在没有其他证据出现前，我们应仅以存疑写卷视之。

与此卷相似的还有 S.2926va《佛说校量数珠功德经》②，此经乃神龙元年北天竺国三藏宝思惟所译，与 S.2423《佛说示所犯者瑜伽法镜经》同日奏进获准详定颁行，详定列位和写定时间皆相同。S.2926va 写在 S.2926《佛说无常三启经》卷背，并与《佛说要行舍身经》同卷接抄，可知 S.2926va 并非官府详定本原卷，而是转抄本。然其卷末转抄而来的题记连同 S.2423 题记让我们了解了官府详定本题记的形式和内容，不失为我们研究唐代官府详定本的面貌和制作程序的宝贵资料。

3. 赐本

藏经洞中发现的唐代官府所造颁赐诸州的佛经只有《妙法莲华经》（37件）和《金刚经》（12件）两种，共有49卷。详见表3—2：

---

① 施萍亭：《S.2926〈佛说校量数珠功德经〉写经研究》，《敦煌研究》1993年第4期，第40页。
② 此卷题记录文可参见池田温《中国古代写本识语集录》第793号，第283页。

第三章 佛教文献题记研究

表 3—2

编号	卷号	经题	抄写年代
1	S.5319	法华卷三	咸亨二年五月二十二日
2	Дх 11695	法华卷一	咸亨二年九月
3	S.0084	法华卷五	咸亨二年十月十日
4	S.3079	法华卷四	咸亨二年十月十二日
5	敦博 055	法华卷六	咸亨三年二月二十一日
6	P.4556	法华卷二	咸亨三年二月二十五日
7	P.2644	法华卷三	咸亨三年三月七日
8	S.4209	法华卷三	咸亨三年四月十五日
9	津艺 002	法华卷四	咸亨三年五月二日
10	S.0036	金刚经	咸亨三年五月十九日
11	散 0201	金刚经	咸亨三年五月
12	高博 001	金刚经	咸亨三年六月七日
13	S.4551	法华卷四	咸亨三年八月二十九日
14	Дх 11013	金刚经	咸亨四年正月十一日
15	大谷 0708	金刚经	咸亨四年二月十一日
16	德国慕尼黑个人藏	金刚经	咸亨四年三月十一日
17	S.2573	法华卷二	咸亨四年九月十七日
18	S.0312	法华卷四	咸亨四年九月二十一日
19	散 0659	金刚经	咸亨四年十月廿八日
20	散 0658	金刚经	咸亨五年四月五日
21	S.0456	法华卷三	咸亨五年八月二日
22	S.3348	法华卷六	上元元年九月二十五日
23	上图 032	法华卷一	上元元年十月十日
24	书博 070	金刚经	上元二年三月廿二日
25	P.2195	法华卷六	上元二年十月十五日
26	上博 30	法华卷三	上元二年十月二十三日
27	散 0195	法华卷四	上元二年十月二十八日
28	北三井 035	法华卷二	上元二年十一月二十六日
29	京都博物馆	法华卷三	上元二年十二月七日
30	S.0513	金刚经	上元三年闰三月十一日

续表

编号	卷号	经题	抄写年代
31	S.2181	法华卷二	上元三年四月十五日
32	上博53	法华卷二	上元三年四月十九日
33	S.1456	法华卷五	上元三年五月十三日
34	S.3361	法华卷一	上元三年七月二十八日
35	S.2637	法华卷三	上元三年八月一日
36	S.4168	法华卷三	上元三年九月八日
37	P.3278	金刚经	上元三年九月十六日
38	北三井043	法华卷七	上元三年九月十八日
39	散0235	法华卷三	上元三年九月
40	BD 14437	法华卷五	上元三年十月十日
41	S.1048	法华卷五	上元三年十一月五日
42	散0234	法华卷四	上元三年
43	S.4353	法华卷一	上元三年十一月二十三日
44	散0198	法华卷六	上元三年十一月
45	S.2956	法华卷七	上元三年十二月二十一日
46	散0656	金刚经	仪凤元年十一月十五日
47	散0196	法华卷五	仪凤二年正月二十七日
48	上博18	法华卷五	仪凤二年二月十三日
49	S.3094	法华卷二	仪凤二年五月二十一日

　　从表3—2可见，此写经活动从咸亨二年到仪凤二年，至少延续了七年时间。另外，P.3788《妙法莲华经序》和S.7236《金刚般若波罗蜜经序》中分别有"奉为二亲，敬造妙法莲华经三千部"和"奉为二亲，敬造金刚般若波罗蜜经三千部"的句子。据赵和平先生考察，这两篇序的作者正是武则天，内容则是武则天为已逝父母追福敬造《妙法莲华经》和《金刚般若波罗蜜经》各三千部，而前述49件写经正是武则天发愿所写经典中留存下来的遗珍。①

　　赐本是按照定本抄写而成的，其制作的过程主要是抄写、校对和

----

　　① 赵和平：《武则天为已逝父母写经发愿文及相关敦煌写卷综合研究》，《敦煌学辑刊》2006年第3期；赵和平：《唐代咸亨至仪凤中的长安宫廷写经》，《"净心慈恩，盛世长安"长安佛教学术研讨会》会议论文，2009年10月。

❖ 第三章 佛教文献题记研究 ❖

装潢，因此赐本的题记以记录写本制作过程的相关人员和情况为主。如高博001《金刚般若波罗蜜经》卷尾题：

> 咸亨三年六月七日门下省群书手程待宾写。/用小麻纸二十张。/装潢经手解善集。/初校群书手张崇。/再校群书手张崇。/三教群书手张崇。/详阅太原寺大德神符。/详阅太原寺大德嘉尚。/详阅太原寺寺主慧立。/详阅太原寺上座道成。/判官少府监掌冶署令向义感。/使太中大夫守工部侍郎永兴县开国公虞昶监。

S. 2637《妙法莲华经卷第三》卷末题：

> 上元三年八月一日弘文馆楷书手任道写。/用纸一十九张。/装潢手解善集。/初校慈门寺僧无及。/再校宝刹寺僧道善。/三校宝刹寺僧道善。/详阅太原寺大德神符。/详阅太原寺大德嘉尚。/详阅太原寺寺主慧立。/详阅太原寺上座道成。/判官司农寺上林署令李德。/使朝散大夫守尚舍奉御阎玄道监。

从题记中我们可以勾勒出这次写经活动的过程。此次写经追福活动中，武则天舍观国公杨恭仁宅为太原寺，① 调集门下省、秘书省、左春坊、弘文馆等机构的书手担任写经之职；同时，调集长安城十七座寺院中的僧人担任校经工作，每卷写经需经过三校，《金刚经》的三校人员一般由书手担任，而《法华经》的三校人员则通常由僧人担任；命神符、嘉尚、慧立、道成四位高僧驻锡太原寺详阅经卷；最后由装潢手将写经装成精美的卷轴。除了具体参与写经工作者，还派遣向义感、李德、虞昶、阎玄道先后任判官和使监理写经事务并提供相应的后勤保障。在完善的写经制度保障下，武则天为亡父母制作了

---

① 参见赵和平对"太原寺"的考证，《武则天为已逝父母写经发愿文及相关敦煌写卷综合研究》，《敦煌学辑刊》2006年第3期，第12页。

二万四千卷功德经，最终颁赐诸州、流通供养，因此在边陲的敦煌小镇还能存留下这49卷精美的长安宫廷写经。这些写经题记中保留的"抄经列位"为我们了解唐代官府写经的"三校四审"制度提供了最好的资料。

　　以上奏进本、详定本、赐本的题记，为我们勾勒出唐代官方组织翻译、勘定、抄写佛教典籍的基本过程，其人员构成、组织机构、制作程序都在题记中得以反映。它们实际上代表了唐代官府写经的供进、勘辑、流通的过程。一部新译佛经，在流通诸州之前，已经产生了进奏本和详定本至少两种写本。奏进获准颁行并经过了详正之后，佛经要写为定本收藏在国家的图书馆，如秘书省、弘文馆等，奏进本和详定本可能也会作为颁赐本流向民间，因此我们才能在敦煌看到这些写卷。

（五）吐蕃时期官府写经

　　吐蕃统治敦煌时期，正值崇奉佛教的赤松德赞和赤祖德赞在位期间，敦煌佛教呈现出来繁荣景象。吐蕃统治末期，法王赤松德赞诏令开展大规模的写经事业。其时所写汉文经典以《无量寿宗要经》《大般若经》为主，也有相当数量的《金有陀罗尼经》《金光明经》等。其中《无量寿宗要经》数量最多，据东主才让统计，北图藏《敦煌劫余录》中有513卷；伦敦藏《斯坦因劫经录》中有288卷；巴黎藏《伯希和劫经录》中有35卷，加上分散各地及诸私家收藏的数目，此经总计有977卷。① S.1995号《佛说无量寿宗要经》的题记载"佛说无量寿宗要经功德决定王如来经卷第一万五千五百五十九"，说明当时所写的汉文《无量寿宗要经》数量至少在15559卷以上，而现在留存下来的写卷仅仅是当时所写的一小部分。有六百卷规模的《大般若经》几经抄写，存世者也颇多。

　　这两种经典卷末一般写有抄写者和校勘者姓名的题记。《无量寿宗要经》卷末一般只写抄写者姓名，如上图137题"李曙"，津艺

---

　　① 东主才让：《敦煌藏文写卷〈大乘无量寿宗要经〉及其汉文本之研究》，《中国藏学》1994年第2期，第62页。

❖ 第三章　佛教文献题记研究 ❖

089题"张瀛"，Φ 227题"张略没藏写"等；同时记录校勘者的比较少，偶也可见，如BD 04642记"第一校光际，第二校法弯，第三校建。张英环写"。《无量寿宗要经》比较短小，一般由多张纸粘成一个长卷轴，多卷经文写在一个卷轴上，这种情况下每篇之后都可能有同一抄写者的题名。如BD 02440共抄两遍经文，每篇之后题"吕日兴"；BD 03393共抄两遍经文，每篇之后题"张兴国"。《大般若经》的题记除了如同《无量寿宗要经》只记抄写者姓名外，有只记校勘者的，如津艺160题"第一校灵空"；有同时记录抄写者和校勘者的，如BD 03458题"张曜写，福智勘"，BD 03829题"唐文英，第二超藏校"；有的记录了二校、三校甚至四校，如BD 04051题"邓英写，第一校，勘了"，BD 03455题"张曜写，第一校，第二校，第三校"，BD 04366题"姚良写，第一校，第二校，第三校，勘了"；有的还记录用纸数目，如BD 02970题"王瀚写。第一校，第二校，第三校。尽十八纸"。

从题记中看，吐蕃时期的官府写经也要经过写和校勘程序，最为规范的写经要经过三次校勘。参照敦煌出土的藏文《无量寿宗要经》和《大般若经》，其卷末也有藏文题记，如甘博10564《大乘无量寿宗要经》：

　　dzevu hIng tsin bris（郑兴珍写）
　　leng pevu zhus（林鹏校）
　　phab weng yang zhus（帕文二校）
　　cI keng sum zhus（季庚三校）

其题记的形式和内容正和汉文写经一致，说明吐蕃时期的写经活动确也遵守了一定的写经制度。这种三校制度很可能就是从唐人学来的。

二　祈愿性质的写经

佛教传入东土，历朝皇室贵族中崇信佛教、并有事佛之举者不乏其人。《后汉书·楚王英传》载：

> 英少时好游侠，交通宾客，晚节更喜黄老，学为浮屠斋戒祭祀。八年，诏令天下死罪皆入缣赎，英遣郎中令奉黄缣白纨三十匹诣国相曰："托在蕃辅，过恶累积，欢喜大恩，奉送缣帛，以赎愆罪。"国相以闻，诏报曰："楚王诵黄老之微言，尚浮屠之仁祠，絜斋三月，与神为誓，何嫌何疑，当有悔吝？其还赎，以助伊蒲塞桑门之盛馔。"①

楚王英可谓中国有记载的最早奉佛者，其时佛教还以神奇道术吸引信众，楚王英可能认为信佛能与神交通，故而常斋戒祭祀、施斋于沙门信众。其后汉桓帝笃好浮图，"躬自祷祀于濯龙宫，文罽为坛，饬淳金银器，设华盖之座，用郊天乐"②。后代梁武帝、北魏宣武帝和胡皇后、杨隋王室、武则天都是崇信佛教者，他们对佛教之供奉或编译经典、舍身入寺，或开窟造像、建寺立塔，或听任出家、写经布施；各地方政权的统治者也颇有热衷佛事者，亦有推行佛教政治者，如北凉及嗣后的大凉政权。皇室成员及地方政权统治者往往成为最有实力的功德主和佛教事业赞助者。

敦煌文献中存有不少以皇室成员个人名义写造的经典，这些写经一般规模庞大、制作精美，并且带有祈愿性质。

（一）北凉写经

敦煌仅出土了一件北凉迁都高昌后凉王且渠安周写造的佛经，即书博013《华严经卷第廿八》，卷末题"凉王大且渠安周所供养经/廿纸"。

吐鲁番地区出土了七件北凉时期写经，其中有四件都是凉王且渠安周的供养经，可作为本节之参考。③

---

① （宋）范晔撰，（唐）李贤等注：《后汉书·楚王英传》，中华书局1965年版，第1428页。
② （元）郝经撰：《续后汉书》卷八十三下，《丛书集成初编》，第1232页。
③ 参见贾应逸《鸠摩罗什译经和北凉时期的高昌佛教》，《敦煌研究》1999年第1期，第146—147页。

❖ 第三章　佛教文献题记研究 ❖

（1）《持世经第一》，鄯善县吐峪沟出土，存卷末及题记"《持世》第一，岁在癸丑，凉王大且渠安周所供养经。吴客丹阳郡张杰祖写，用纸廿六枚"。

（2）《菩萨藏经》，鄯善县吐峪沟出土，卷末题记"岁在己丑，凉王大且渠安周所供养经"。

（3）《佛说菩萨藏经》第一，鄯善县吐峪沟出土，残存经文52行，卷末题记"一校竟。大凉王且渠安周所供养经。承平十五年岁在丁酉，书吏臣樊海写。法师　第一校。法师　第一校。祠主"①。尾题与正文间写"廿六纸半"。此件收藏于日本书道博物馆，参见书博图录009号。

（4）《十住论》第七，鄯善县吐峪沟出土，卷末题记"凉王大且渠安周所写经，愿一切众生，深解实相，悟无生□。用纸廿三张"。本件收藏于日本书道博物馆，参见书博152（16）。

且渠蒙逊统一河西，建立北凉政权。蒙逊"素奉大法，志在弘通"②，在姑藏集中了道龚、昙无谶、法藏、沮渠京声等一批有名望的高僧翻译佛经，先后译出了《大集经》《大般涅槃经》《金光明经》等经典；同时广建造像石塔、开凿石窟，使得河西佛教一时大盛。此期北凉社会上下皆流行通过佛事做功德，常于所建造像塔上题写发愿文，以求福佑。佛事不止造塔一端，写经亦颇盛行。在北魏军队的追逼之下，其子且渠无讳和且渠安周迁都高昌，继承父志，推行佛教政治，以大乘佛教的思想道德和宗教信仰作为治世即处理国家事务、教化人民群众的指导。③

---

① 祠主即指寺主。早期的佛教，以"道人"指称僧人、以"祠"指称佛寺、以"祠主"指称佛寺主持僧人的情况，在吐鲁番出土十六国时期的文书中有充分的反映。如《道人德受辞》中的"道人"就是僧人，《某祠食麦账》中的"祠"便是指佛寺，"祠主"则是指佛寺里的主持僧人。参见李树辉《试论汉传佛教的西渐——从突厥语对"道人"一词的借用谈起》，载郑炳林、樊锦诗、杨富学主编《敦煌佛教与禅宗学术讨论会文集》，三秦出版社2007年版。

② （梁）释慧皎撰，汤用彤校注：《高僧传·昙无谶传》，《中国佛教典籍选刊》，中华书局1992年版，第77页。

③ 贾应逸：《〈且渠安周造寺功德碑〉与北凉高昌佛教》，《西域研究》1995年第2期，第37页。

据承平三年所建之《且渠安周造寺功德碑》的记述,"凉王大且渠安周,诞妙识于灵府,昧纯而猷独咏。虽统天理物,日日万机,而讝讥之心不忘"①,指且渠安周即位后,虽据守穷域,但仍能弘扬释教。这一方面源于其家族的宗教信仰,另一方面也因为安周乃夺且渠无讳之子乾寿的兵权而即位,有"僭越"之嫌,为笼络人心和转移国人视线,且渠安周开展了崇佛活动,以确立自己的法王地位,而写经则是其中一项。这一时期,且渠安周为争夺吐鲁番盆地的统治权,与车师前部发生了一系列战争,与此同时高昌还发生了饥荒。② 在这种情况下,虽然且渠安周在写经题记中没有明确的表达写经的愿望,但比照《且渠安周造寺功德碑》的祈福主题,我们可以相信这些佛经带有为国运祈愿的性质。然而,在战乱和饥荒的背景下,大凉府库空虚,很难投入大量财力开展大规模的写经活动,而我们所见之凉王且渠安周的写经确实没有透露出这种信息。

(二) 北魏写经

北魏皇室事佛颇勤,开窟、造像、写经无不涉及。云冈、龙门石窟可见当时之盛况。然而皇室成员的写经却存留极少,留存至今者乃东阳王元荣的写经。据赵万里先生对元荣世系的考察,元荣乃北魏宗子,系乐安宣王元范的曾孙。③ 北魏正光五年(524),北部边镇出现"六镇之乱",为稳定边镇情势,北魏政府改镇为州,并派宗室出任刺史监督管理。元荣在这种情况下被派到了敦煌,从北魏孝昌元年

---

① 参见贾应逸《〈且渠安周造寺功德碑〉与北凉高昌佛教》的录文,《西域研究》1995 年第 2 期,第 35—36 页。
② 《高僧传·释法进传》云:"是岁饥荒,死者无限。周既事进,进屡从求乞,以赈贫饿,国蓄稍竭,进不复求。乃净洗浴,取刀盐,至深穷饿人所聚之处,次第授以三归。便挂衣钵着树,投身饿者前云:'施汝共食。'众虽饥困,犹义不忍受。进即自割肉,和盐以啖之。两股肉尽,心闷不能自割,因语饿人云:'汝取我皮肉,犹足数日。若王使来,必当将去,但取藏之。'饿者悲悼,无能取者。须臾弟子来至,王人复寻。举国奔赴,号叫相属,因舆之还宫。周敕以三百斛麦以施饿者,别发仓廪以赈贫民。"《中国佛教典籍选刊》,中华书局 1992 年版,第 447 页。
③ 赵万里:《魏宗室东阳王荣与敦煌写经》,载张涌泉、陈浩主编《浙江与敦煌学(常书鸿先生诞辰一百周年纪念文集)》,江苏古籍出版社 2004 年版,第 295—301 页。

第三章　佛教文献题记研究

（525）至西魏大统八年（542）任瓜州刺史，爵封东阳王。① 此时的敦煌兵连祸结，与中原道路隔绝，音信难通，其间还经历了北魏分裂为东、西魏的政治嬗变。元荣身处其境，颇有忧虑之感，因其崇信佛教，故在瓜州任上多有写经祈福之举。

现存元荣写经有如下几卷：

（1）BD 09525《佛说仁王护国般若波罗蜜经序品》，永安三年（530）写，题记残存"永安三年七月廿三日，佛弟子元太荣为梵释天王□□/若经一百部，合三百部，并前立愿，乞延年益□□"。

（2）S.4528《仁王般若波罗蜜经》卷下，大代建明二年（531）写，题记如下：

> 大代建明二年四月十五日，佛弟子元荣，既居末劫，生死是累，/离乡已久，归慕常心，是以身及妻子、奴婢、六畜，悉用/为比（毗）沙门天王布施三宝，以银钱千文赎。钱一千文，赎身/及妻子；一千文赎六畜。入法之钱，既用造经，/愿天王成佛，弟子家眷、奴婢、六畜，所益荫命，乃至菩提，/□□还阙，所愿如是。

（3）P.2143《大智第廿六品释论》，大代普泰二年（532）写，题记如下：

> 大代普泰二年岁次壬子三月乙丑朔廿五日己丑，弟子使持节散骑常/侍都督领诸军事车骑大将军开国（府）仪同三司瓜州刺史/东阳王元荣，惟天地妖荒，王路否塞，君臣失礼，于兹多载。天子/中兴，是以遣息叔和谐阙修□。弟子年老疹患，冀望叔和/早得还迴，敬造无量寿经一百部，四十卷为毗沙门天王、卅部/为帝释天王、卅部为梵释天王。造摩诃衍一百卷，四十卷为毗沙/门天王、卅卷为帝释天王、卅卷为梵释天王。内律一部五十

---

① 文梦霞：《再论东阳王元荣领瓜州刺史的时间》，《敦煌研究》2006年第2期。

卷，一分/为毗沙门天王、一分为帝释天王、一分为梵释天王。贤愚一部为/毗沙门天王；观佛三昧一部为帝释天王；大云一部为梵释天王。/愿天王等早成佛道；又愿元祚无穷、帝嗣不绝；四方付（服）化，/恶贼退散；国丰民安、善愿从心；含生有识，咸同斯愿。

（4）书博021《律藏初分》卷第十四，大代普泰二年写，题记内容与P.2143同，个别字句不一样。

（5）BD 05850《摩诃衍经》卷第一，大代普泰二年写，题记残存"大代普泰二年岁次壬子乙丑朔廿五日己丑，弟子使持节散骑常□/西诸□□□□阳王元荣□□□□"，从时间看与P.2143、书博021是同一批写经。

（6）上图111《维摩疏》卷第一，大代普泰二年写，与P.2143、BD 05850、书博021是同一批写经，但此经题记单写，只有前半部分。

（7）上图112《无量寿经》卷下，卷末题"瓜州刺史元太荣所供养经，比丘僧保写"。

（8）S.4415《大般涅槃经》卷第卅一，大魏永熙二年（533）写。

大代大魏永熙二年七月十五日，清信士使持节散骑常侍开府仪同三司都督领西诸军/事车骑大将军瓜州刺史东阳王元太荣，敬造涅槃、法华、大云、贤愚、观佛三昧、总持、金/光明、维摩、药师各一部，合一百卷，仰为比（毗）沙门天王，愿弟子所患永除，/四体休宁，所愿如是。/一校竟。

从永安三年到永熙二年，元荣大约进行了四次大规模的写经祈愿活动。有三次是以经典施入寺中供养，每次写造都不止一部经典，动辄上百卷，规模庞大；有一次是施银钱入寺用于写造经典，但所写何经不见记载，可能是由寺院自行决定。

❖ 第三章　佛教文献题记研究 ❖

元荣写造这些愿经时，北魏正处于外患不断、内政不稳的时期，写经题记中正表达了元荣祈求北魏四方服化、恶贼退散、皇祚无穷、国丰民安，自身能早回乡阙的心愿。这种愿望从元荣所写造的经典和供奉的对象中亦能看出。现存的七件写经中有两件是《仁王般若波罗蜜经》，受持讲说此经据说能护国安邦，七难不起，灾害不生，万民丰乐，① 故古来与《法华经》《金光明经》并称为护国三部经，公私皆为禳灾祈福读诵之。从题记中可见，《法华经》和《金光明经》也是元荣写造的对象。

元荣所供奉的对象主要是帝释天王、梵释天王和毗沙门天王。帝释天王当指忉利天主帝释天。梵释天王当指色界初禅天大梵天王，即《法华经》称娑婆世界主尸弃大梵，乃三千世界之主。毗沙门天王指北方多闻天王，居须弥山半，第四层之北水精埵，统领无量百千药叉，守护北方。元荣以这三位天王为供奉对象，当有其宗教功利主义的考虑。吾生所居之阎浮提是三千世界中的一部分，皆在梵天王的管辖之中，供奉梵天王则是为了祈求阎浮提之安稳。佛教有"帝释应"，乃谓若诸众生，欲为天主，统领诸天；菩萨即于彼前，应现帝释身而为说法，令其成就也。供奉帝释天则寄托了北魏王室能统领河西、皇祚永葆的愿望。而毗沙门天王作为北方守护神的角色，正暗合了北魏北部边镇的战乱急需平定的现实。他的法力最具宗教诱惑性，因此毗沙门天王被元荣当作了重点的供奉对象，比其他两位天王享有更多的经典供奉。

元荣写经均在敦煌写就，此外亦有从北魏故都流入敦煌的写经，即洛州刺史冯熙写造的 S.0996《杂阿毗昙心》卷第六，卷末题记云：

杂阿毗昙心者，法盛大士之所说。以法相理玄，籍浩博欤，

---

① 《仁王护国般若波罗蜜多经》卷下对诵持此经的功德如是解释："一切国土若欲乱时，有诸灾难贼来破坏。汝等诸王应当受持，读诵此般若波罗蜜多，严饰道场置百佛像、百菩萨像百师子座，请百法师解说此经。于诸座前燃种种灯，烧种种香散诸杂花，广大供养衣服卧具饮食汤药房舍床座一切供事；每日二时讲读此经。若王大臣比丘比丘尼优婆塞优婆夷，听受读诵如法修行，灾难即灭。"《大正新修大藏经》第 8 册，第 840a 页。

昏流迷于广文，乃/略微以现约，瞻四有之口见，通三界之差别，以识同至味，名曰毗昙。是以使待节/侍中驸马都尉羽真太师中书监领秘书事车骑大将军都督诸军事启府/洛州刺史昌黎王冯晋国，仰感恩遇，撰写十一切经，一一经一千四百六十四卷，用答/皇施。愿/皇帝陛下、/太皇太后，德苞九元，明同三曜，振恩阐以熙宁，协淳气而养寿。乃作/赞曰：丽丽毗昙，厥名无比，文约义丰，总演天地。咸尊延剖，声类斯/视，理无不彰，根无不利，卷之斯苞，见云口帝，谛修口玩，是聪是备。/大代太和三年（479）岁次己未十月己巳廿八日丙申于洛州所书写/成讫。

冯熙是文明皇后之兄、恭宗女博陵长公主的驸马，他的两个女儿都是孝文帝的皇后，是北魏皇室之贵戚。《魏书·冯熙传》称："熙为政不能仁厚，而信佛法，自出家财，在诸州镇建佛图精舍，合七十二处，写一十六部一切经。延致名德沙门，日与讲论，精勤不倦，所费亦不赀。"[①] 可知，冯熙事佛甚勤。S.0996 题记称冯熙造十部一切经，而据本传记载，其一生写造十六部一切经，可谓多矣。因冯氏事佛之勤，及其家族对政治影响之大，以至于饶宗颐认为"魏世宫廷佛法复盛，燕之冯氏，与有力焉"[②]。此《杂阿毗昙心经》只是冯熙写经的万分之一，却因传入敦煌而保存至今。其写经题记中未见丝毫因现实不安稳而依托精神于佛教信仰的表达，其写经目的则纯为功利主义的为皇室祈福。

（三）**隋朝独孤皇后写经**

隋文帝独孤皇后写造的愿经在敦煌出土的，有浙敦029《太子慕魄经》、上博57《持世经卷第三》、P.2413《大楼炭经卷第三》、津艺021《大楼炭经卷第六》、S.2154b《佛说甚深大回向经》。每经卷末皆有题记，作"大隋开皇九年四月八日，皇后为法界众生敬造一切经，流通供养"。又有甘博附135《佛经》首残，经题不存，卷尾

---

① （北齐）魏收：《魏书》卷八十三，中华书局1974年版，第1819页。
② 饶宗颐：《北魏冯熙与敦煌写经——魏太和写〈杂阿毗昙心经〉跋》，载《饶宗颐二十世纪学术文集》卷八《敦煌学》，新文丰出版公司2003年版，第18页。

❖ 第三章 佛教文献题记研究 ❖

题"大隋开皇九年，/囗（皇）后为法界众生敬造一切经典，流通供养。/郁文善奉诏书"。此卷记录了郁文善奉诏而书，但却不写其所属官府，并且纸色灰暗，薄而性脆，纤维细匀。综观该卷，恐属赝品。① 除去伪卷，现存独孤皇后所写经典共五个卷号。

题记载，独孤皇后是在开皇九年为法界众生写造愿经，一切经即指"大藏经"，可见此次写经规模之大。这次写经是在隋文帝大崇佛教的背景下开展的。隋文帝因少时曾长于尼寺，受智仙尼的养育，对佛教有非同一般的感情。文帝即位后即诏令全国，复兴佛教、广做佛事。据《法苑珠林》卷一百载：

> 隋文帝开皇三年周朝废寺，咸乃与立之。名山之下，各为立寺。一百余州，立舍利塔，度僧尼二十三万人，立寺三千七百九十二所，写经四十六藏，十三万二千八十六卷，修故经三千八百五十三部，造像十万六千五百八十躯。自余别造不可具知之。②

文帝所做佛事中，修寺建塔、度僧尼、写经造像，无有偏废。写经尤盛，《隋书·经籍志》云：

> 开皇元年，高祖普诏天下，任听出家，仍令计口出钱，营造经像。而京师及并州、相州、洛州等诸大都邑之处，并官写一切经，置于寺内；而又别写，藏于秘阁。天下之人，从风而靡，竞相景慕，民间佛经，多于六经数十百倍。③

在这样的背景下，独孤皇后遂有写一切经之举。隋文帝佞佛自有其家族宗教背景的影响，但政治上的考虑更为重要，如韦述在《两

---

① 《甘肃藏敦煌文献》第五卷"叙录"，甘肃人民出版社1999年版，第358页。
② （唐）释道世：《法苑珠林》，上海古籍出版社1991年版，第696页。
③ 《隋书·经籍志》，中华书局1973年版，第1099页。

京记》中说"隋文帝承周武之后，大崇释氏以收人望"①，以宗教来宣扬新政权的合理性和神圣性，从而获得百姓的信服和拥护是隋文帝的根本愿望。独孤皇后的特殊身份使她必然是文帝宗教政策的拥护者，她用自身的写经行动来支持这一政策。其写经最终颁赐民间流通，而题记中"为一切众生敬造一切经"的发愿实际是谨遵文帝"崇释氏以收人望"的政治意图，借宗教而施恩宠于百姓。

此外，出于隋朝皇室的写经还有 S.4020《思益经卷第四》，卷末题："大隋开皇八年岁次戊申四月八日秦王妃崔，为法界众生敬造杂阿含等经五百卷，流通供养。员外散骑常侍吴国华监，襄州政定沙门惠旷校。"此乃秦王杨俊的王妃所写造之经典，其规模自不能与独孤皇后所造相比，但亦是隋文帝时宏大的写经事业中不可忽视的一支。

（四）唐朝写经

前文提到敦煌出土的 37 件宫廷写《妙法莲华经》和 12 件《金刚般若波罗蜜经》是武则天为亡父母追福而写造的愿经，因其题记反映出宫廷写经制度的特殊性，故放在"图书性质的写经"部分讨论。但由此可见出宫廷或皇室所写经典兼具图书性和祈愿性的特点。

（五）归义军时期写经

归义军时期节度使个人所造经典有：张氏节度使所造 Дx 00566《大佛顶如来放光悉怛多大神力都摄一切咒王陀罗尼经大威德最胜金轮三昧神咒品》卷末题："天复二年（902）壬戌岁正月廿三日，归义军节度使张公发心敬写，为城隍禳灾，贮入伞中供养。"光化三年（900）张承奉执掌归义军大权，题记中"张公"即指张承奉而言。其后不久敦煌受到了甘州回鹘的侵扰，莫高窟窟阁都曾被烧毁。② 题记中所记由张承奉发起的为城隍禳灾的佛事活动，很可能就是在这种情势之下而举行的。佛事中有安伞仪式，而张承奉的写经即贮入伞中供养。

曹氏归义军时期节度使曹元忠的奉佛活动有突出的特点，即将印

---

① （明）王祎：《大事记续编》卷四十六，"十一月隋聘陈，是岁隋听民出家，赋钱营佛像书"条解题。《景印文渊阁四库全书》第 333 册，第 636 页。

② 荣新江：《敦煌学十八讲》，北京大学出版社 2001 年版，第 29 页。

❖ 第三章 佛教文献题记研究 ❖

刷术应用在了造经之中。他的官府设有专门的雕版押衙职务，负责雕刻经版及佛教版画。①印刷术的使用减少了工作人员数量，降低了成本，使批量生产佛经佛画得以实现。曹氏政权以这种方式制作的佛经佛画数目众多，现存有 P. 3879、P. 4514 佛画若干，P. 4515、P. 4516《金刚般若波罗蜜经》两件。佛画题材包括《大圣毗沙门天王像》《大圣文殊师利菩萨像》《圣观自在菩萨像》《四十八愿阿弥陀佛像》《大圣地藏菩萨像》《大慈大悲观世音菩萨像》以及一些千佛图。其中只有《大圣毗沙门天王像》和《大慈大悲观世音菩萨像》上刻有曹元忠的题记，《大圣毗沙门天王像》云：

> 北方大圣毗沙门天王主领天下一切杂类鬼神，若能发意求愿，悉得称心。虔敬之徒，尽获福佑。弟子归义军节度使特进检校太傅谯郡曹元忠请匠人雕此印版，惟愿国安人泰，社稷恒昌；道路和平，普天安乐。于时大晋开运四年丁未岁七月十五日纪。

《大慈大悲观世音菩萨像》云：

> 弟子归义军节度瓜沙等州观察处置管内营田押藩落等使特进检校太傅谯郡开国侯曹元忠雕此印版，奉为城隍安泰，阖郡康宁；东西之道路开通，南北之□渠顺化；励疾消散，刁斗藏音；随喜见闻，具沾福佑。于时大晋开运四年丁未岁七月十五日纪。匠人雷延美。

除了刻印佛画外，曹元忠还刻印了一些《金刚般若波罗蜜经》，P. 4515 题记称"弟子归义军节度使特进检校太傅兼御史大夫谯郡开国侯曹元忠普施受持。天福十五年己酉岁五月十五日记"。

曹元忠统治时期政治承平、境内安稳、文化昌盛，佛事活动因此

---

① S. P. 11《天福十五年五月十五日归义军节度使曹元忠雕印金刚般若波罗蜜经并题记》中载雕印工匠为"雕版押衙雷延美"。

大盛。曹氏一族设立了画院,组织画工在开凿的石窟中图绘壁画、绘制绢画,同时还刻印佛画、佛经。曹氏刻印的佛教版画施舍给百姓,供他们日常供养礼拜。出土的版画上不时可见供养者手写的题记,如 P.4514(3)《大圣文殊师利菩萨像》和《四十八愿阿弥陀佛像》同印在一张纸上,左侧边缘写"甲申年三月六日弟子比丘智端安置文殊(师)利菩萨",右侧边缘写"甲申年三月六日右壹大师流次功德记";P.4514(9)《大慈大悲观世音菩萨像》右侧边缘题"上报四恩三友及法界众生"。这是曹氏版画施舍给民间的佐证。

三 官府、皇室、贵族造经的特点

以上简述了社会上阶层所写造的经典及题记,并略为分析了写造经典的背景。我们发现这些写经有如下特点:

1. 写经的制作

图书性质的宫廷写经是依托官方的写经机构来制作的,这一点从它们的题记中就可看出。而以个人名义写造的祈愿经典,因造经者是皇室成员或地方政权统治者,实际上他们的写经也必然是要依靠官方写经机构来制作。繁重的写经任务不仅需要一个写经机构来承担,也需要一套规范的写经制度来约束。从现有的题记资料来看,自北凉开始就已出现官方的写经机构,形成了"一写二校一监制(或审阅)"的写经模式(参见前引书博009题记)。到了北魏,从敦煌镇官经生的写经题记来分析,它的写经模式是"一写一校一监制(或审阅)"。南朝官府写经存世太少,不能反映出当时写经模式的实情。隋代写经则继承了"一写二校"的基本模式,并使文人及官员参与写经活动,担任审阅之职(参见前引津艺258题记)。这与北凉及北魏写经活动中的"监制"一职由管理佛事的僧人(祠主)或管理经书的典经师来担任,有极大的差别,它体现了统治者对于写经活动中意识形态层面的监管。唐代形成了严密的写经制度,新译经典首先要经过昭文馆学士的详定才能颁行,而抄经除了遵循"一写三校四审"的模式外,还需在政府官员(监和使)的监管下谨慎进行。身为教外人士的政府官员越来越多地参与到译经、写经中,这是对隋代出现的文人和官

第三章 佛教文献题记研究

员参与审阅的继承和发展，并将其制度化，是对写经活动意识形态监控的高度重视。

2. 写经的用途

图书性写经的用途是作为颁赐本和模板流通。自姚秦时期，姚兴为鸠摩罗什设立长安译场，佛经翻译就从个人译业进入了国家译场时代，国家享有了新译佛经的出版权。政府延请高僧入译场翻译经典，同时委派任职于国家学术机构的学者进行校勘、润色，并组织官府写经机构抄写装帧。各种专业人士的参与，使得宫廷写本具备最高的权威性。《续高僧传·波颇传》载："（波颇）初译《宝星经》，后移胜光，又译《般若灯》、《大庄严论》，合三部三十五卷。至（贞观）六年冬，勘阅既周，缮写云毕，所司详读乃上奏闻，下敕各写十部流散海内。"① 通过这些繁复程序制作出来的写经最终将颁赐民间作为模板流通，无论民间僧侣研习用本或是百姓供养奉持之本，都传抄自官府写本。

祈愿性写经无疑是为了祈求佛祖利益众生而写的供养经，并以流通为其供养方式。图书性写经和祈愿性写经从制作的初衷而言用途是不同的，但因为祈愿性写经也是依托官方的写经机构制作，质量上乘，且数量庞大，涉及经典种类繁多（甚至是一切经），因此也具备书籍性质，可供习用；再者，佛经流通本是功德，所谓"流散海内"寄予的是佛典流通的愿望，图书性写经颁赐诸州时又往往被冠以传播宗教、愿众生成佛等名义，故而也具有一定的祈愿性质。

3. 写经的题记

写经题记的内容由写经的用途决定。图书性写经是图书整理制作的结果，被颁赐各地作为抄写流通、学习的模板，因此要体现出权威性。此类题记客观记录与翻译、抄写、校勘、详定佛经有关的人员姓名、职衔和时间，具备考核依据和征信于读者的作用，是记事性的。祈愿性经典制作的意图是供养祈愿，此类题记则记录造经者的愿望及功德的归属，是祈愿性的。

---

① （唐）释道宣：《续高僧传》卷三，《大正新修大藏经》第50册，第440b页。

四 官府、皇室、贵族造经的目的

1. 摄受外来文化

官方抄写佛经往往伴随着翻译、校勘、整理佛经的一系列活动，是国家整理图籍工作的一部分，抄经的目的在于整理和保存佛典。图书整理是中华民族悠久的文化传统，在文字产生的初期，先民们就将见闻、故事、知识、思想书于竹帛，镂于金石，琢于盘盂，以求传遗后世子孙者知之。① 孔子而始，学者们就孜孜勤于典籍整理。秦汉以后，历代统治者都将搜求典籍、整理图书作为弘扬文治之大事，更涌现出如刘向父子整理古籍、编订目录等对后世学术产生重大影响的盛事。典籍的整理不仅是对前代文明的肯定和珍视，更着力于对各种思想、学术的清理、辨析、融会，以供时人及后世子孙学习、借鉴，成为修身、齐家、治国、平天下的镜鉴。

佛教东传中土，与中土文化产生了碰撞和磨合，其因果轮回、善恶报应观念为中土百姓提供了一种新的世界观，其宗教哲学也为中土学术思想增添了新的内容。中华文明以其博大的胸怀、良好的容纳性，吸收了外来文化，将其融会在自己的思想体系中。在这一过程中，佛典承担了宣传佛教思想的作用，成为人们研习的对象。尤其是统治阶级意欲借助宗教力量来构建上下同一的意识形态以维护统治时，佛经的学术作用就不可忽视。因此，历代统治者在整理传统古籍的同时，也不忘对佛经的翻译和校理。

2. 辅佐统治

佛教初传之时，依附于道家谈玄论道，有颇得人心之处；但其离家出世、不敬父母、王者等思想又和儒家的伦理道德相冲突。东晋、南北朝时期，儒释之间的论争此起彼伏，政权与教权之间的较量也从未停息。这一时期，南北方皆多战乱，人民流离失所，煎熬于水火之中。佛陀教导信众忍受现世的苦难而等待来世的解脱，以及佛教灵魂

---

① （清）孙诒让撰，孙启治点校：《墨子闲诂·兼爱》下，中华书局2001年版，第120—121页。

❖ 第三章 佛教文献题记研究 ❖

不死和西方极乐净土的引诱，使命若朝露的百姓找到了精神的慰藉，进而促使佛教在民间扎下了根。统治者看到了佛教足资利用的地方，但又畏难于佛教在"沙门不敬王者论"的伦理优越感支撑下凌驾于王者之上。在这种情况下，统治者所需面对的就是如何控制佛教，并利用其为统治服务。

统治者利用佛教使其统治地位合理化，使自身与佛教产生一些密切关系是其手段之一。北凉且渠安周将自己塑造成一位法王，[①] 法王是指信奉佛法，以佛教思想统治国家的人间帝王。《阿育王经》云"乃至阿育王起八万四千塔已，守护佛法，时诸人民谓为阿育法王"[②]，阿育王就是一位著名的法王。在中土，北朝统治者曾提出过"皇帝即如来"的政教结合的统治方式；梁武帝在天监十八年四月八日受菩萨戒之后，提出了"皇帝菩萨"的名号，企图建立类似与北朝"皇帝即如来"的政教结合的政治形态。统治者争相将自己塑造成法王，是出于什么原因呢？《修行本起经》云：

> 圣王治正，戒德十善，教授人民，天下太平，风雨顺时，五谷熟成，食之少病。味若甘露，气力丰盛。唯有七病：一者寒、二者热、三者饥、四者渴、五者大便、六者小便、七者意所欲。圣王寿尽，又升梵天，为梵天王。上为天帝，下为圣主，各三十六反，终而复始，欲度人故，随时而出。[③]

大乘佛教认为，人间圣主虽能使天下太平，民人温饱，但不能使人民摆脱所有苦难；只有圣主成为法王，并以佛教思想治世，才能度脱一切百姓。这一点得到了统治者的充分利用，它不仅使其统治地位变得神圣化，还使教权臣服于政权。这一做法在后代得到了继承。

---

① 《且渠安周造寺功德碑》载"法王震希音以移风，大士运四摄以护持"，此法王即指且渠安周。贾应逸《〈且渠安周造寺功德碑〉与北凉高昌佛教》，《西域研究》1995年第2期，第37页。
② 《大正新修大藏经》第50册，第135a页。
③ 《大正新修大藏经》第3册，第463a页。

隋唐时期，帝王借助于佛教谶言而取得合法地位，如隋文帝托智仙尼之预言而代周，《佛祖历代通载》卷十记：

> 会文帝生于寺，方季夏盛暑，乳母遽扇之，帝寒甚，几绝不能啼。左右大惊，尼就视之曰："儿天佛所佑，宜勿忧也"，即举之呼曰："那罗延"，因以为小字抱诣太祖，语曰："儿来处绝伦，俗家秽杂不宜留，请为养之。"太祖遂割宅为小门通寺以鬼委仙视育。后皇妣来抱，忽见儿为龙惊坠于地。仙失声曰："奚为触损我儿，令晚得天下。"及帝稍长，仙密告之曰："汝后大贵，当自东方来，佛法时灭赖汝而兴。"及周武废教仙隐其家，内着法衣戒行弥笃。至是帝果自山东来入为天子，大兴释氏。①

又如武则天应《大云经》之谶而革唐，《旧唐书·武则天本纪》载：

> （载初元年）有沙门十人伪撰《大云经》，表上之，盛言神皇受命之事。制颁于天下，令诸州各置大云寺，总度僧千人。

《旧唐书·薛怀义传》：

> 怀义与法明等造《大云经》，陈符命，言则天是弥勒下生，作阎浮提主，唐氏合微。

隋文帝和武则天在佛教谶言的帮助下具有"转轮王"的身份。与佛教的神秘渊源和密切关系使新统治者获得了"佛付嘱之"的神圣权力，新政权则理所当然地具有正当性和合法性。在这一追求合法性的过程中，写经等佛事活动则是密切统治者与佛教关系的桥梁。

当新的统治者借助佛教取得了政权的合法性和神圣性之后，佛教

---

① 《大正新修大藏经》第49册，第559a页。

第三章 佛教文献题记研究

转而成为维持国家秩序的一种手段。其在利用佛教为统治服务之前，先要将佛教置于自己的掌控之中。为此，统治者制定了相关的宗教政策来解决这一问题，同时也利用对于佛经流传的控制来达到这一目的。

首先，统治者掌握了佛经的翻译权和出版权。从姚秦到宋朝，各朝政府几乎都设立了官办的翻译机构，延请佛教大师担任译主，如鸠摩罗什、波颇、玄奘、义净、不空等。这些大师或由西域而来，或曾往西天取经，在佛学修养上无人能敌。将他们延至官办译场，给予他们崇高的社会地位和丰厚的经济支持，实际上就是借此操纵了佛经译本的选取和观点的表达。以唐三藏达摩流支译《佛说宝雨经》为例，卷一云：

> 尔时东方有一天子名日月光，乘五身云来诣佛所，右绕三匝，顶礼佛足，退坐一面。佛告天曰："汝之光明甚为希有！天子！汝于过去无量佛所，曾以种种香花、珍宝、严身之物，衣服、卧具、饮食、汤药，恭敬供养，种诸善根。天子！由汝曾种无量善根因缘，今得如是光明照耀。天子！以是缘故，我涅槃后最后时分，第四五百年中法欲灭时，汝于此赡部洲东北方摩诃支那国，位居阿鞞跋致，实是菩萨故现女身为自在主。经于多岁正法治化，养育众生犹如赤子，令修十善能于我法广大住持建立塔寺；又以衣服、饮食、卧具、汤药供养沙门；于一切时常修梵行，名日月净光。天子。然一切女人身有五障。何等为五？一者不得作转轮圣王；二者帝释；三者大梵天王；四者阿鞞跋致菩萨；五者如来。天子！然汝于五位之中当得二位，所谓阿鞞跋致及轮王位。天子！此为最初瑞相。汝于是时受王位已，彼国土中，有山涌出五色云现。当彼之时，于此伽耶山北亦有山现。天子！汝复有无量百千异瑞，我今略说，而彼国土安隐丰乐，人民炽盛，甚可爱乐，汝应正念施诸无畏。天子！汝于彼时住寿无量，后当往诣睹史多天宫，供养、承事慈氏菩萨，乃至慈氏成佛

之时，复当与汝授阿耨多罗三藐三菩提记。"①

经中称名为"日月光"的东方天子因曾种无量善根因缘，当于赡部洲东北方摩诃支那国以女身称帝而为转轮王。此经为武则天即位后新译，与《大云经疏》一样，这段经文为武则天称帝提供了佛教依据，可看作《大云经疏》政治谶言的延续。然《佛说宝雨经》有萧梁时代扶南三藏曼陀罗仙芝旧译，名《宝云经》，其中却没有日月光天子做女王之事。究竟是《宝云经》在流传中缺失了一部分，还是《宝雨经》增添了这一部分？从敦煌出土的 S.2278《佛说宝雨经》的题记中或可找到线索。S.2278《佛说宝雨经》题记载"大周长寿二年岁次癸巳九月丁亥朔三日己丑佛授记寺译，大白马寺大德沙门怀义监译"，白马寺沙门怀义就是薛怀义。薛怀义乃《大云经》谶言的积极参与者，可以推知《宝雨经》之翻译亦为薛氏所推动，其中日月光天子做女王之事很可能是薛怀义授意翻译者添加的内容。统治者为政治目的对佛典翻译之操控可见一斑。

其次，派遣政府官员管理译场事务。唐代多派谙熟传统文化的儒臣参与译经，"有不安稳，随事润色"②，目的就在于使外来的佛教文化包容于中土文化之中，不致为好事者留下借佛教攻击统治者的有利工具。佛经翻译完成后还需进奏审阅，获准才可颁行流通。对于经典的控制实际上就是对经典所承载之思想的控制，从表面上看更多的是对文字的是正，而本质上无疑是一种思想监控。

最后，社会上阶层的写经行为也并非单纯地为民祈愿，它是借宗教感情之沟通来稳定民心、广收人望的良好途径。写经是一种法施行为，即佛法的施舍。《金光明最胜王经·灭业障品第五》中称法施兼利自他，能令众生，出于三界，清净法身，能断无明。③ 而统治阶层写经的题记中所谓"为一切众生敬造流通供养"，特别强调写经功德的获得者是一切众生，这无疑是从宗教角度对民众的一种恩宠。在写

---

① 《大正新修大藏经》第16册，第284b页。
② （唐）释道宣：《续高僧传·玄奘传》，《大正新修大藏经》第50册，第457c页。
③ 《大正新修大藏经》第16册，第415c页。

经仪式所构筑的宗教氛围中，民众对佛教无条件的信仰，转而成为对具有宗教来历的统治者的信任；对佛陀许下的来世离苦得乐或超脱生死的神圣承诺的期盼，转而包含了对新政权蓬勃发展以至现世幸福的期望，最终归顺在新政权的政治体系之下。

由此可见，社会上层固然也有信仰佛教者，然作为统治阶层，他们会以理性的态度来看待佛教信仰，并从中发掘有利于统治的优点。他们对于佛教经典和写经活动的认识并非完全从一个佛教徒的角度来获得，而往往是带有鲜明的政治功利性。

第三节　造经者与造经目的分析（下）
——僧尼、官吏、民众写经

敦煌出土的佛教文献，绝大部分是由僧尼、官吏和民众写造的。他们热衷写经求福，原因在于这些人对社会变迁、时局变化最为敏感，对现实苦痛的感触也最为敏锐，但却无力改变现状，故而对宗教救赎的期望极高。他们在写经功德的诱引之下，将内心的需求通过写经题记倾诉给佛菩萨，将写造佛经视为摆脱现实苦难的方便途径。

一　僧尼、官吏、民众写经简述

（一）僧尼

敦煌出土的佛经由僧尼所写者是最多的，在各个时代均是如此。佛经典籍最初被翻译成汉文时，通常由高僧大德手执梵本或胡本，口宣汉言，由弟子笔受。《圣法印经后记》载："元康四年十二月二十五日，月支菩萨沙门法护，于酒泉演出此经，弟子竺法首笔受。令此深法普流十方，大乘常住。"[1] "笔受"指将口译的经文记录下来，佛经最初的抄写工作即由僧徒担当，经典"普流十方"也主要依靠僧尼之间的传抄。佛典之流传意在弘法，而弘法之任非僧尼不能承担。佛典乃佛法之载体，欲行弘教则需修习佛典。僧尼日常修习包括受

---

[1]　（梁）释僧祐：《出三藏记集》卷七，中华书局1996年版，第277页。

持、读诵、解说佛经，这些活动都以具备经本为前提，因此需要先抄写佛经。写经虽为僧尼的日常修持活动，但若能书经流通、广布于世，则可称为法师。① 法师代表了一种学术及修养水平，这对于僧尼的写经行为是一种莫大的鼓励。

除了日常修习外，僧尼亦因写经功德而抄写佛经。《妙法莲华经·法师功德品》云："若善男子善女人，受持是法华经，若读若诵若解说若书写，是人当得八百眼功德、千二百耳功德、八百鼻功德、千二百舌功德、八百身功德、千二百意功德。"② 僧尼于佛经之讲说最为深信不疑，功德观念必然深植心中。《大唐西域求法高僧传》载贞固律师"构有为之福业，作无上之津梁。而屡写藏经，常营众食，实亦众所知识"③，有类似行为者多见于记载，可知僧尼将写经造藏当作修福业之举。

由上可知，在僧尼的观念中，出资造经或亲自抄经，不仅能得教化之旨，还可得灵验之功。敦煌出土的僧尼写经题记亦显示，僧尼所写经典用作两途：修习弘法和祈福免灾。

僧尼写经的题记中有许多记录了写卷的用途，包括诵读、受持、供养、流通、学习等方面。例如：

BD 08212《杂咒一卷》题：比丘洪敞读诵。

S.4167（2）《佛经戒律》《略抄本一卷》题：比丘尼觉如受持。

敦研015《中论经第二》题：保宗所供养经，一校竟。

S.2048《摄论章》题：仁寿元年八月廿八日，瓜州崇教寺沙弥善藏在京辩才寺写摄论疏，流通末代。

---

① 《妙法莲华经文句》卷八上"释法师品"对"五种法师"的解释，《大正新修大藏经》第 34 册，第 107c—108c 页。
② 《大正新修大藏经》第 9 册，第 47c 页。
③ （唐）义净著，王邦维校注：《大唐西域求法高僧传校注》，中华书局 1988 年版，第 214 页。

◆ 第三章 佛教文献题记研究 ◆

写有此类题记的经卷正是僧尼为日常的修习而抄写的。

还有一些题记中记录了僧尼讲法听经之事，例如：

中图121《净名经关中疏卷上》题：己巳年四月廿三日，京福寿寺沙门维秘于沙洲/报恩寺为僧尼道俗敷演此净名经，以传来学之徒，愿秘藏不绝者矣。/龙兴寺僧明真写，故记之也。

书博081《瑜伽师地论卷第卅五》题：大唐大中十一年十月六日，比丘明照就龙兴寺随听写此论本记。/大唐大中十一年十月十日，三藏和尚于开元寺说毕。

讲法听经类的题记记录了经法的由来，以征信于后览者；同时，这些题记也是僧尼以讲经、抄经、传经来弘扬佛法的记录。

祈愿性经典亦不在少数，如书博051《大般涅槃经卷第十六》题记云：

夫至妙冲玄，则言辞莫表；惠深理固，则凝然常寂。淡泊夷峥，随缘/改化，凡夫想识，岂能穷达。推寻圣典，崇善为先。是以比丘尼/建晖，为七世师长父母，敬写涅槃一部、法华二部、胜鬘/一部、无量寿一部、方广一部、仁王一部、药师一部，因此微/福，使得离女身后成男子，法界众生，一时成佛。/大统二年四月八日。

中图79《大般涅槃经卷第十九》题记云：

大业四年二月十五日，比丘慧休知五众之易迁，晓二字之难遇。谨割/衣资，敬造此经一部，愿乘兹胜福，三业清净，四实圆明；戒慧日增，惑/累消灭。现在尊卑，恒招福庆；七世久远，永绝尘劳。普被含生，/遍沾有识，同发菩提，趣萨婆若。

比较比丘和比丘尼的写经题记，发现比丘写经题记多记录书写、受持、供养、读诵、讲经听法等内容，是为修习、传法写经，他们更多地承担了弘扬佛法的重任；而比丘尼写经题记较多祈愿内容，可知比丘尼更注重写经功德。

（二）官吏

官吏造经在六朝时期并不多见，仅存10件，且一次造经活动中多是只写造一部经典。造经者多为中上级官员，如上博05《大般涅槃经卷九》为北周大都督吐知勤明所造；书博015《大般涅槃经卷卅》为凉州刺史前安乐王行参军张援所造；书博020《观世音经》为东阳王私臣假冠军将军乐城县开国男尹波所造。敦煌本地的写经集中出现在北魏和西魏时期，有6件之多。[①] 北魏统治者推崇佛教，热衷于开窟、造像、写经等各种佛事活动。前节在论述皇室及贵戚写经时，曾提到北魏昌黎王冯熙和东阳王元荣的写经，社会上阶层的行为对下阶层必然造成很大影响，很可能成为一种楷模。有3件写经是从南朝传入敦煌的，书博011《胜鬘经》乃刘宋泰始七年（471）四月健康六部尉席达所造；敦研323《金刚般若波罗蜜经卷一百卅六》乃萧齐建武四年（497）九月吴郡太守张璓所造；书博014《摩诃般若波罗蜜经卷十四》是萧梁时代使持节散骑常侍都督江州诸军事镇南将军开府仪同三司建安王萧伟所造，写经时代均较早。可以推知，敦煌本地官吏写造佛经是受到了北魏统治者推崇佛教和南朝官员写经的影响才出现的。

隋代以后官吏造经逐渐增多，又以归义军时期最多。从造经者官衔来看，多为别将、押衙、司法参军等中下级官吏，如上图026《金刚般若波罗蜜经》为同谷县令薛崇徽所写；S.3686《金刚般若波罗蜜经》为别将王丰所写；S.3252《般若波罗蜜多心经》为押衙杨英德所写；P.3593《佛说相好经》为敦煌郡司法参军冯如珪所写等。还有吐蕃时期唐朝的没落官吏所写的经典，如BD 08034《般若波罗蜜多心经》为破落官前同河西节度副使银青光禄大夫试鸿胪卿兼肃

---

① 包括书博022《大般涅槃经卷卅八》、大谷0706《大般涅槃经卷卅》、甘博004《贤愚经卷二》、P.3312《贤愚经卷一》、Дх 18510《大方广佛华严经卷廿五》、书博020《观世音经》。

◆ 第三章 佛教文献题记研究 ◆

州刺史杨颙所写。

  这一时期,官吏写经的热情明显增加,这从写经数量上可以看出。北朝时期,官吏每次写造佛经一般只写一部经;而隋代以后,一次写造多部佛经的现象很多。P.2866《大集经卷第六》是州省事董孝缵为亡父追福写造的,此次造经规模庞大,共写造了《大集经》《思益经》《仁王经》《华严经》《十恶经》各一部,同时还敬造释迦、弥勒、观世音金像各一躯;P.2205《大般涅槃经卷八》是敦煌郡大黄府旅帅王海为亡妣追福所造,同时写造的经典还有《法华经》《大方广经》各一部。也有重复写造同一部佛经的,如大梁贞明六年曹延晟就将《佛说佛名经》写了二百八十八卷。

  此期的写经虽以敦煌本地官吏居多,但也有很多从瓜州、朔方、西州、魏州、成州、凉州、兰州等地传入的官吏写经。外地写经主要是在吐蕃占领敦煌之前流入的,① 蕃占时期和归义军时期仅见少数从外地流入的写卷。② 对于这种变化,有研究者认为,吐蕃占领敦煌之前,由于敦煌所处的政治军事地位重要,唐朝在此大量屯军加以防御,其与周边地区的政治军事交往繁密,官员间也互有往来,不少周边官吏来到敦煌以加强西北边境军事实力,因此造成了官吏写经的流通;蕃占以后,敦煌与周边地区的交通线路被切断,交通受制,故而外地官吏写经很少流入;归义军时期,地方政权加强与周边的联系,官吏之间的交往相应频繁起来,写经的流通又有所增加。③

---

  ① 从各地流入敦煌的写卷有8件,S.5357《妙法莲华经卷第一》来自肃州;S.0087《金刚般若波罗蜜经》来自甘州;津艺166《大般涅槃经后分卷下》来自魏州;BD 02602《金刚般若波罗蜜经》来自兰州;S.2136《大般涅槃经卷第十》、上图026《金刚般若波罗蜜经》来自成州;甘博029《大般涅槃经后分卷卌二》来自晋州;P.2056《阿毗昙毗婆娑犍度他心品》来自长安。

  ② BD 08034《般若波罗蜜多心经》来自肃州;P.3918《佛说金刚坛广大清净陀罗尼经》来自西州;D.102《佛说八阳神咒经一卷》来自甘州;S.4397《观世音经》来自凉州;甘博018《金刚般若波罗蜜经》来自朔方;滨田052《佛说八阳神咒经》来自瓜州;P.4503《金刚般若波罗蜜经》(拓本)来自长安。

  ③ 参见魏郭辉《敦煌写本佛经题记研究——以唐宋写经为中心》,博士学位论文,兰州大学,2009年,第104—105页。

（三）民众

民众是佛教最广大的信众群体，他们虽不似僧尼出世离家、舍身于佛法，但对佛教的供养功德、救赎功能却有一种虔信的心理。4世纪时民众写经活动已出现，现存最早附有题记的民众写经是北凉麟嘉五年（393）王相高所写《维摩诘经》。然而早期民众写经并不多见，自北凉麟嘉五年至北魏孝文帝太和二十三年（500）的一百多年间，民众写经仅存9件。民众真正热衷于写造佛经，是从北魏宣武帝时期开始的，仅景明元年（500）至孝武帝永熙三年（535）三十五年间就留存下11件民众写经。隋唐以后，民众写经日盛，一改早期以僧尼写经为主流的情形。写经数量大增，开皇年间"民间佛经，多于六经数十百倍"①，唐代当有过之而无不及。安史之乱后，社会动荡，其后敦煌又被吐蕃占领。现实生活越是苦难深重，民众就越是虔信佛教的神奇灵验之功，以至于所有难题都向佛菩萨寻求解决的办法。晚唐至宋初的民众写经上大多都有长长的题记愿文，来表达他们关于现世、来生、己身、亲友乃至一切众生的脱离苦难、超越生死、值佛闻法的愿望。

敦煌民众写经题记中许多造经者自称为"清信士"（敦研029"清信士郑天狗"）、"信士"（P.2078"信士张双周"）、"优婆夷"（S.1529"优婆夷袁敬姿"）、"清信女"（上图109"清信女姚阿姬"），可知这些民众是受过三归五戒的。② 大部分的民众是未受戒的在俗信众，他们往往将自己称作"佛弟子"（S.0081"佛弟子谯良颙"）或"弟子"（P.2907"弟子李季翼"），以示对佛教的信仰。

有些民众自己抄写佛经，并在卷末写上题记，这些写卷一般字迹不是很优美，但却工整严谨。也有一些人请经生、僧侣代抄佛经，这样写造的佛经，有些题记是造经民众自己题写的，我们所见的经文与题记字迹不一致的写卷就是这样产生的；也有一些写卷上同时题写了抄写者的题记和造经者的题记，如书博039《佛说未曾有经卷上》尾

---

① 《隋书·经籍志》，中华书局1973年版，第1099页。
② 梵语中将受三归五戒得清净信心之男女分别称作优婆塞和优婆夷，汉语译作信士和信女，又作清信士和清信女。

第三章 佛教文献题记研究

题后写"清信女郑氏供养",卷末行写"陈延机书",可知此卷是郑氏请陈延机为其书写的。民众间还有以社邑为单位写经的,如 S.1415《律藏第四分卷第六》:"大兴善寺邑长孙略等卅一人敬造一切经";P.2086《十地论法云地第十卷之十二》题记云:"开皇十四年四月廿五日净师通、刘惠略等造《佛名经》一部";津艺003《金刚般若波罗蜜经》:"天宝十二载五月廿三日优婆夷社写";故博4774《大方广佛华严经》:"优婆夷邑造"。民众写经受财力所限,大部经典往往是个人力量所不能承担的,于是便有了集合多人财力共做功德之举。北魏时期就已出现了社邑合资造像,然从现存文献来看,最早的社邑写经是在隋代出现的,但很可能此前早已存在,只是经本未保留下来。

民众接受佛教不是通过阅读佛经原典,而是通过僧侣的讲经布道、民间变文讲唱、佛教灵验故事的传播。在这些传播形式中,总是要突出佛教的神奇灵验之事以吸引信众。可以想见,当因果报应、生死轮回等佛教观念被信众接受的同时,佛经的供养功德也已在信众心中扎下根来。我们认为,民众写经完全是在写经功德观念的驱使下进行的,即使是受过三归五戒的优婆塞、优婆夷也未必会为了研读佛经而抄写。这一点在民众写经题记中得到了验证。

民众写经题记的内容多以简短的文字表达内心的祈求和愿望。例如:

P.2900《药师经》题记云:"上元二年十一月廿七日弟子女人索八娘为难月,愿无诸苦/恼,分难平安。"

S.2863《观音经》题记云:"文明元年六月五日,弟子索仁节写记,/愿七世父母,所生父母,托生西方阿/弥陀佛国,并及兄弟妹等,恒发善愿。"

民众在日常生活中所遭遇的难题、承受的苦难,都通过写经来向佛菩萨倾诉,以虔诚的供奉换得佛菩萨的护佑。

二 僧尼、官吏、民众造经的目的

在前文介绍三类造经者及其造经活动的同时，造经目的已暗含于其中，在此做一总结。僧尼、官吏、民众写造佛经的目的粗略可分为两种，即修习弘法和祈福。

（一）修习弘法

以修习弘法为目的写造的佛经特指僧尼写经中的一部分而言。前文所言，僧尼肩负弘法重任，传播佛法有赖于佛教义理的讲说和佛经的流传。僧尼欲行其责，就需研习三藏经典、会通佛理，并广写佛经，使之流布宇内，方能光大佛法。

敦煌佛教写经中，凡是题记注明受持、读诵、学习、讲经、听讲者都是僧尼为此目的而写造的经典，数量颇多，不再一一列举。

（二）祈福

写经祈福之风的流行，上及皇室贵族、下及平民百姓。可以说，敦煌写有题记的佛经绝大部分是为祈福而写造的。毋庸置疑，写有祈愿题记的经卷是为祈福而写。即使是吐蕃统治者下令写造的大量《大般涅槃经》《佛说无量寿宗要经》《金有陀罗尼经》，经卷上虽只有写经生题名，并未有祈愿题记，但这一写经活动整体上都附带有为吐蕃政权祈福的意义。

然而不同造经者遭际不尽相同，他们内心的愿望便多种多样，要之，可分为以下几种。

1. 为亡人追福

以写经、造像、设斋、度僧等法事活动为亡人追福的风气在5世纪时已经开始流行，敦煌出土最早的为亡人追福的写经是 P.4506a《金光明经卷第二》，题记云：

> 皇兴五年（471）岁在辛亥，大魏定州中山郡卢奴县城内西坊里住，原乡凉州武威/郡租厉乡梁泽北乡武训里方亭南苇亭北张璪主父宜曹讳旵，/息张兴保，自慨多难，父母恩育，无以仰报。又感乡援，靡脱思恋。是以/在此单城，竭家建福，兴造素

❖ 第三章 佛教文献题记研究 ❖

经法华一部、金光明一部、维摩一部、无/量寿一部,欲令流通本乡。道俗异玩,愿使福钟皇家,祚隆万代;佑例/亡父母,托生莲华,受悟无生;润及现存,普济一切群生之类,咸同斯愿。/若有读诵者,常为流通。

此经乃为亡父母追福所造。同一时期,北魏的造像中也出现了为亡父母追福者,如皇兴四年(470)九日王钟夫妻造像题记云:"为亡父母造观世音像一躯,愿令亡父母长于(与)观世音菩萨共生一处。"①

佛教传入后,人们渐渐接受了轮回转世、死后归宿由生时行业所定的观念,生死观发生了变化。追福风气的形成即与中土人们生死观的变化有关。侯旭东先生认为:"新生死观的确立驱使佛徒广修佛事以换取来生的解脱,同时他们亦由己及人,开始关心死去的亲人来生的命运,为亡亲祈福消灾;加之若干佛经,如上篇之三所引《佛说盂兰盆经》及《优婆塞戒经》有类似的说法,一些传闻,如上文所引用过的《冥祥记》所录刘萨诃游冥间事,亦鼓励为亡人设福,开启了子孙为先人亡亲追福之风。"②

敦煌地区追福之风非常盛行,亡者亲属通常要写经并设"七七斋"为亡者追福。为亡父母追福的最多,甚至许多写经的祈愿中,祈求亡父母"不落恶道,往生净土"已成了例行的愿望。此外,为各种亲人追福的写经都可见到。如为亡妻追福,最引人注目的就是归义军时期著名的天文历算学家翟奉达为亡妻马氏追福所写的经典。这些写经配合"七七斋"及周年斋而写,每七年至三年周每斋写经一卷,共写佛经十部。P.2055c《佛说善恶因果经》题记详细记录了所写经典:

---

① 此外,还有太和七年(483)十月朔日山东历城崔承宗造像。参见侯旭东《五六世纪北方民众佛教信仰——以造像记为中心的考察》,中国社会科学出版社1998年版,第273页。

② 侯旭东:《五六世纪北方民众佛教信仰——以造像记为中心的考察》,中国社会科学出版社1998年版,第273页。

弟子朝议郎检校尚书工部员外郎翟奉达为亡过妻马氏追福，每斋写经一卷，标题如是：/第一七斋，写无常经一卷；第二七斋，写水月观音经一卷；/第三七斋，写咒魅经一卷；第四七斋，写天请问经一卷；/第五七斋，写阎罗经一卷；第六七斋，写护诸童子经一卷；第七七斋，写多心经一卷；百日斋，写盂兰盆经一卷；/一年斋，写佛母经一卷；三年斋，写善恶因果经一卷。/右件写经功德，为过往马氏追福。奉/请龙天八部、救苦观世音菩萨、地藏菩萨、四大天王、八大金刚以作证盟，一一领受/福田，往生乐处，遇善知识，一心供养。

每斋所写的经典显然是特意安排的，这种安排可能体现了敦煌地区丧俗的某些特点，因不是本书讨论的对象，故不再深入。

也有为其他亲人追福的，如 BD 06715《大般涅槃经卷第廿六》题记称令狐阿咒为亡夫敬写《大涅槃经》一部四十卷、《法华经》一部十卷、《大方广经》一部三卷、《药师经》一部一卷；P.2907 李季翼为亡姊写《大般涅槃经卷第卅二》；S.2724《华严经卷第三》题记中比丘法定为亡兄写《华严经》《涅槃经》《法华经》《维摩经》《金刚般若经》《金光明经》《胜鬘经》；S.0592 王琳妻为亡女写《法华》一部；上图 026 同谷县令薛崇徽为亡男英秀敬写《金刚般若波罗蜜经》一部等。

2. 为消除疾病疫患祈福

生病染患是日常生活中难以避免的问题，不少民众通过写经来祈求祛除病患。例如 S.0791《妙法莲华经卷三》：

垂拱四年（688）十一月，清信佛弟子王琳妻比为身染缠疳，敬写法华一部，以此功德资益一切含灵，俱登佛□。

P.2805《佛说摩利支天经》：

❖ 第三章 佛教文献题记研究 ❖

天福六年（941）辛丑岁十月十三日清信女弟子小娘子曹氏敬写般若心经一卷、/续命经一卷、延寿命经一卷、摩利支/天经一卷，奉为己躬患难，今经/数晨，药饵频施，不蒙抽减。今遭/卧疾，始悟前非。伏乞大圣济难/拔危，鉴照写经功德，望伏厄难/消除。死（怨）家债主，领资福分，往生西方，满其心愿，永充供养。

3. 为国家、帝王、地方官祈福

在战乱、政权动荡中，民众饱受由之而来的刀兵、疾疫、死亡、居无定所等苦难，生活受到极大的威胁。但民众对政治毫无掌控能力，更无力与之对抗，只能通过写经祈福来求得和平安宁。因此，写经题记中常常包含了国泰民安、帝祚延长、官员康宁的愿望。如书博020 东阳王私臣尹波写《观世音经》题记云"愿使二圣慈明，永延福祚；九域早清，兵车息钾；戎马散于茂菀，干戈辍为农用；文德盈朝，哲士溢阙，锵锵鏘鏘，隆于上日；君道钦明，忠臣累叶，八表宇宙，终齐一轨"，祈愿兵戈休息、国家统一；P.3879 归义军节度使曹元忠造《北方大圣毗沙门天王像》，祈愿"国安人泰、社稷恒昌；道路和平、普天安乐"；P.4506a 张璪主所写《金光明经卷第二》，题记中有"愿使福钟皇家，祚隆万代"，为皇室祈福；上博25 曹延晟造《佛说佛名经卷六》"惟愿城隍安泰，百姓康宁；府主尚书己躬永寿，继绍长年"，为地方官长祈福。

4. 为动物祈福

为动物祈福是比较特殊的一种，共有以下几卷：

P.2226《般若波罗蜜多心经》《佛说阿弥陀经一卷》："壬申年七月十日，奉为杀羊一口早退毛身，好道如生，领受功德记。"

S.2650《般若波罗蜜多心经》："□（奉）为官羊一口，写此经一卷，莫为怨怼，弥勒初会，同□□□。"

S.4441《般若波罗蜜多心经》："奉为母羊两口、羔子一口写经一卷，领受功德，解怨释结。"

S.5544a《金刚般若波罗蜜经》："西川戈（过）家真印本。奉为老耕牛神生净土，弥勒下生，同在初会，俱闻圣法。"

S.5544b《佛说阎罗王授记令四众逆修生七斋功德往生净土经》："奉为老耕牛一头，敬写金刚经一卷、/受记一卷，愿此牛身领受功/德，往生净土，再莫受畜生身，/六曹地府，分明分付，莫令更/有雠讼。/辛未年正月。"

祈愿对象是羊和牛，羊可为人提供羊乳，牛则耕作于田地，是农人的帮手，在一般家庭中是比较重要的动物。但人们为死去的牛羊写经祈福并不是感恩于它们对人的贡献，而是因为对阴司里人畜雠讼的担忧。佛教认为，畜生和人死后都要到阴司检点生前的善恶业行。主人从动物身上获取所需之物，比如羊乳、牛的力气，但饲养时或有鞭打、或无食料，因此主人与动物之间便有了"恩怨"。如果死去的牛羊在阎罗王面前说了主人的恶业，主人便可能受到恶报。因此，题记中"莫为怨怼""解怨释结""莫令更有雠讼"才是主人为动物写经的真正目的，归根到底是造经者对自己的保护。

综上所述，除了一部分僧尼写经为了弘法之外，僧尼、官吏、信众的写经是在写经功德的诱引下，以现实苦难的解脱、现世与来生利益的追求为出发点的，带有极强的功利性。

第四节 写经题材和祈愿文字之衍变

一 写经题材的变化

王重民先生将敦煌佛经写本的年代分期划分为：北魏（包括西魏、北周）（439—580）、隋唐（581—781）、吐蕃统治期（781—848）、归义军统治期（848—996）四个时段，[①] 殊为正确。本节以这一划分为标准，来讨论敦煌写经题材的变化。

---

① 参见王重民《记敦煌写本的佛经》，《敦煌遗书论文集》（下编），第288—308页。

❖ 第三章　佛教文献题记研究 ❖

（一）北朝时期

敦煌出土佛经有确切纪年信息者以北凉时期的写经为最早，有凉王且渠安周写造的书博013《华严经□（卷）第廿八》和吐鲁番出土的《持世经第一》《菩萨藏经》《佛说菩萨藏经第一》《十住论第七》，以及上博01北凉麟嘉五年（393）王相高写《佛说维摩诘经卷上》。传世的经典太少，不能看出何种经典更受造经者青睐。但此期且渠安周在姑臧集中了道龚、昙无谶、法藏、沮渠京声等一批有名望的高僧翻译佛经，先后译出了《大集经》《大般涅槃经》《金光明经》等经典，对后世影响重大。

1. 《大般涅槃经》

《大般涅槃经》在北朝时期敦煌写经中最为多见，共有24件，僧尼写者为多；其次为《妙法莲华经》11件，民众所写最多（8件）。《大般涅槃经》是5世纪初由昙无谶译出的，此经畅演大乘，议论宏辟、精义深奥，在佛教界产生了重大影响。经中宣言"一阐提皆可成佛"。"一阐提者"为无成佛之性者，《大般涅槃经》卷五曰："一阐提者断灭一切诸善根，本心不攀缘一切善法，乃至不生一念之善。"① 同经卷十九曰："一阐提者不信因果无有惭愧不信业报，不见现在及未来世，不亲善友，不随诸佛所说教戒。如是之人名一阐提，诸佛世尊所不能治。"② "一阐提"如何成佛？同经卷七云："一切众生皆有佛性，以是性故断无量亿诸烦恼结，即得成于阿耨多罗三藐三菩提，除一阐提。"③ 也就是说不信佛尊法、不惧因果报应、作恶而无悔改之心的人也是有成佛的根性的。南朝的竺道生也依据法显所译的六卷《泥洹经》着重阐述涅槃佛性说，倡导"一阐提皆可成佛"。由此，南北朝涅槃学说盛行不衰，开创了佛教的一代新风。敦煌地区当也受其影响，本地的僧尼也热衷研习《涅槃经》，因此才留存下来许多僧尼所写的《涅槃经》。

---

① 《大正新修大藏经》第12册，第393b页。
② 同上书，第477c页。
③ 同上书，第404c页。

2. 《妙法莲华经》

前秦鸠摩罗什所译《妙法莲华经》调和大小乘各种观点，也阐释了人人皆可成佛之一乘之义。笔者认为，"人人皆可成佛"的思想使佛教以宽阔的胸怀接纳了世间所有人，无论是否信仰佛教，无论善恶，无论是否有行善之心，只要见闻、抄写这些经典，就可以洗脱罪业，获得福佑，甚而成佛。因此《法华经》被视为做功德的绝好对象。

《法华经》流行的同时，观音信仰随之广泛流传，有的信众已经开始将《法华经·观世音菩萨普门品》抽出单独抄写。书博020题记载尹波于北魏孝昌三年（527）写《观世音经》，说明至晚在北魏孝昌三年时《观世音菩萨普门品》已从《法华经》中抽离出来，衍成了《观世音经》。

除了流行的《大般涅槃经》和《法华经》外，北朝写经中还有许多经疏、戒律、行仪，如 P.3308《法华经义记卷一》、BD 01032、S.2106、P.2273《维摩经义记》、S.0524《胜鬘经疏》、S.0797v《十诵比丘戒本》、大谷乙 30《十诵比丘尼波罗提木叉戒本》、P.4505《四分律比丘戒本》、S.0736 和 S.2935《大比丘尼羯磨一卷》等。出家信众需遵守戒律、研习经典、会通教义，这些经疏、戒律一般都是僧尼为学习而抄写的。又因北朝僧尼写经数量最多，故而此类写经特别多。

（二）隋唐时期

隋唐时期，佛经大量译出。信众写造经典的种类大大丰富，选择极为分散。虽然写经品目众多，但仍有一些经典较为突出。

1. 《大般涅槃经》和《妙法莲华经》

北朝时流行的《大般涅槃经》和《妙法莲华经》在此期仍然流行。《涅槃经》主要在隋朝至初唐时期流行，此经在北朝时期多由僧人写造以备日常修习，而这一时期则更多用为民众祈愿的愿经，且主要是为亡人追福时写造，如 S.2136"朝议郎成州同谷县令上柱国薛崇徽为亡考妣敬写涅槃经一部"；P.2117"敦煌郡大黄府旅帅王海为亡妣追福敬造涅槃、法华、方广各一部"等。关于为什么《涅槃经》常用作为亡人追福的经典，有研究者认为，"在佛学修养一般的僧尼

❖ 第三章 佛教文献题记研究 ❖

特别是群众中,常把'涅槃'和'死'两个概念等同,故抄写《大般涅槃经》便成了为亡人祈福的重要手段"①。

《法华经》几乎成为写经祈愿的首选经典,武则天为亡父母追福就写了三千部,颁赐到敦煌并保存下来的有37件,仅卷三就存有十号,也就是说,当时唐王朝颁赐到敦煌的《法华经》至少应有十部,② 此经的影响之大于此可见一斑。民间写此经以祈愿者更是数目众多,据学者考察,敦煌出土的五千号《法华经》几乎都是南北朝至唐代所写的,这正与题记所反映的《法华经》写造情况一致。

2.《金刚般若波罗蜜经》

《金刚般若波罗蜜经》虽在前秦时已译出,但北朝时期并未获得写经者的重视。S.2724《华严经卷第三》题记称"大魏正光三年比丘法定为亡兄广写众经,华严、涅槃、法华、维摩、金刚般若、金光明、胜鬘",是笔者所见唯一一条说明北朝时期写《金刚般若波罗蜜经》的证据。

隋唐时期,尤其是唐朝,《金刚般若波罗蜜经》却成为最为流行的经典之一。《太平广记》和《法苑珠林》中所记载的以唐代为时间背景的佛教灵验故事,关于《金刚经》的故事远多于《观音经》和《法华经》,③ 此经在唐代的流行程度可想而知。《金刚经》的流传首先与它的写经功德有关,通过对有关《金刚经》的灵验故事内容的归纳发现,崇敬《金刚经》可以使人延长寿命、早脱地狱、早获投生或往生、免除灾病,无论对现世或死后生活都非常有益,这是信众们写造《金刚经》最重要的原因。其次也与统治者的提倡有关,武则天为亡父母追福,除了写《法华经》还写了三千卷《金刚经》,为民众做了崇经的榜样;唐玄宗曾御注《金刚经》,并于开元二十四年(736)颁赐全国,令天下读诵奉行,这对《金刚经》的流行有绝对

---

① 聂葛明:《敦煌西魏写经及题记管窥》,《敦煌学辑刊》2007年第4期,第316页。
② 方广锠:《敦煌遗书中的〈妙法莲华经〉及有关文献》,《中华佛学学报》1977年第10期,第228页。
③ 杨君:《〈金刚经〉与唐朝民众崇经活动及其观念》,《西华师范大学学报》(哲学社会科学版)2003年第6期,第29页。

的促进作用。最后，《金刚经》篇幅短小，易于持诵，对于一般民众而言殊为简便，这也是《金刚经》在民众中颇为流行的一个原因。在这些因素的综合作用下，写造《金刚经》者数量众多，例如甘博018朔方军节度衙前虞侯刘从章为父母及愿事官所写、BD 02602昭武校尉前行兰州金城镇副阴嗣瑗所写、S.3686别将王丰为法界苍生所写、津艺003优婆夷社写等，不再一一列举。

随着《金刚经》的流行，与之相关的一些文献也流行起来，如《金刚般若经旨赞》（S.0721卷下）、《金刚般若经宣演》（P.2132卷下）等也成为人们传抄的对象。

3. 疑伪经

北朝时东阳王元荣曾写造《仁王般若经》以祈求国祚延长，① 此经乃为批判统治者施政而造的疑伪佛经，② 可知，北朝时疑伪经已进入造经者的视野。隋唐时期写造疑伪经者比前代多了一些。如P.4563《救护众生恶疾经》，题记云："开皇十五年（595）九月一日，清信弟子谈永和敬造救疾病经百卷，愿一切众生，籍此之因，所有疾者，并蒙除差；六道四生，并同斯愿。"此经又名《佛说救疾经》，隋法经等撰《众经目录》、唐道宣撰《大唐内典录》、唐智升撰《开元释教录》、唐圆照撰《贞元新定释教目录》皆判为伪妄。经中说病的本源乃源于宿世毁佛像、凌三宝、犯正法、杀害父母、偷窃常住，今世种下头面生疮痍、须眉落尽的果报。请法师作斋百日，每日写经一卷，百卷成就便可免此宿殃患耳。③ 谈永和共写了一百卷，祈求"所有疾者，并蒙除差"，可见祈愿与写造的经典是有一定的对应关系的。

又如津艺166《大般涅槃经后分》，其题记云："开元二十年（732）魏州馆陶县上柱国子刘文武敬造，为法界众生，普愿早成

---

① 参见本章第二节有关元荣写经题记的引文。
② 殷光明：《敦煌的疑伪经与图像（上）》，《敦煌研究》2006年第4期，第11页。
③ 刘涤凡：《敦煌写卷中土造经的救赎思想——以〈大正藏〉第85册为例》，《中华佛学学报》2001年第14期，第240页。

❖ 第三章 佛教文献题记研究 ❖

佛。"《大般涅槃经后分》是为一定时期所流行的佛教信仰而编撰的,①《大般涅槃经》倡导"一阐提皆可成佛"的思想,而这种思想在《后分》中俯拾皆是,这就导致了信众将其作为祈愿"早成佛"的愿经来写造。

这一时期书写流通的疑伪经数量极少,仅有个别经种。但疑伪经作为祈愿性写经呈现出了发展之势,对归义军时期疑伪经大盛做了铺垫。

除了以上三类写经外,北朝时期信众少量抄写过的一些经典在隋唐时期数量增多,例如《华严经》《大集经》,总体来讲不如前述三类突出。但这些经典中的某些思想对信众产生了一定影响,如《大集经》中的末法思想影响很大,佛教界历来认为经中含有"末法亿亿人修行,罕一得道,唯依念佛,得度生死"意思之句为净土宗祖师所引用,对念佛求生净土法门的弘阐,起到重要作用。②

(三) 吐蕃时期

1. 吐蕃抄经事业中几部数量最多的佛经

《大般若经》是唐玄奘于龙朔三年(663)译出,在吐蕃统治之前未见广泛传抄。吐蕃统治敦煌时期,正值崇奉佛教的赤松德赞和赤祖德赞在位期间,敦煌佛教呈现出繁荣景象。吐蕃统治末期,在法王赤松德赞的诏令下开展了大规模的写经事业,写经生和僧侣构成了这次抄经者的主体。其时所写汉文经典以《佛说无量寿宗要经》《大般若经》为主,也有相当数量的《金有陀罗尼经》;少量《金光明最胜王经》《般若波罗蜜多心经》《诸星母陀罗尼经》《维摩诘经》可能也是在这次写经中一并抄写的。做出这种判断是因为,这些经卷抄写者的题名方式是一样的,许多人的名字同时出现在以上几种写经上。例如 S.6357《大般若经卷第一百九十五》题"曹兴朝"写,

---

① 殷光明:《敦煌的疑伪经与图像(上)》,《敦煌研究》2006 年第 4 期,第 11 页。
② 这一句话是否出自《大集经》,文献记载有歧异,参见温金柯《"末法"与"净土念佛得度"考——由道绰〈安乐集〉衍生的重要观念之检讨》(http://www.xynf.com/ly/wd/2010-06-14/886.html)。

BD 08428《般若波罗蜜多心经》也题作"曹兴朝"；BD 04051《大般若经卷第四百卅二》题"邓英写"，BD 08325《诸星母陀罗尼经》也题作"邓英"，可以推知这几种经典都是在这一次写经活动中抄写的。其中《无量寿宗要经》数量最多，据东主才让统计，各收藏地及私家收藏此经的总数有977卷。① S.1995号《佛说无量寿宗要经》的题记载"佛说无量寿宗要功德决定王如来经卷第一万五千五百五十九"，说明当时所写的汉文《无量寿宗要经》数量至少在15559卷以上，而现在留存下来的写卷仅仅是当时所写的一小部分。有六百卷规模的《大般若经》也几经抄写，存世者也颇多。

2. 疑伪经与经咒

这一时期，抄写《新菩萨经》《劝善经》这两种伪经者渐多。《新菩萨经》和《劝善经》篇幅短小，两经开首都宣称灾祸的预言，并称官府下令诵写此经以禳除灾祸，最后交代经的来历。有关这两经的关系，张勇先生认为敦煌写经中虽则存在《新菩萨经》《劝善经》的不同名目，但它们却都是从一种经演变而来的，它们之间是异本的关系；两种经典出现的时间不会早于永贞元年，抄写则更晚矣。② 到归义军时期，这两种经典的流传更广。

吐蕃时期，密教勃兴，陀罗尼经、真言、经咒也成为信众抄写的对象。《大智度论》卷五称："陀罗尼秦言能持，或言能遮。能持者，集种种善法，能持令不散不失。譬如完器盛水水不漏散。能遮者，恶不善根心生，能遮令不生；若欲作恶罪，持令不作，是名陀罗尼。"③ 陀罗尼最早是印度的一种记忆术，在佛教中原指对佛陀言教闻持不忘，进而指对所有佛法义理"总持不忘"；咒语起源于婆罗门教吠陀经典中的祷告与赞颂，本来与表示记忆术的陀罗尼毫无关系；真言是指诸神的语言。陀罗尼、咒语与真言在汉译佛典中，常常是同义使

---

① 东主才让：《敦煌藏文写经〈大乘无量寿宗要经〉及其汉文本之研究》，《中国藏学》1994年第2期，第62页。

② 张勇：《敦煌写本斯136、417、622号"佛经"初探》，《宗教学研究》1997年第2期，第96页。

③ 《大正新修大藏经》第25册，第95c页。

❖ 第三章 佛教文献题记研究 ❖

用、没有太大区别的。

吐蕃时期抄写最多的陀罗尼是《无量寿宗要经》和《金有陀罗尼经》《六门陀罗尼经》;而经咒则以《佛顶尊胜陀罗尼经咒》为多,有 S.4723 乾元寺法弁、S.5914 比丘某、S.4962 怀智、S.0165 常信所写等;此外还可见《佛说十一面神咒心经》(S.3007 等)、《诸星母陀罗尼咒》(S.4493 了空写、S.9159 比丘法惠写等)。

3. 经论和经疏

盖因吐蕃统治者推崇佛教,这一时期僧侣研习经典的热情高涨,抄写了大量经论和经疏,如《净名经关中疏》《大乘百法明门论》《大乘稻竿经随听疏》;还有许多戒律的抄本,如《四分律删繁补阙行事钞》《四分律戒本疏》《四分律比丘尼戒本》《四分律略抄》《八波罗夷》等。

(四) 归义军时期

1.《瑜伽师地论》

归义军时期盛传的《瑜伽师地论》是吐蕃高僧管·法成所翻译的。法成是著名的佛经翻译家,于唐太和七年(833)来到沙州永康寺翻译佛经,① 大约于唐会昌二年(842)离开沙州到了甘州。② 唐宣宗大中二年(848),张议潮起义,联合当地各族,推翻了吐蕃在沙州的统治。但归义军领袖对法成十分尊敬,请他重回敦煌传译佛教经典,奉其为国师。③ 这一时期,法成弘扬佛法的重心从翻译经典转向讲述经论、写作疏义,最著名的就是他在开元寺所讲《瑜伽师地论》。他的弟子们将其讲论记录下来,整理成笔记,因此保存了不少《瑜伽师地论》的写卷。如 MS 12《瑜伽师地论卷第一》题"大中九年三月十五日智慧山随学听",这是所见有确切纪年,时间最早的一

---

① P.2794《大乘四法经论及广释开诀记》首题下署"大蕃国大德三藏法师沙门法成集",末署题记"癸丑年八月下旬九日于沙州永康寺集毕记",癸丑年即唐太和七年(833),这是敦煌文献中有明确纪年信息的题为法成所集译的经典。
② S.5010《诸星母陀罗尼经》题记云"壬戌年四月十六日于甘州修多寺翻译此经",壬戌年即唐会昌二年(842),可知至迟在此时法成已至甘州。
③ 这一事件在 P.2913 张球所撰《大唐敦煌译经三藏吴和尚邈真赞》中有记载,法成的弟子把法成的家族姓氏"管(vgos)"译成"吴",吴和尚即是法成。

件；S. 3927《瑜伽师地论卷第卅》题"大中十一年四月廿一日，苾蒭明照写。/大唐大中十一年岁次丁酉六月廿三日，国大德三藏法师法成于沙州开元寺说毕"，此次讲论是在沙州开元寺举行的。而有明确纪年的最晚一件法成弟子所写《瑜伽师地论》是 BD 05825 号，题记曰"大中十二年八月五日，比丘明照随听写记"，这次讲论大约持续了四年才结束。

2. 疑伪经

归义军时期，疑伪经大行其道，《佛说八阳神咒经》《父母恩重经》《天请问经》《佛说阎罗王授记经》《佛说延寿命经》《佛说救护身命经》《佛说善恶因果经》《劝善经》《新菩萨经》《救诸众生一切苦难经》《佛说摩利支天经》等众多的疑伪经成为民众造经祈愿的书写对象。这些佛经篇幅都很短小，易于持诵，普通信众之财力皆可承担。有只写一经者，例如书博 115《佛说阎罗王授记经一卷》题记云：

  清信弟子布衣薛延唱发心写此妙经，奉为过往慈父作福，莫落三途之苦；次为患母，令/愿疾病速差，所有怨家之鬼，受领写经/功德，更莫相扰；兼及己身，万病不侵，延年益/寿；所有读诵此经三卷之人，传之信士，同沾/斯愿，永充供养，信心二时受持。清泰三年丙申十二月廿□。

多经合抄者更多，如 P. 2805《佛说摩利支天经一卷》题记云：

  天福六年（941）辛丑岁十月十三日清信女弟子小娘子曹氏敬写般若心经一卷、续命经一卷、延寿命经一卷、摩利支天经一卷，奉为己躬患难，今经数晨，药饵频施，不蒙抽□（减）；今遭卧疾，始悟前非。伏乞大圣济难拔危，鉴照写经功德，望仗厄难消除。死（怨）家债主，领兹福分，往生西方，满其心愿，永充供养。

❖ 第三章 佛教文献题记研究 ❖

这些愿经虽有一个明确的写经目的，如为亡父追福、为除病患，但所祈求之愿望远远超出了写经目的所指向的内容，同时为己身、他人、怨家债主祈福。

疑伪经流行是应社会需求而出现的，归义军时期民间佛教信仰世俗化、功利性程度非常高，民众最关心的就是现实的利益，如疾病、寿命、日常生活的困难、死后的归宿等。民众需要与这些利益直接相关的经典，写造供养即能获得某方面的福佑，而这些疑伪经的内容恰恰适应了民间信仰的需要。从题记的发愿内容可见，《佛说延寿命经》《佛说救护身命经》等常用于祈求延年益寿，《父母恩重经》《佛说阎罗王授记经》等常用于为亡人追福，《劝善经》《新菩萨经》《救诸众生一切苦难经》等具有末法预言的经典则用来祈求脱离一切刀兵、疾疫、死亡等苦难，往生西方。可以说，正是由于疑伪经符合了民众佛教信仰的需求，才在社会中广泛流行的。

3. 佛教文学作品和经咒

佛教文学作品在这一时期大量出现，僧尼和民众都争相传抄，盖因其以通俗、趣味的方式传播佛法教义，为信众所喜闻乐见。如 BD 03925《大乘净土赞》、P. 2939《观音偈》、P. 3679《唵字赞》、中图 139《道安法师念佛赞》《入山赞》、S. 5652《念佛赞》、S. 1781《散花乐》、中图 32《目连救母变文》、P. 2187《破魔变文》、P. 2133v《金刚般若经讲经文》、P. 2292《维摩诘经讲经文》、S. 5549《百岁篇》等。这些佛经文学作品多为传抄诵读之用，卷末题记一般都记录抄写者和时间。但也有以之发愿的，如 P. 3113《法体十二时》题记云"时后唐清泰贰年［岁］在丙申三月一日，僧弟子禅师索佑柱，发心敬写《法体十二时》一本，日常念诵。愿一切众生，莫闻怨任之声；早达佛日（国），令出苦海"，是以将佛教文学作品等同于佛教经典的地位，从中可以看出归义军时期，民众对于经典认识的变化。

上承吐蕃时期经咒的流行，归义军时期也很流行抄写经咒，其中以《大悲心陀罗尼》和《佛顶尊胜加句灵验陀罗尼》最常见，且两种陀罗尼常同抄于一卷，如 S. 2566 戊寅年一月比丘惠銮合抄这两种经咒,并称"伏乞受持,同沾殊利",说明受持陀罗尼亦有做功德之意。此外,《大身真言》《心中心真言》《随心真言》常伴同《金刚经》一同抄写,如天祐三年八十三老人刺血和墨写《金刚经》(P.2876、S.5451、S.5669),每件之后都有《大身真言》《心中心真言》《随心真言》。

陀罗尼经咒所能带来的福佑,正如 Ch. xliii. 004《大随求陀罗尼》绢画题记中所言:

> 若有受持此神咒者,所在得胜;若有能书写,一心带/在头者,若在臂者,是人/能成一切苦事,最胜清净,常为诸大龙王之所/拥护,又为诸佛菩萨之/所忆念。此神咒能与众生最胜安乐,不为夜叉/罗刹诸鬼神等为诸恼/害,亦不为寒热等病之/所侵损;厌蛊吮咀,不能/为害,先业之罪受持消/灾。持此咒者,常得安乐,/无诸疾病,色相炽盛,圆/满吉祥,福德增长,一切/咒法,皆悉成就。/若有人受持供养,切宜护净。

正是有诸多的益处,民众才会书写供养。

综上所述,在不同时期,敦煌佛教信众写造经典的选择各有不同的取向,这与当时佛教思潮的流行、社会状况、民众的信仰心理都有关系。敦煌佛教信众不仅抄写正经,也抄写疑伪经、陀罗尼经咒、佛教偈赞、变文、讲经文等。在广大信徒心目中,这些文献和正经一样神圣,且具备强大的法力,能够为人带来福利,佛教经藏的界限在敦煌民间佛教信仰中被突破和泛化。

二 祈愿文字的变化

写造佛经祈愿在北朝时期已多见,造经者在写经题记中表达自己的愿望。自北朝至五代宋初,祈愿性题记处于一种渐变的过程中。本节着重从祈愿文字的形式和内容两个方面来讨论祈愿性题记的变化。

(一)形式方面

题记中的祈愿文字首先在篇幅上发生了由简变繁的变化。北朝时

第三章 佛教文献题记研究

期的写经题记多以最简洁的文字表达造经者的心愿，如敦研007兴安三年谭胜写《大慈如来十月廿四日告疏》题记云："愿生生之处，长直弥勒"；书博003甘露元年写《法句譬喻经卷第三》题记云："愿蒙解脱，生生敬信三宝，无有退转"；上图109后秦弘始十七年清信女姚阿姬所写《妙法莲华经卷第五》题记云"为一切众生顶戴供养，愿所往生处，离苦获安"；Φ320缘禾三年比丘法融写《大方等无想大云经》题记云"持此功德，施与一切众生，皆得□持，超入法城，获无生忍"。

5世纪晚期，出现了一些篇幅较长的祈愿题记，例如P.4506a《金光明经卷第二》题记云：

> 皇兴五年（471）岁在辛亥，大魏定州中山郡卢奴县城内西坊里住，原乡凉州武威/郡祖厉乡梁泽北乡武训里方亭南苇亭北张璩主，父宜曹讳曷，/息张兴保，自慨多难，父母恩育，无以仰报。又感乡援，靡脱思恋。是以/在此单城，竭家建福，兴造素经法华一部、金光明一部、维摩一部、无/量寿一部，欲令流通本乡。道俗异玩，愿使福钟皇家，祚隆万代；佑例/亡父母，托生莲华，受悟无生；润及现存，普济一切群生之类，咸同斯愿。/若有读诵者，常为流通。

在一些皇室贵族、地方官员的写经中也出现一些类似长篇的祈愿题记，但在数量上仅占少数。如前文屡次所引用过的东阳王元荣写经的题记及东阳王元荣私臣尹波所写《观世音经》的题记，就是其中的代表。从引文中可见，造经者的写经对象虽是父母，但祈愿对象却包括皇家、亡父母、现存（指现存家眷）、一切群生，而对于每个祈愿对象的祈愿内容也是不同的。因此，我们认为这些题记愿文篇幅较长，正是由其祈愿内容决定的。

这种长篇的有多个并列祈愿对象的题记结构在北朝时期已经比较固定，并最终成为隋唐以后写经题记的模范，甘图017《金光明最胜王经卷第九》题记云：

  同光三年（925）乙酉岁八月十四日，金光明寺学仕/郎王子通奉写金光明经一部，一为/太保帝主作福，愿我军（君）王永作西陲之主；二为先亡父母，不溺三途，往/生安乐之国；次为见存慈母，究穷患/疾，速得迁除。愿罪消灭！愿罪消灭！/又愿合家大小，无除（诸）灾障，疾患不寢，/功德圆满。/□□大唐同光三年乙酉南吕之月写毕。

这条题记与前引 P.4506a《金光明经卷第二》在结构上完全相同，而时间跨度却经过了近五百年。可以说，北朝中晚期写经祈福活动为民间普遍接受后，题记中祈愿文字的结构就已呈现出了长久的稳定性。

（二）内容方面

北朝至安史之乱前，民众写经祈愿中包含着对来生的强烈关注及对值佛闻法乃至成佛的热切期盼，他们在题记中这样表达自己的心愿。

  P.4505《四分律比丘戒本》："愿一切比丘奉行，速成无上道。"

  S.0081《大般涅槃经卷第十一》："愿七世含识速登法王无畏之地。"

  津艺039《妙法莲华经卷第四》："愿见闻随喜，读诵受持，如说修行，并登佛果。"

  书博015《大般涅槃经卷卌》："为七世父母、所生父母、家眷大小、内外亲戚，远离三途，值遇三宝；见闻者悟无生忍；能更持诵者证□□，龙华初会，躬为上首；一切含识之类，皆同斯□。"

  P.2907《大般涅槃经卷第卅二》："覬因书持之功，修解之业，仰神圣灵，助辉冥果；神升无寻，形证妙极；托生紫宫，早遊常乐。以此功德誓因，逮及先师、七世父母、现今家眷，得蒙

❖ 第三章 佛教文献题记研究 ❖

是福；十方众生，有识之类，使俱绝三有，早成正觉。"

大谷0707《宝梁经卷上》："愿托生西方无量佛国，长乘三趣，永与苦隔；并三界庆因，果成佛道，所愿如是，普同斯愿。"

津艺306《金刚般若波罗蜜经》："愿亡考妣、己身等，生诸佛国，莲花受形；宝座之上，三涂（途）永绝，不复生死；去即飞腾，来即乘空，出没自永；不闻刀兵、饥馑之名，长离生死之道；法界众生，一时成佛。"

"成无上道""登法王无畏之地""登佛果""成正觉""成佛道"都是修行成佛之谓，几乎每条题记中都会有这样的祈愿，可知这一时期人们对于佛教所宣扬的"人人皆可成佛"抱有一种神圣的追求。而题记中每言及这种愿望往往会说"速成佛道"或"一时成佛"，如何能够"速成"？在信众的心目中，写经供养即是速成之路。

信众对于来生又抱着怎样的期望呢？大多数人首先期望"远离三途""俱绝三有""永与苦隔"，能够超越轮回，不复生死；还期望"托生紫宫，早遊常乐""托生西方无量佛国""生诸佛国，莲花受形"，往生极乐净土。这一时期的信众对现实是持一种否定态度的，祈愿题记反映出他们以见佛闻法、成就无上菩提来引导自己超越现实，追求永恒。

然而，安史之乱后，经历了吐蕃异族统治、归义军收复领土、张曹归义军政权更替等战乱和政局动荡，百姓颇有命若朝露之感，迫切需要现实生活得到保障。于是信众写经发愿多从现实需要的角度出发，例如：

P.2805《佛说摩利支天经一卷》题记云：天福六年（941）辛丑岁十月十三日清信女弟子小娘子曹氏敬写般若心经一卷、续命经一卷、延寿命经一卷、摩利支天经一卷，奉为己躬患难，今经数晨，药饵频施，不蒙抽□（减）；今遭卧疾，始悟前非。伏乞大圣济难拔危，鉴照写经功德，望仗厄难消除。死（怨）家债主，领兹福分，往生西方，满其心愿，永充供养。

　　BD 09157《佛说天地八阳神咒经》："右以所转经文，并将回／施四生六道、水渌（陆）飞空、一切／舍众，愿身未离苦者，愿令离苦；未得乐者，愿[令得]／乐；未发心者，愿早发[心]；已发／心者，愿登菩提。一切囚徒禁闭，／愿枷锁例（离）身；怀胎母子，／愿早见光明；一切远行客□（汉），／早达乡井；一切床上病□，／愿痊差。宅中忽有修造嫁娶，／愿无灾彰（障）；一切有情闻经，摠（总）／愿西方见佛；一切宿世冤家，闻／经愿更莫相酬（雠）；后愿□□□□"。

　　Дх 11679《[救]身命经一卷》："咸亨元年四月三日，清信女仏（佛）弟子初千金，为身／久在床枕，无处依托，今敬造救护身经，愿得／除愈，离障解脱，受持读诵。"

　　Дх 11697《般若波罗蜜多心经一卷》："弟子社人康国清奉为先亡，神生净土；见存家眷，无病／长寿，书写受持，生生不绝。"

　　这一时期的信众肯定现实，追求今世的幸福，为生活中的各种困难祈求福佑。他们不太关注是否要往生西方净土、修成佛道，将写经活动完全融入了现实理想的追求中。

　　佛教在传入中土后，最广大的信众不是僧尼而是民间百姓。当佛教深入民间发展后，便逐渐在本土化和世俗化。民间百姓在接受佛教的同时，佛教也在适应着他们的信仰需求。在这种相互作用下，民众的宗教心理不断发生着变化，祈愿题记是我们了解这种变化的一个窗口。通过本章的分析，我们仅仅是勾勒出了敦煌佛教信众崇奉经典和祈愿内容发展变化的一个粗略线条。祈愿题记中蕴含了许多有关民间佛教信仰的资料，更多更深入的问题只能留待以后研究了。

第四章　道教及三夷教文献题记研究

敦煌地处丝绸之路的咽喉要道，历来是东西交通必经之地，华戎交汇之所。特殊的地理位置使敦煌成为中西文化交融并存之处。众所周知，敦煌地区佛教文化发达，地方官员、普通百姓普遍信仰佛教，各种佛事活动异常兴盛。然而在几乎可称为佛教社会的敦煌本地，依然有着其他宗教的身影，其中产生过一定影响的有道教、摩尼教、景教、祆教。道教是中国的本土宗教，汉末魏晋时期五斗米道便传入了河西，唐代由于皇室的尊崇而发展至鼎盛时期。被称为"三夷教"的摩尼教、景教、祆教都是产生于西亚的宗教，在南北朝至唐代时经由中亚地区传入了中国内地，敦煌是其东渐的必经之地。道教和三夷教都曾在敦煌拥有各自的信众，并开展过相关的宗教活动，对当地的文化生活产生过一定的影响。敦煌文献中保留的道教和三夷教文献，对于我们了解这些宗教在敦煌乃至中国的发展史、教义教规、宗教仪式、社会影响等有着重要的价值，而文献上所附记的题记更是辅助研究的重要资料。

第一节　敦煌道教文献综述

一　敦煌道教史迹

中国道教形成于东汉季世，最先出现的教团是传播于中原地区的太平道和传播于西南巴蜀、汉中地区的五斗米道。汉末魏晋，西南和西北地区信奉五斗米道的少数民族向秦陇山区的迁徙，乃道教在河西地区传播之始。魏晋时期的秦陇及河西地区的道教活动于史可征，《三国志·魏志·少帝纪》载魏元帝咸熙二年（265）八月，司马炎

❖ 敦煌汉文文献题记整理与研究 ❖

袭晋王爵，欲图篡魏：

> 是月，襄武县言有大人见，长三丈余，迹长三尺二寸，白发，着黄单衣，黄巾，拄杖，呼民王始语云："今年当太平。"①

是年十二月，司马炎代魏称帝。此着黄衣大人之形象颇似汉末太平道师，且口宣"太平"谶言，实乃一道士形象。襄武县在魏晋时属陇右临洮郡，这一记录说明其时确有道教徒活动于陇西。

S.1889《敦煌氾氏人物传》载：

> 氾孚，字仲夏，蜀郡太守吉之孙。通经笃行，州辟为从事，太守马艾甚重之，征为州辟司空，屡辞不起。孚志节尤高，耽乐道业，州累辟命，司空曹公察孝廉，皆不就。下惟潜思，不辟门庭，或半年百日，吟咏古文，欣然犹笑，精黄老术。苍悟太守令狐溥与太常张鱼书曰："仲夏居高笃学，有梁鸿周党之论。"其见重也如此。病卒。

氾浮乃魏晋时期敦煌本地研习道术者，此外还有索靖、单道开、索袭②等敦煌人士都与道教有关。河西地区出土的古迹遗物中亦可见道教实物，敦煌出土的汉简中有一枚道教符箓木简，正面写"仙师敕令三天贵龙星镇定空氶安"③，陈盘《敦煌木简符箓试释》考证此简是魏元帝景元四年（263）时的五斗米道符箓。④ 酒泉丁家闸五号

---

① （晋）陈寿著，陈乃桥校点：《三国志》，中华书局1964年版，第153页。
② 索靖"该博经史，兼通内纬。……靖著《五行三统正验论》，辩理阴阳气运。"参见《晋书·索靖传》，中华书局1974年版，第1648—1649页。前凉时期敦煌有隐士索袭，"虚静好学，不应州郡之命……游思于阴阳之术，著天文地理十余篇，多所启发。……味无味于恍惚之际，兼重玄于众妙之内。"参见《晋书·隐逸传》，第2448—2449页。
③ 吴礽骧、李永良、马建华释校：《敦煌汉简释文》第2317简，甘肃人民出版社1991年版，第252页。
④ 陈盘：《汉晋遗简识小七种》，"中央研究院"历史语言研究所1975年版，第134—139页。

❖ 第四章 道教及三夷教文献题记研究 ❖

墓中十六国时期壁画中也有西王母、东王公等神仙形象,① 这些事物都说明魏晋时期道教的影响已波及敦煌地区。

南北朝时期,陆静修和寇谦之分别对道教进行了改造,形成了南、北天师道。陶弘景在此基础上又吸收儒、释两家思想以充实道教,建构道教神仙谱系和教史,主张三教合流。至此,道教在内容和形式上都得到了极大发展。然而这一时期的北朝道教的发展却并不顺利,北天师道虽在北魏太武帝时发展到极盛,但随着寇谦之等人的逝去,北天师道在儒释道之争中逐渐衰落,并曾遭到北周武帝的禁断。敦煌先后历经北魏、西魏、北周的统治,道教在当地的发展当与北朝的大趋势保持了一致,但比魏晋时期显然有了更多更具体的宗教活动。敦煌文献中出土的南北朝时期的道教写经,莫高窟北魏249窟和西魏285窟窟顶分别绘制的东王公、西王母、四神等神仙以及伏羲、女娲、玄武、白虎、朱雀、雷公、雨师、羽人、仙鹤等道教形象,正说明了此时期道教在敦煌社会的渗透以及道教和佛教在民间的融合。

由上文可见,敦煌地区自汉末魏晋时期就有了道教传播的痕迹,道教在北朝时期更是得到了极大的发展。及至唐代,由于皇室的尊崇,中原地区的道教发展到了全盛时期。唐朝畅通的中西交流必然会使这种发展势头影响到敦煌及河西地区。然而隋唐至五代宋初敦煌道教的发展情况,史载不详。但藏经洞出土的道教文献,却为我们展现出了这一时期敦煌道教发展的概况。

二 敦煌道教文献

现已公布的敦煌道教文献,据王卡先生统计已有800多件编号,其中已考订或拟定经名的道书,约有160种（另有不多的失题道经残片）,② 包括三洞经典、道经论疏、道家诸子、道教类书、科仪法术、社会经济文书、斋醮文书和道教文学作品等,其中有五十多件文

---

① 参见《酒泉嘉峪关魏晋墓的发掘》,《文物》1979年第6期。
② 王卡:《敦煌道教文献研究·综述·目录·索引》,中国社会科学出版社2004年版,第7页。

献是有题记的。这些文献能补充现存《道藏》之佚缺,与现存道教经典对校比勘,并为研究敦煌道教史提供了宝贵资料。

1. 道经及疏释

据不完全统计,敦煌出土的道教经典有三百七十余卷号。① 王卡先生将敦煌道经按"三洞四辅"归类,数量最多者为洞玄灵宝部,共计 51 种经典;其次为太玄部,共有 45 种经典;再次为洞神及洞渊部,共 20 种经典。② 其中又以《老子道德经》及其注疏、《太玄真一本际经》及其疏释、《太上洞渊神咒经》为多,数量分别为《老子道德经》73 种 101 卷号,《本际经》106 卷号,《洞渊神咒经》30 卷号。③此外,《太上洞玄灵宝升玄内教经》《太上洞玄灵宝业报因缘经》《老子化胡经》《十戒经》抄本也比较多。

2. 道家诸子

唐代尊祖重道,尊崇道教三洞经典外,也非常重视道家的经典著作。《旧唐书》卷二十四载天宝元年（742）二月丙申诏,"古今人表,玄元皇帝升入上圣。庄子号南华真人,文子号通玄真人,列子号冲虚真人,庚桑子号洞虚真人。改《庄子》为《南华真经》,《文子》为《通玄真经》,《列子》为《冲虚真经》,《庚桑子》为《洞虚真经》。"④ 敦煌出土的道家诸子以上述四者为主,包括:《庄子》郭象注、《列子》张湛注、白文本《南华真经》和《通玄真经》,此外还有《鹖冠子》注本、《抱朴子·内篇》和陆德明《庄子音义》。据王卡《敦煌道教文献分类叙录》统计,共有 31 件道家诸子写卷。

3. 道教类书

《无上秘要》成书于北周武帝时期,是已知最早编成的大型道教类

---

① 邵文实:《敦煌道教试述》,《世界宗教研究》1996 年第 2 期,第 69 页。
② 资料乃据王卡《敦煌道教文献研究·综述·目录·索引》中《敦煌道教文献简明目录》统计。
③ 资料统计分别参见赵和平《对敦煌本〈老子道德经〉及其注疏本的一点新认识》,《敦煌学辑刊》2008 年第 3 期,第 3 页;池田温《敦煌汉文文献》,《讲座敦煌》5,大东出版社 1992 年版,第 77 页;王卡《敦煌道教文献分类叙录》,《敦煌道教文献研究·综述·目录·索引》,中国社会科学出版社 2004 年版,第 141 页。
④ （后晋）刘昫等:《旧唐书》,中华书局 1975 年版,第 926 页。

书，敦煌存十一件此书写卷，皆以厚黄纸写之，书法精美。此外，还有 S.3547《道典论》、S.0986A/B《道要灵祇神鬼品经》、P.2456（2）《大道通玄要》皆系隋唐时期成书的道教类书，在敦煌亦有不少写本。

4. 法事文书

道教的法事活动包括各种道教科仪、符箓法术、斋醮等，与此相关的文献也保存颇多，如 P.2457《太上正一阅紫录仪》、D171《洞玄灵宝自然斋行道仪》、P.3358《护宅神历卷》、P.3782《灵棋卜法》、S.5666《道家驱鬼符》、P.3562v《道教斋醮度亡祈愿文集》等。这些文献的存在，说明敦煌地区道教法事活动也颇为流行。

5. 道教文学作品

文学作品是敦煌道教文献的重要组成部分，文学作品以其生动性成为道教传教布道的辅助工具，是颇受民众喜闻乐见的。道教文学作品以诗歌和俗讲为主，著名者有 S.6836《叶静能诗》、P.3866《李翔涉道诗》、Дх 6654＋6722v/3861《瑶池新咏集》及 P.3021＋3876《道教中元金箓斋会讲经文》、BD 07620《道教布施发愿讲经文》等。

6. 社会经济文书

有关道教的社会经济文书所存不多，有 P.4053v《天宝十三载龙兴观便麦契》、S.10493A《道门大德李净状》、P.3484《道士王道深上启文》等，这些文书是研究唐代敦煌道教徒社会生活的宝贵资料。

敦煌出土的道教文献大部分都抄写于唐代，有纪年的写卷更是以唐高宗、武后和玄宗时期为多。

第二节　经教化传统下的敦煌道教写经活动

一　题记的数量和涉及文献的种类

敦煌道教文献有题记者共有 55 件编号，约占道教文献总数的 7%。涉及二十三种文献：《老子道德经》6 件、《太玄真一本际经》12 件、《十戒经》6 件、《无上秘要》6 件、《洞渊神咒经》3 件、《太上洞玄灵宝无量度人上品妙经》3 件、《文子》2 件、《鹖冠子》《老子化胡经》《老子变化经》《本际经疏》《天尊说济苦经》《金真玉光八景飞经》《洞真上清诸经摘抄》《太玄灵宝自然至真九天神章》《通门论》《太上大道玉清经》《慈善孝子报恩成道经》《太上业报因缘经》《阅紫录仪》《道士王道深上启文》《卜筮书》《灵棋卜法》各一件。

有题记的文献涵盖了三洞经典及疏释，如《太玄真一本际经》；道家诸子，如《文子》《鹖冠子》；道教类书，如《无上秘要》；法事文书，如《阅紫录仪》；社会经济文书，如《道士王道深上启文》等。前文介绍的六类敦煌道教文献，仅有道教文学作品未见有题记。从数量上来看，则以三洞经典为多。

二 题记所反映的敦煌道教写经活动

（一）写卷的时间分布

道教文献的题记大部分有明确的纪年，少数为干支纪年和无纪年。以往的研究者根据纸质、笔迹、书体等，已为用干支纪年和无纪年的文献确定了年代。道教文献题记中，纪年最早者是大业八年（612）隋朝秘书省所写 S.2295《老子变化经》，最晚者为乾宁四年（897）镇海军节度左押衙诸葛福所写浙敦附02《太上洞玄灵宝无量度人上品妙经》。大部分写卷集中写于唐高宗麟德元年（664）至玄宗天宝十二载（753），安史之乱之后直到张氏归义军时期，只有五件写卷。这些纪年信息说明，敦煌地区道教写经活动活跃于唐高宗、武后至安史之乱前这一时期，与敦煌道教兴盛的时间是一致的。

中原道教在皇室的支持下积极整理道经并掀起了写经热潮，唐高宗、武后曾为李弘太子写一切经；唐玄宗开元年间，敕令四处搜访道经，加上皇室所藏，纂成《开元道藏》，并于天宝七年（748）诏令传写，以广流布。天宝元年（742）尊《庄子》为《南华真经》，《文子》为《通玄真经》，《列子》为《冲虚真经》，《庚桑子》为《洞虚真经》，并于是年二月二十九日诏："其《洞灵》等三经，望付所司，各写千卷，较定讫，付诸道采访使颁行"①；又于天宝八年

---

① （宋）王溥：《唐会要》卷五十"尊崇道教"，中华书局1955年版，第866页。

❖ 第四章 道教及三夷教文献题记研究 ❖

(749)诏:"令内出一切道经,宜令崇玄馆即缮写,分道送诸道采访使,令管内诸郡转写"①;天宝十四年(755)十月八日"颁御注《道德经》并疏义,分示十道,各令巡内传写,以付宫观"②。在中原道教的影响下,敦煌地区的写经活动也活跃起来。敦煌出土的道经大部分都抄写于唐代,有纪年者更是以唐高宗、武后和玄宗时期的写卷为多。

天宝十四年发生了安史之乱,道教遭受沉重打击,宫观被侵占,经典被焚毁。战乱平息后,虽有宪宗、武宗、僖宗等继续尊祖崇道,但道教已经无法恢复以前的盛况了。此时,敦煌地区已被吐蕃占领,吐蕃统治者崇信佛教,扩建寺院,提高僧人的地位,在敦煌全境开展佛教写经事业。在这种情况下,敦煌道教逐渐衰落了。敦煌道教虽然衰落了,但道教信徒依然存在。吐蕃治下有一个"沙州道门亲表部落",据姜伯勤先生考证,就是8世纪末吐蕃管辖沙州后由道士、女官及其有关内亲、外亲所组成的一个千户。③ 归义军时期,道教有所恢复,敦煌文献中一些用硬笔或草书体书写的道教经典和文书可能就是抄写于归义军时期,但这些写经的数量和质量都已无法和安史之乱前的写经相比。有题记的道教文献仅有五件写于安史之乱之后至归义军时期,正是敦煌道教在此期衰落的反映。

符咒占卜、斋醮度亡、镇宅祈愿的文集占据了多数,说明此期研习抄写道经的宫观道士已大为减少,而从事斋醮、占卜等的民间道士有所增加,呈现出了与唐前期敦煌道教不同的特点。

(二)写经的来源

道教文献题记中大多记明了抄写者所在之道观或籍贯乡里,根据这些信息,我们制作了表4—1。

---

① (宋)王钦若等:《册府元龟》卷五十四,中华书局1960年版,第568页。
② (宋)王溥:《唐会要》卷三十六"修撰",中华书局1955年版,第659页。
③ "沙州道门亲表部落"载于P.4640《大蕃故敦煌郡莫高窟阴处士公修功德记》,姜伯勤的考证见《沙州道门亲表部落释证》,《敦煌研究》1986年第3期,第5页。

表 4—1

地名		道观及籍贯乡里	卷号
外地	长安	玄都玄坛	S. 2295
		灵应观	P. 3233、P. 2444
		东明观	上图 078
		清都观	S. 0238、P. 2606
		白鹤观	P. 2257、故博新 153378、京都 252（散 1059）
		雍州栎阳县龙泉乡□台里	P. 3417
		宫廷	P. 2380、P. 3725
	洛阳	河南府大弘道观	P. 2457
	未知	通玄观	浙敦附 02
本地	敦煌	神泉观	上图 078、P. 2806、P. 2424、P. 2361、中图 142、S. 3563、P. 2475、P. 2369、S. 2999、P. 2256、P. 2584、S. 1857、P. 3484、P. 2861、S. 0080、P. 2602、P. 2371、BD 05520、P. 3141、
		冲虚观	历博 49
		沙州敦煌县平康乡修武里	甘博 017
		沙州敦煌县洪闰乡长沙里	P. 2347
		沙州敦煌龙勒乡常安里	P. 2350
		敦煌郡敦煌县玉关乡丰义里	S. 6454
		敦煌郡敦煌县神沙乡阳沙里	P. 2255
		敦煌郡敦煌县平康乡洪文里	P. 3770a
		敦煌郡敦煌县敦煌乡忧洽里	P. 2735

从以上统计来看，敦煌出土的道教文献主要有两个来源：外地流入和本地抄写。外地流入的写经主要来自长安和洛阳。清都观、东明观、灵应观、大弘道观是隋唐时期两京的著名道观，见载于清徐松所撰《唐两京城坊考》。关于白鹤观的所在地，陈祚龙曾认为就在沙州地区。[①] 马德先生据敦研 096《金刚般若经》题记"大唐天宝元年五

---

① 陈祚龙：《敦煌学识小》，载《敦煌学津杂志》，文津出版社 1991 年版，第 101 页。

❖ 第四章 道教及三夷教文献题记研究 ❖

月日白鹤观御注",认为唐玄宗不可能到敦煌来注释《金刚经》,白鹤观显然不是设在沙洲地区,而是在京城长安。①"通玄观"是一个常用的道观名称,自唐至清,各地多有通玄观之设。但"通玄观"在敦煌文献中仅见于此件,姜亮夫《莫高窟年表》、李正宇《敦煌地区古代祠庙寺观简志》等相关论述中均未见有关"通玄观"的介绍,可知此观当不在敦煌。唐代之通玄观见载于史料者,只有《六艺之一录》卷八十引《古今碑刻考》云"通玄观碑,狄仁杰撰,在山西辽州榆社县南"②,未知是否为浙敦附02《太上洞玄灵宝无量度人上品妙经》题记中所指的"通玄观",此件写经是从外地流入敦煌当无疑义。

敦煌本地的写经首先以神泉观道士所抄写的经典为多,其次则是敦煌县各乡里的清信弟子抄写的经戒。写经者的籍贯乡里和道观的所在地(神泉观在神沙乡阳沙里、冲虚观在洪闰乡长沙里)共涉及敦煌的七个乡,加上P.2350《十戒经》题记中所提及的三洞法师中岳先生张某某的籍贯"沙州敦煌县效谷乡无穷里",敦煌道教信徒至少分布于八个乡,而唐代在敦煌共设有十三个乡,有道徒活动的乡占到了大半。可见,虽然敦煌遗留的道教文献相对较少,但从有限的文献中我们发现道教在唐代的敦煌也是极为普及的。

(三)写造者分析

文献的写造者指亲自抄写文献或自己不能亲自抄写而出资请人代写者。敦煌道教文献的写造者有以下几类:

1. 官府机构

中国古代历朝历代都注重整理图籍,并设有专门的文化机构负责典籍的整理与抄写,如魏晋以后的秘书省、唐代的弘文馆、集贤殿书院等,宗教典籍也在整理之列。有题记的敦煌道教文献有两件出自官府机构。

S.2295《老子变化经》是隋代官府写经,题记云:

---

① 马德:《敦煌文书〈道家杂斋文范集〉及有关问题述略》,载《道家文化研究》第十三辑,生活·读书·新知三联书店1998年版,第245页。
② (清)倪涛撰:《六艺之一录》,《景印文渊阁四库全书》第831册,第756页。

> 大业八年八月十四日经生王俦写。/用纸四张。/玄都玄坛道士覆校。/装潢人。/秘书省写。

此件由秘书省经生所写，并由玄都玄坛道士覆校。隋代的玄都观，是道教学术中心。隋炀帝改道观为"玄坛"，故而玄都观称为玄都玄坛。玄都玄坛是隋炀帝的内道场，承担了官方写经之职。藏经洞也出土了隋代官府写造的佛教经典，如S.3548《中阿含经卷第八》，卷末题：

> 仁寿二年十二月廿日经生张才写。/用纸廿五张。/大兴善寺沙门僧盖校。/大集寺沙门法刚覆。

大兴善寺在隋新都大兴城内，开皇年间，印度僧人那连提黎耶舍等人曾先后来到长安，住寺内翻译佛经，可谓之隋代佛教的学术中心。S.3548题记表明隋代官府写造的佛经也需经大兴善寺沙门的校勘。以上佛、道二经的题记反映出隋代宫廷写经的一个特点，即隋代的官府写经需经过大兴善寺和玄都玄坛这两大学术中心的校勘后方可颁行。

P.3725号是唐玄宗御注的《老子道德经》，题记云：

> 国子监学生杨献子初校，/国子监大成王仙周再校。/开元廿三年五月日令史陈琛，/宣德郎行主客主事专检校写书杨光乔，/朝议郎行礼部员外郎上柱国高都郡开国公杨仲昌，/正议大夫行礼部侍郎上柱国夏县开国男姚弈，/金紫光禄大夫礼部尚书同中书门下三品上柱国成纪县开国男林甫。

从题记所记校勘者姓名职衔可知，此件写卷是唐开元二十三年国子监监制的，经过了多人校勘，并由礼部员外郎杨仲昌、礼部侍郎姚弈和礼部尚书李林甫联名押署。这一题记保留了唐代御书由宰相押署

❖ 第四章 道教及三夷教文献题记研究 ❖

的制度。唐代御书需有宰相联名押署的制度始于贞观年间，《新唐书·艺文志》曰："（褚）无量建议：御书以宰相宋璟、苏颋同署，如贞观故事。"《新唐书·褚无量传》亦曰："无量又言：'贞观御书皆宰相署尾，臣位卑不足以辱，请与宰相联名跋尾。'"① 唐太宗时，中书省、门下省、尚书省的长官任宰相职，而到唐高宗后，只有职衔为"同中书门下三品"者才是宰相。此件题记中，"金紫光禄大夫礼部尚书同中书门下三品上柱国成纪县开国男林甫"就是宰相一职。这件唐玄宗御注《道德经》的题记说明，开元时期的御书继承了贞观时期御书由宰相署尾的制度。

2. 道观

《唐会要》卷六十四载："贞元六年十二月，给事中卢微奏，太清宫崇元馆，元置楷书二十人写道经，已足，请不更补置。"② 可知，唐朝时崇玄馆置有楷书手专门抄写道经。天宝八年（749）诏："令内出一切道经，宜令崇玄馆即缮写，分道送诸道采访使，令管内诸郡转写。"③ 但庞大的书写任务是崇玄馆所不能独立负担的，因此其他道观也参与了写经事务。道经颁行各地后，各地的道观也展开了写经活动。

注明为道观所写的经典共有七件，其中 P.3233《洞渊神咒经誓魔品第一》和 P.2444《洞渊神咒经斩鬼品第七》题为"麟德元年七月廿一日，奉敕为皇太子于灵应观写"，其后有三校道士题名及"专使右崇掖卫兵曹参军事蔡崇节，使司藩大夫李文暕"的签署。赵和平先生在考察 S.1513《一切道经序》时也研究了这两件写经的题记，他认为这两件写经与敦煌出土的其他八件"楷书精美"的没有题记的《洞渊神咒经》④ 同为麟德元年司藩大夫李文暕的官监写本，李文

---

① （宋）欧阳修、宋祁：《新唐书》，中华书局1975年版，第5689页。
② （宋）王溥：《唐会要》卷六十四"史馆杂录"，中华书局1955年版，第1122页。
③ （宋）王钦若等：《册府元龟》卷五十四，中华书局1960年版，第568页。
④ 王卡在《敦煌道教文献研究·综述·目录·索引》中著录《洞渊神咒经》共30余件，著录称"楷书精美"者有 P.2959、P.4676、S.3389、S.0930、BD 15500、Дх 5500、教研376、大谷文书8104。

崠在灵应观主持的抄写道经活动与太子李弘生病有关。① 因此，这两件写本实际上是皇室敕造的，灵应观仅是具体实施写造工作的机构，可以看作是对官府写经机构的一个补充。

其他五件写卷则是在道观自主的写经活动中写造而成的，包括：神泉观敬写的 P.2424《洞渊神咒经卷第八》、大弘道观敬写的 P.2457《阅紫录仪三年一说》、白鹤观敬写的 P.2257《太上大道玉清经卷第二》、故博新 153378《慈善孝子报恩成道经卷第一》、京都 252（散 1059）《太上业报因缘经》。大弘道观是洛阳著名的道观，P.2457《阅紫录仪三年一说》的题记载：

> 开元廿三年太岁乙亥九月丙辰朔十七/日丁巳，于河南府大弘道观/敕随驾修祈禳保护功德院，奉为/开元神武皇帝写一切经，用斯福力，保/国宁民。经生许子颙写。/修功德院法师蔡茂宗初校，/京景龙观上座李崇一再校，/使京景龙观大德丁政观三校。

从题记中可知，开元二十三年九月在大弘道观敕修了祈禳保护功德院，修此功德院的目的就是在这里为唐玄宗写一切道经。此件为经生许子颙所写，说明大弘道观设有一个写经生团体。据此可以推知，白鹤观、神泉观这些写经数量较多的道观也应当设有自己的写经团队。正是因为拥有一个专业的写经生队伍，这些道观才能适应唐代武后至玄宗时期如火如荼的写经热潮。

3. 道士、女官

道士是道教神职教徒的名称，唐《道典论》"道士"条引《太上太真科经》称："凡开辟之初，圣真仙人，皆宣道炁，立法相传，同宗太上，俱称学士，以道为事，故曰道士。道事有功，故号道士。道士者，以道为事。"道士必须信奉道教教义，遵守道教规戒，在宫观

---

① 赵和平：《武则天为已逝父母写经发愿文及相关敦煌写卷综合研究》，《敦煌学辑刊》2006 年第 3 期。

❖ 第四章　道教及三夷教文献题记研究　❖

内修习道教的斋仪和方术。学道之人要成为道士，必须接受经戒或符箓。女道士则称女道、道姑或女冠、女官。①

写经是道士、女官日常修习的功课，一些道教经典中对道徒写经有着明确的要求。《太霄琅书琼文帝章诀》之"书经诀"云：

> 凡得经有己，皆应更书，先者为镇供养而已。今所写治，精加校定。丰财足力，各立三通，一为长镇，一为供斋，一为研习。……写经之时，皆修清斋，法当手书，与师易本。或在门伏膺杂役，不暇自书，或未闲笔墨，或迟拙不精，富者可以金帛顾人，贫者听得佣夫聚直，必借妙迹，不可苟营。②

《洞玄灵宝三洞奉道科戒营始》卷五云：

> 科曰：道士、女冠所受经戒法箓，皆依目抄写，装褙入藏，置经堂静室或阁。如法具龙璧、幡花、真文，朝夕供养礼忏，不得轻慢泄秽；传付他人，常当诵念转读。③

道徒所得之经典必再重新抄写，因不同用途往往抄写多件，从写经之准备和书写过程中都可见出道徒写经之审慎态度。

题记表明，由道士、女官抄写的道教文献是最多的，共有26件。大部分写经的题记仅记录了书写日期和书写者，如P.4659《太玄灵宝自然至真九天生神章》："丙午年五月三日出家道士王法迁敬写讫"；S.3563《太玄真一本际经卷第二》："开元二年十一月廿五日道士索洞玄敬写"等。这些写经即是道徒为日常修习所写。同时，道士、女官也将抄写经典作为积贮善缘的功课，为亲人、师长等写经祈福。这一部分写经的题记则记明了写经的缘由，如津艺116《本际经卷第七》："道士张澄波奉为亡伯师敬写"；历博49《太玄真一本际

---

① 胡孚琛：《中华道教大辞典》，中国社会科学出版社1995年版，第497页。
② 《正统道藏》第4册，第201页。
③ 《正统道藏》第41册，第699页。

经卷第五》:"冲虚观主宋妙仙入京写一切经,未还身故,今为写此经"等。

4. 清信弟子

《三洞修道仪·初入道仪》曰:"如已成夫妇者,男称清真弟子,女称清信弟子。"① 然敦煌道教文献题记中所言之"清信弟子"并非此指。《洞玄灵宝天尊说十戒经》云:

> 天尊言:"善男子、善女人,能发自然道意,来入法门,受我十戒十四持身品,则为大道清信弟子,皆以勇猛飞天齐功。于此时进心不懈退者,即超凌三界,为上清真人。"②

则此"清信弟子"专指奉受十戒十四持身之品的初入道弟子。题记中称为"清信弟子"所写的经典有两种:《道德经》和《十戒经》。这两种经典的题记实际上应称为受经戒盟文,在结构及用语上遵循一定的模式。以 P.2347 号写卷为例,P.2347a《老子德经下》题记云:

> 大唐景龙三年岁次己酉五月丁巳朔十八日甲戌,沙州敦煌县洪闰乡长沙里冲虚观女官清信弟子唐真戒,年十七岁,甲午生。既耳目贪于声色,身心染于荣宠,常在有欲,无由自返。伏闻老子以无极元年七月甲子日将欲度西,而关令尹喜好乐长生,欲从明君受一言之经。老子曰:善哉子之问也。吾道甚深,不可妄传。生道入腹,神明皆存,百节关孔,六甲相连,徘徊身中,错综无端,胎息守中,上与天连。行之立仙,拜为真人。传不得法,殃及其身。身死名灭,下流子孙。真戒既肉人无识,窃好不已,专志颙颙,实希奉受。今依具盟科法,赍信誓心,今诣三洞法师北岳先生阁□□,求受道德五千文经,修行供养,永为身

---

① 《正统道藏》第54册,第259页。
② 《正统道藏》第11册,第784页。

❖ 第四章 道教及三夷教文献题记研究 ❖

宝，断金为盟。违科犯约，幽牢长夜，不敢有言。

P.2347b《十戒经》题记云：

> 大唐景龙三年岁次己酉五月丁巳朔十八日甲戌，沙州敦煌县洪闰乡长沙里冲虚观女官清信弟子唐真戒，年十六岁。但为肉人无识，既受纳有形，形染六情，六情一染，动之弊秽。或（惑）于所见，昧于所着，世务因缘，以次而发；招引罪垢，历世弥积。轮回于三界，漂浪而忘返；流转于五道，长沦而弗悟。伏闻天尊大圣演说十戒十四持身之品，依法修行者可以超升三界，位极上清。真戒性虽愚昧，愿求奉受，谨赍法信，谨诣北岳先生阎□□，奉受十戒十四持身之品，修行供养，永为身宝。僭盟负约，长幽地狱，不敢蒙原。

道教徒入道或受法箓需先受经戒，即奉受须修持的经典和须谨守的戒律。初入道门的清信弟子要奉受的经戒分别为《道德经》和《十戒经》。从题记中可知，清信弟子须拜谒法师，求受经戒，如前例中的"谨诣三洞法师北岳先生阎□□，求受道德五千文经"。法师传授经戒则有一定的仪式，包括受法信、师徒读盟文、作颂等。① 道徒求受经戒之后，需抄写一遍。

《传授经戒仪注诀》第四《书经法》云：

---

① 授《道德经》的仪式在《上清太极隐注玉经宝诀》引《太上玉经隐注》中这样记载："授《道德经》，法师北向，经于案上，弟子伏左，师执经，弟子擎法信。师叩齿三十六下，心存三宫泥丸丹田绛宫，三一出千乘万骑营卫经师，因而祝曰：'飘飘大虚岭，流景在上玄。经始无终劫，长保天地人。世主学致尧，道士诵得仙。贤者今奉受，依法以相传。时无至德子，保秘不妄宣。宗之升太清，弃之堕九泉。我说无为道，清静德自然。'毕，弟子三拜受经。若女弟子，伏右。凡经皆同尔。"又曰："当开《道德经》蕴之时，先烧香整法服，礼拜如初。法而祝曰：'玄玄至道宗，上德体洪元。天真虽远妙，近缘泥丸君。宫室皆七宝，窗牖自然分，清静常致真，驾景乘紫云，日月左右照。升仙长年全，七祖上生天，世为道德门。'于是可读经矣。"《正统道藏》第11册，第386—387页。

受法之后，徐觅能书清严道士敬信之人，别住静密，触物精新。自就师请经卷，卷皆拜受。竟，又拜送，恭肃兢兢。所受部属，悉应写之，皆用缣素抄之，则纸充乃应。师手书一通以授弟子，弟子手书一通以奉师宗。①

抄写所受经典，一是可以作为表示师生关系的凭信；二是道教经教传承的需要。经戒抄写完毕之后，还要将授经仪式上所读之盟文抄录于卷末，此盟文即我们所见《道德经》和《十戒经》卷末之题记。题记盟文所遵循的固定模式，我们将在下一节进行讨论。

5. 一般信众

一般信众指没有受道教经戒法箓，但信奉道教神奇灵验之功的民众，在写经题记中往往以"弟子"自称。题记中记明为一般信众所写的道教经典非常少，仅有4件，即D 117《天尊说济苦经一卷》、P. 3235v《太玄真一本际经卷第二》、浙敦附02《太上洞玄灵宝无量度人上品妙经》、P. 3782 + S. 0557《灵棋卜法》。除《灵棋卜法》为卜筮书，题记记录了卦数、时间和书写者之外，其他三件均是一般信众为亡人追福及为己身除患所写的愿经。例如D 117《天尊说济苦经一卷》题记云：

文明元年三月，弟子胡宽为亡考敬写《天尊说济苦经》一卷，愿亡者得入升仙，同登大道。

与道教徒相比，一般信众的信仰不是建立在经教的基础上，而是建立在对道教经典所宣扬的写经能治病救人、飞身成仙、安国宁民等灵验功德的崇拜上。因此，一般信众的写经活动带有鲜明的功利性，这种功利性在写经题记中得到了最直接的体现。

6. 敦煌教授及道学博士

所谓教授者，在唐代泛指老师而言。散0704《鹖冠子》题记称：

---

① 《正统道藏》第54册，第267页。

❖ 第四章 道教及三夷教文献题记研究 ❖

"贞观三年五月,敦煌教授令狐衮传写。""敦煌教授"当指敦煌当地学校的老师,其传写的经卷很可能就是他教授的内容。此则题记说明受唐朝皇室崇道风气的影响,敦煌地区早在贞观年间就已将《鹖冠子》这一类的道家著作列为学校教材。

唐玄宗对道教的提倡盛于前代,于开元年间开设道举,置崇玄学,并设立道学博士教令生员学习《老子》《庄子》《列子》等。《玉海》卷一百十二"唐崇玄学"条载:"开元二十五年,置崇玄学于玄元皇帝庙。天宝元年,两京置博士、助教各一员,学生百人。"① 而这一系列称名在第二年又被更改了,"唐宗正寺"条载:"天宝二载改崇玄学曰崇贤馆,博士曰学士,助教曰直学士;置大学士,以宰相为之。改天下崇玄学为通道学,博士曰道德博士,未几罢。"② 可知,崇玄学之设不仅在两京之地,各州郡亦有所设。道学博士在两京与诸州郡也有设置,并于天宝二年改为了道德博士。P.3768《文子道德第五》题记云"天宝十载七月十七日,道学博士索□林记之,校定",说明天宝年间,敦煌也设有崇玄学。敦煌虽以佛教为盛,但从道教写经题记中所透露出的信息,我们可以知道敦煌道教的发展与中原地区仍然保持了一致。

从以上分析可以发现,有题记的道教文献的写造者以道观、道士、女官、清信弟子为多,而一般信众较少,其原因与敦煌流行的道教流派和文献在各层次信众中的影响力不同及一般信众对斋醮法事的偏重有关。

敦煌道教文献中,古灵宝经文献占其中一半以上。③ 古灵宝经重视以经典传授为核心的教会道教的建立,这种教会道教实际上就是一种纯粹的宗教修行组织形式。④ 所谓"经教"则指以灵宝经为核心的"三洞经书"和老子《道德经》等所构成的道教经法体系。卿希泰先生这样描述灵宝派的修持方法:

---

① (宋)王应麟:《玉海》,中文出版社1986年版,第2140页。
② 同上书,第2391页。
③ 王承文:《敦煌古灵宝经与晋唐道教》,中华书局2002年版,第3页。
④ 同上书,第317页。

它比较强调斋仪,在疑为东晋末葛巢甫所撰的较早的灵宝斋仪著作《敷灵宝斋戒威仪诸经要诀》中即指出:"夫学真仙白日飞升之道,皆以斋戒为立德之本矣。"陆静修也认为"斋直是求道之本"。斋直时,信徒们聚在一起,进行礼拜、诵经和思神等活动,要求做到"拱默幽室,制伏性情,闭固神关,使外累不入,守持十戒,使俗念不起","注玄味真,念念皆净",并设有"监斋",以司察众过,弹纠愆失,凡违反仪轨戒规者,均应受到各种不同的惩罚。认为通过这种活动,就可以达到使信徒们"洗心净行、心行精至"的目的。①

由此可知,灵宝派是通过礼拜、诵经、思神等斋仪活动,来达到洗心净行、悟道入玄的目的,侧重于内心修持和对玄远之道的体悟;通过强调斋法将外在的宗教活动内化为奉道者的自觉行为,因而更具有规范道徒行为的意义。②

灵宝派对道法修持的目的在于"普度一切人",《洞玄灵宝斋说光烛戒罚灯祝愿仪》云:

圣人传授经教,教于世人,使未闻者闻,未知者知,欲以此法桥,普度一切人也。③

其"普度一切人"的思想与上清派倡导个人修炼成仙及天师道画符念咒为人治病解厄均不相同,摒弃了上清派"唯欲度身,不念度人;唯自求道,不念人得道"的"小乘之道",同时也减少了旧天师道中"驱鬼降魔""祈福禳灾"的民间巫术成分。它是通过经教的传授,使信徒在精神境界上提高一个层次,内心洁净,不为外物所累,从而接近清净道本。

---

① 卿希泰:《中国道教史》(第一卷),四川人民出版社1996年版,第395—396页。
② 王承文:《敦煌古灵宝经与晋唐道教》,中华书局2002年版,第316页。
③ 《正统道藏》第16册,第499页。

❖ 第四章 道教及三夷教文献题记研究 ❖

这种"经教"和"斋戒"的方式更易为已入道的教徒所修持，而普通百姓"祈福禳灾"的需求在其中并没有突出的呈现，敦煌道教写经祈愿性题记的数量较少正是这种现象的反映。卿希泰先生研究认为，灵宝派代表了上层统治阶级的利益，他们把儒家的封建伦理思想和修道密切结合起来，并制定了一些戒规，规定信徒必须奉公守法，不许妄言朝政得失，不得参加反抗封建统治的活动，革除了那些庸俗粗鄙与反映农民群众愿望和要求的内容，故而非常适合中上层人士的口味。① 因此，敦煌道教写经者呈现出道士、女官及清信弟子为多，而一般信众较少的情形。

一般信众信奉道教追求现实功利，更钟情于斋醮法事。隋唐道教最流行的斋法有金箓、黄箓和灵宝自然斋仪，敦煌道教文献中保存有许多这三种斋仪的抄本，如 S.4652《灵宝金箓斋行道仪》、D 171《灵宝自然斋行道仪》、P.3148《灵宝黄箓简文威仪经》、P.2475《太上正一阅紫录仪》等。这些斋仪可用于为帝王国主请福延祚，为普通百姓禳灾祈福、治病救厄、超度亡灵、飞升成仙等，对于一般信众更具有宗教吸引力。巴黎所藏抄写于张氏归义军时期的 P.3562v《道家杂斋文范辑录》，② 抄录了二十多段道教斋醮所用的祈愿文辞和斋法科仪，如设斋文、亡考妣文、亡师文、当家平安愿文、病差文、造宅文等，这些祈愿文正是一般信众参与斋醮活动，寻求现实功利的真实记录。

（四）写经的目的

道教写经的目的可以归结为以下两点：

1. 为教团自身传承发展和诵习经教的需要而写经

南北朝时期，道教宫观制度建立，传经授箓的制度随之建立，并

---

① 所制定的戒规，例如《太上洞玄灵宝三元品戒功德轻重经》中《三元品戒罪目》列有"不忠于上""私畜刀杖兵器""合聚群众""评论国事""轻凌官长有司""论议世间曲直""妄论国家盛衰"等罪目。参见卿希泰《中国道教史》（第一卷），四川人民出版社 1996 年版，第 396—397 页。

② 此文献抄写时间的考证参见马德《敦煌文书〈道家杂斋文范辑录〉及有关问题述略》，载《道家文化研究》第十三辑，生活·读书·新知三联书店 1998 年版，第 245 页。

在隋唐时期趋于完善。依托宫观形成的道教教团在自身的传承发展上必须依靠经戒的传授。不同道派和品级的法师及弟子应授受不同的经戒和法箓，并且要举行传经授戒仪式。仪式之后须抄写所受经戒，师徒相赠，所写之经戒不仅代表了道徒的品级，也是师徒关系的证明，同时还是日常修习的读本。敦煌文献中《道德经》和《十戒经》的抄写就体现道教教团自身传承的过程。入道之后，道教徒的日常功课包括诵习经典、供养礼拜经典、转经作斋等，经典是这些宗教活动所必不可少的，为了能使日常功课正常进行，道教徒必须自己抄写或请人代写经典。P.2170女官赵妙虚敬写之《太玄真一本际经圣行品卷第三》，P.4659出家道士王法迁敬写之《太玄灵宝自然至真九天神章》等都是道教徒为日常诵习经教而抄写的经典。

2. 为祈愿求福、消灾弭祸而写经

南北朝隋唐时期的宫观道派吸取了佛教修造福田之说，在经典中极力宣传写经的功德。唐玄宗时道士朱法满撰《要修科仪戒律钞》卷二《写经钞》谓："抄写经文，令人代代聪明，博闻妙赜，恒值圣代。当知今日明贤博达，皆由书写三洞尊经，非唯来生得益，及至见在获福。大戒云：抄写道经一钱已上，皆得七十四万倍报；万钱已上，报不可称。"①《洞玄灵宝三洞奉道科戒营始》卷二《写经品》亦云："尽三洞宝藏，穷四辅玄文，具上十二相，总写流通。别者或一字一句，或卷或裹，随我本心，广写供养。书写精妙，纸墨鲜明，装演条轴，函笥藏举。烧香礼拜，永劫供养，得福无量，不可思议。"② 在这种观念之下，社会上掀起了写经热潮。民间百姓的疾苦困惑多向写经祈福中寻求解脱，有为亡过亲人追福，如D117胡宽为亡考敬写《天尊说济苦经》一卷，上图078道士索玄洞为亡妹写《本际经》一部等；也有为尊师祈福者，如S.3135三洞女官郭金基为亡师敬写《本际经》一部，即是这类写经的代表。写经祈福之风不仅在民间流行，皇室亦未能免俗。显庆元年（656），自幼体弱多

---

① 《正统道藏》第11册，第825页。
② 《正统道藏》第41册，第680页。

❖ 第四章　道教及三夷教文献题记研究 ❖

病的李弘被立为皇太子。敦煌出土了两件麟德元年（664）灵应观奉敕为皇太子所写的《洞渊神咒经》（P.3233、P.2444），据赵和平先生考察，很可能就是为李弘治病消灾、祈福写造的。上元二年（675）李弘暴卒，唐高宗和武后为其举行了一系列的追亡活动，抄写道经即是其中一项。汤用彤先生在对 S.1513《一切道经序》的研究中认为此序当系武后为爱子孝敬皇帝度亡而敕写道经。① 序中称"拂虚帐（帐）而摧心，俯空筵而咽泪；兴言鞠育，感痛难胜。故展哀情，为写一切道经卅六部"，武后为李弘追福共写了三十六部逾七万卷的道经，可见道教写经功德观念对皇室的影响。

第三节　道教题记愿文及题记盟文

一　题记愿文

佛教写经题记的源头可以上溯至魏晋时期的佛经"出经后记"，而"出经后记"中就已包含了祈愿性内容。《魔逆经记》云：

> 太康十年十二月二日，月支菩萨法护手执梵书，口宣晋言，聂道真笔受，于洛阳城西白马寺中始出。折显元写，使功德流布，一切蒙福度脱。②

《贤劫经记》云：

> 贤劫经，永康元年七月二十一日，月支菩萨竺法护从罽宾沙门得是贤劫三昧，手执口宣。时竺法友从洛寄来，笔受者赵文龙。使其功德福流十方，普遂蒙恩，离于罪盖。③

---

① 汤用彤:《从〈一切道经〉说到武则天》，载《汤用彤全集》第七卷，河北人民出版社 2000 年版，第 42—44 页。
② （梁）僧祐:《出三藏记集》，中华书局 1995 年版，第 274 页。
③ 同上书，第 268 页。

出经后记中的祈愿反映出的是书写者劝奖流通的心理，不尽然是个人功利主义的要求。南北朝时期佛教信众修造福田的意识逐渐强化，佛教写经的题记愿文已十分多见。这一时期，道教在建立自己的经教体系时，吸收了佛教修造福田的思想，在经典中宣传写经功德，始而促成了道教的写经祈愿活动。在已经非常成熟的佛经题记愿文的影响下，道教信众在写经题记中书写自己的愿望，形成了道教写经中的题记愿文。

敦煌道教写经的题记愿文存留较少，从这些有限的资料可以看出，道教题记愿文是对佛教题记愿文的模仿，主要体现在结构和内容两个方面。

（一）结构模仿

佛教题记愿文最常见的结构是 A 型，① 即依次交代写经时间、写经者、写经对象、写经题材、发愿对象和祈愿内容。例如 P.2881《妙法莲华经卷第一》：

> 总章三年三月廿四日，清信女孙氏为亡母敬写法华经一部，愿亡者神生净域，面睹弥陀，法界含灵，俱登佛道。

道教题记愿文中有对此种结构的模仿，例如 S.3135《太玄真一本际经卷第二》题记云：

> 仪凤三年三月廿二日，三洞女官郭金基奉为亡师敬写本际经一部，以此胜福，资益亡师，惟愿道契九仙，神游八境。

D117《天尊说济苦经一卷》题记云：

> 文明元年三月，弟子胡宽为亡考敬写天尊说济苦经一卷，愿亡者得入升仙，同登大道。

---

① 有关 A 型和 A1.2 型题记结构的论述，参见本书第二章第一节。

❖ 第四章　道教及三夷教文献题记研究 ❖

各部分内容皆可一一对应。

A1.2 型佛教题记愿文也较多，即依次交代写经者、写经动机、写经题材、发愿对象和祈愿内容，其中说明"写经动机"一项是此类题记的特点。如 Дx 11036《般若多心经一卷》：

> 弟子宋番番一奉为亡慈亲，不落三涂（途）；二为自身染疾时多，信心写此多心经，愿日暮持念，痛疾消除。

道教题记愿文中也可找到同样的结构，P.3235v《太玄真一本际经卷第二》题记云：

> 弟子　比缘染患，沉痼积时，针灸不疗，药石无损。爰发弘愿，委命慈尊，遂蒙大圣匡扶，宿疾除愈，谨抽妙宝、割舍净财，敬写本际经一部。愿是功德资益弟子九玄七祖、内外亲姻，长辞地狱之酸，永受天堂之乐；傍周动植、爰及幽明，同会胜因，俱沾此福。

前者"一奉为亡慈亲，不落三涂（途）；二为自身染疾时多"，后者"比缘染患，沉痼积时，针灸不疗，药石无损。爰发弘愿，委命慈尊，遂蒙大圣匡扶，宿疾除愈"都是说明写经的动机和缘由。由此可知，道教题记愿文在结构上对佛教题记愿文进行了移植。

（二）内容模仿

内容上，道教题记愿文与佛教题记愿文也有极大的相似性。信仰宗教的民众最关心的就是己身与尊师、父母、亲人等现世苦难的解脱和死后的去处，在写经祈福活动中，这两个方面的祈愿最为突出。佛经题记中着眼于现世苦难者，如愿病患消散、无诸灾障、父母眷属安康等。这些愿望也是道教写经者所深深期盼的，在前引 P.3235v《太玄真一本际经卷第二》的题记中都有涉及。

对于身死之后的愿望，佛经题记往往表达为"离苦获安，游神净国","永离三途,长赴吉海,超生净域,成无上道";而道经题记则写作"道契九仙,神游八境","得入升仙,同登大道"。佛教徒希望往生于净土佛国,而道教徒则期望飞升成仙,总而言之,都希望超脱生死。这种超脱的愿望由己身而扩展到世间一切生灵,佛教之"六道含识,皆沾愿海""含生有识之类,咸同斯愿",和道教之"傍周动植、爰及幽明,同会胜因,俱沾此福"均是对这一愿望的表述。

"对于最广大的信仰者来说,他们所接受的宗教影响更主要的来自低层次的宗教观念及其表现形式——仪式、方法"①,写经祈愿就是一般信众所践行的通过书写经典作为供奉而获得神佛护佑的宗教仪式,题记愿文则是这一仪式的外在形式及内涵的文字表述。道教题记愿文和佛教题记愿文的相似性体现了佛道二教在宗教观念上的相互影响,以及在民间宗教仪式上的相互渗透。

二 题记盟文

前文在论及"清信弟子"所写《道德经》和《十戒经》时已说明,这两种经典是初入道的道徒接受传经戒仪式后所抄写的经典,其后的题记是求受经戒的盟文。从时间上看,这些受经戒盟文主要出现在唐景龙三年(709)到至德二年(757)之间,但它们并不是在唐代道教写经中才出现的,而是在中国本有的盟誓文体的影响下,在南北朝时期的道教仪轨中形成的。

(一)题记盟文对先秦盟誓文体的继承

经戒的传授在唐朝诸道派中都非常受重视,从前引 P. 2347 唐真戒的受经戒盟文可知,唐代敦煌道教传授经戒的方法为经戒同授,即在同一天传授《道德经》和《十戒经》。② 然而,依据道教教义,道经不能随意获得,必须通过正规的受经仪式和盟誓仪式才能合法取得

---

① 葛兆光:《道教与中国文化》,上海人民出版社1987年版,第323页。
② 传授经戒的方式大致有三种:(1)单授经文,法师传授弟子经文不附有戒条时,只抄录经文背诵;(2)单授戒文,法师向弟子宣讲戒文时,不附有应传经典,这时只抄录戒文背诵;(3)经戒同授,即法师向弟子正式传经授戒,表示弟子已成为道门某阶品位的法师。参见任继愈《中国道教史》,上海人民出版社1990年版,第292页。

❖ 第四章 道教及三夷教文献题记研究 ❖

道经。P.3148《下元黄箓简文灵仙品》中称"得经威仪，无有师宗，不关五岳，不盟诸天，私相换借，传度与人，魂神负于风刀……受经威仪，关盟五帝，告誓诸天，当密修求感，不得轻泄妄示于人"，是规定经戒不能私相授受，必须要拜谒法师、举行盟誓仪式，盟文则是盟誓仪式中的应用文书。

盟誓仪式并非仅在道教仪轨中存在，早在先秦时期就已有了诸侯会盟的行为，诸侯与诸侯之间的契约主要是依靠盟誓来执行的。盟约诉诸文字，便产生了盟誓文，如山西出土的"侯马盟书"，记录了晋国世卿赵鞅同卿大夫之间的盟誓，《左传》中也保留了一些诸侯会盟的文字。

对于先秦盟誓文的体制，刘勰在《文心雕龙·祝盟》中表达了自己的看法："夫盟之大体，必序危机，奖忠孝，共存亡，戮心力，祈幽灵以取鉴，指九天以为正，感激以立诚，切至以敷辞，此其所同也。"[①] 吴承学先生则将先秦盟誓文的结构体制归纳为三部分：（1）盟誓缘起，即叙述各方盟誓的原因；（2）遵誓要求，即列出盟誓各方所应遵守的具体条款；（3）违盟恶果，即参盟各方共同约定，如果盟誓者有不遵盟的，他们本人及家人，甚至其国家即将受到鬼神的惩罚。[②] 以道教受经戒盟文与之对比，我们发现这种体制被继承了下来。

敦煌出土的《道德经》《十戒经》盟文各有六件，其写作形式各自相同，举两例作为代表分析。P.2255《老子道德经》题记云：

> 大唐天宝十载岁次辛卯正月乙酉朔廿六日庚戌，敦煌郡敦煌县神沙乡阳沙里神泉观男生清信弟子索栖岳，载三十一岁，既耳目贪于声色，身心染于荣宠，常在有欲，无由自返。伏闻老子以无极元年七月甲子日将欲西度关，关令尹喜好乐长生，欲从明君受一言之经。老子曰：善哉子之问也。吾道甚深，不可妄传。生

---

① 周振甫：《文心雕龙今译》，中华书局1986年版，第97页。
② 吴承学：《中国古代文体形态研究》，中山大学出版社2000年版，第15页。

道入腹，神明皆存，百节关孔，六甲相连，徘徊身中，错综无端，胎息守中，上与天连。行之立仙，拜为真人。传不得法，殃及其身。身死名灭，下流子孙。栖岳肉人无识，窃好不已，专志颛颛，实希奉受。今依具盟科法，赍信誓心，今诣三洞法师中岳先生马□□，求受道德五千文经，修行供养，永为身宝，断金为盟。违科犯约，幽牢长夜，不敢有言。

S.6454《十戒经》题记云：

大唐天宝十载岁次辛卯正月乙酉朔廿六日庚戌，敦煌郡敦煌县玉关乡丰义里开元观男生清信弟子张玄晉，载廿七岁。但为肉人无识，既受纳有形，形染六情，六情一染，动之弊秽。惑于所见，昧于所着，世务因缘，以次而发；招引罪垢，历世弥积。轮回于三界，漂浪而忘返；流转于五道，长沦而不悟。伏闻天尊大圣演说十戒十四持身之品，依法修行，可以超升三界，位极上清。玄晉性虽愚昧，愿求奉受，谨诣三洞法师中岳先生马□□，奉受十戒十四持身之品，修行供养，永为身宝，愆盟负约，长夜（幽）地狱，不敢蒙原。

从中可以分辨出吴承学先生所举之盟誓文的三部分：P.2255"大唐天宝十载……求受道德五千文经"及S.6454"大唐天宝十载……奉受十戒十四持身之品"为盟誓缘起，述己身沉沦俗世、昧惑无知、招罪积弊，歆慕道经玄妙之理、升仙之功，愿求奉受；"修行供养，永为身宝，断金为盟"为遵誓要求，说明获取道经后的志愿；"违科犯约，幽牢长夜，不敢有言"和"愆盟负约，长夜（幽）地狱，不敢蒙原"则是违盟恶果。从文体结构来讲，受经戒盟文继承了先秦盟誓文的体制。

然而先秦盟誓是建立在人们对鬼神普遍的敬畏心理和极端迷信上，人们相信鬼神会严惩不遵守盟誓者。因此，盟约是在鬼神监督下建立的参与盟誓各方之间的协议，建立盟约是盟誓仪式的最终目的。

◆ 第四章　道教及三夷教文献题记研究 ◆

与之不同的是，受经戒盟文是道徒与神之间的盟约，道徒用盟文向神灵表明自己虔诚入道、严守规戒的心迹及违盟负约所应受的惩罚，以此来请求神灵允许自己入道受法。宣读盟文是受经戒仪式中的一个必要程序，而写在经卷上的盟文实际上就是道徒获得品阶的证明。未受经戒的弟子没有能力和资格与神交流，这种表白心迹的盟文须由师父作为媒介转达给神灵，因此受经戒盟文也是师徒关系的证明。

（二）题记盟文对南北朝受经戒盟文内容的继承

南北朝时期，以宫观为依托的教团道教形成后，经教成为教团发展的核心，经戒的传授备受重视，受经戒仪轨也逐步完善。北周时期编撰而成的道教类书《无上秘要》中载录了《道德经》的受经仪式，卷三十七《授道德五千文仪品》中"师徒长跪读盟文"载：

> 太岁甲乙某月甲乙朔某日甲乙，某郡县乡里清信弟子某甲，年若干。某等既耳目贪于声色，身心染于荣宠，常存有欲，无由自返。伏闻皇老以无极元年七月甲子日将欲西度，函关令尹喜好乐长生，欲从明师受一言之书。老子曰：善哉子之问也。吾道甚深，不可妄传。生道入腹，神明皆存，百节关孔，六甲相连，徘徊身中，错综无端，胎息守中，上与天连。行之立仙，拜为真人。传不得法，殃及其身。身死名灭，下流子孙。某既肉人无识，窃好不已，专志颙颙，实希奉受。今具依明真科，赍信誓心，诣某郡某州某县某乡某里三洞法师某岳先生某甲，求受道德五千文，修行供养，永为身宝，断金为盟。违科犯约，幽牢长夜，不敢有言。①

此段文字与敦煌《道德经》题记盟文内容几乎全部相同，只有受经时间、地点、人物、年龄等以"甲乙""某""某甲"等字代替。由此可知，"师徒长跪读盟文"正是北朝时期道教徒受《道德经》时所用盟文的范本。以之与敦煌《道德经》题记盟文相对照，

---

① 《正统道藏》第 42 册，第 355 页。

可知敦煌《道德经》题记盟文就是依据这类模板书写的，唐代道教徒受《道德经》的仪式继承了南北朝时期的仪轨。

《十戒经》的内容分为"十戒"和"十四持身之品"两部分，分别来自《太上洞玄灵宝智慧定志通微经》和《太上洞玄灵宝智慧罪根上品大戒经》两部古灵宝经。① "十戒"和"十四持身之品"相结合成为《十戒经》，并成为清信弟子入道受戒之用，当在六朝后期至隋代。② 因文献之阙失，《十戒经》的受经仪式于史无征。然而P.2861《无上秘要目录》中有"授十戒品"，说明北周时期确有传授《十戒经》的仪式。《无上秘要》卷三十五"授度斋辞宿启仪品"是传授道教经典前夜所行仪式，其中云受十戒、五千文、三皇、真文（洞玄）、上清经文，可以五等同场共受，可知这几等经典的"授度斋辞宿启仪"仪式基本相同；《无上秘要》中所载五千文、洞神三皇经、洞玄真文经、洞真上清经的传授仪式也基本相同。由以上两点可推知，《十戒经》的受经仪式应当与《道德经》的受经仪式相同。③

此外，敦煌《十戒经》题记盟文中"肉人无识……长沦而弗悟"这一段话，源自《太上洞玄灵宝智慧定志通微经》。经文称灵宝天尊哀悯众生愚痴，经言：

> 天尊俄然初不顾眄，思念万兆造化之始，胎禀是同，各因氤氲之气凝而成神。神本澄清，湛然无杂，既受纳有形，形染六情，六情一染，动之弊秽。惑于所见，昧于所著，世务因缘，以次而发；招引罪垢，历世弥积。轮回于三界，飘浪而忘反；流转于五道，长沦而弗悟。婴抱痛毒，不能自知；驰神惶悸，唯罪是履。愍之在心，良无已矣。忆其禀受之始，理有可哀。④

---

① 吴羽：《敦煌写本中所见道教〈十戒经〉传授盟文及仪式考略——以P.2347敦煌写本为例》，《敦煌研究》2007年第1期，第73页。
② 朱大星：《敦煌本〈老子〉研究》，博士学位论文，浙江大学，2005年，第121页。
③ 吴羽：《敦煌写本中所见道教〈十戒经〉传授盟文及仪式考略——以P.2347敦煌写本为例》，《敦煌研究》2007年第1期，第76—77页。
④ 《正统道藏》第10册，第75页。

❖ 第四章 道教及三夷教文献题记研究 ❖

随即授左玄真人和右玄真人以思微定志旨决,令以此决开悟众生。天尊又言虽得此决,当以十戒为本。令授决之后,由法师授以十戒,此十戒即敦煌本《十戒经》中的十戒。受戒之时,弟子需请曰:"愿见成就,授以十戒,当终身奉行,誓敢有违。"

据此可推论,《十戒经》在形成并成为清信弟子入道所受经戒之时,受经盟文也已形成。而因十戒的授受本有灵宝天尊命左玄、右玄真人开悟众生这一背景,为保证盟文与经文思想的一致性,便选取了《太上洞玄灵宝智慧定志通微经》中灵宝天尊对迷悟众生的描述作为盟文中受戒弟子的自我阐述。由此可知,敦煌《十戒经》的题记盟文应当是继承自南北朝时期的受经戒盟文。

第四节 "三夷教"文献题记略论

隋唐时期,国家开放,对于新鲜事物的接受能力极强。在思想领域,儒释道三家虽然占据了主导地位,但对于新传入的其他宗教也呈现出了包容的态度。此时期,产生或流行于西亚的摩尼教、景教、祆教也都传入中国。与儒释道相别,这三种宗教被合称为"三夷教",《唐文粹》卷六十五舒元舆《唐鄂州永兴县重岩寺碑铭》云:

> 国朝沿近古而有加焉,亦容杂夷而来者,有摩尼焉、大秦焉、祆神焉;合天下三夷寺,不足当吾释寺一小邑之数也。[①]

舒元舆(791—835)是晚唐时人,主要生活在唐贞元至太和年间,至迟在这个时期,三夷教已在中土流行,且有寺、庙之建立。

敦煌是"六戎尽来作百姓"的多民族杂居地区,它在丝绸之路上的咽喉位置,决定了其是中亚及西亚文化传播中土的必经之路。与三夷教深入中原地区流传的事实相适应,敦煌必然受到了三夷教的影

---

① (宋)姚铉:《唐文粹》,光绪庚寅秋九月杭州许氏榆园校刊本。

响。敦煌文献中保留了相当一部分有关摩尼教、景教、祆教的文献资料即是这种影响遗留下的痕迹，体现了古敦煌人民多元化的宗教信仰。

一 摩尼教文献及题记

摩尼教是公元3世纪中叶由波斯人摩尼所创的一个宗教，大约在4世纪初已有传入中国的迹象。① 摩尼教曾在唐高宗、武后时期得以发展，唐玄宗开元二十年（732）时遭到明令禁断；后成为回鹘的国教，并因唐代宗借回鹘力量平定战乱而又一次获准在中原流传；随着回鹘国破西迁，摩尼教最终于唐武宗会昌三年（843）被禁止。② 宗教的传播总是要借助于经典的流传，敦煌发现的汉译摩尼教经典有三种，即 BD 00256《摩尼教残经》、S.3969 + P.3884《摩尼光佛教法仪略》、S.2659a《下部赞》，其中《摩尼光佛教法仪略》《下部赞》两卷写有题记。这两个写卷的题记对我们了解这两种摩尼教文献的性质、来历有着重要作用。

（一）《摩尼光佛教法仪略》

《摩尼光佛教法仪略》是唐朝开元年间，摩尼教法师奉唐玄宗诏书而撰写的解释性文献，对摩尼教的教义和仪轨，都做了简要的介

---

① 关于摩尼教传入中国的时间，曾有"周隋说"和"延载元年说"两种观点。蒋斧据《长安志》中关于隋开皇四年立有光明寺的记载，认为摩尼教传入中国的时间应在周、隋之间。参见蒋斧《摩尼教流行中国考略》，载《敦煌石室遗书》。"延载元年说"是据《佛祖统纪》卷三九"延载元年，波斯人拂多诞持二宗经伪教来朝"的记载得出的，陈垣认为"摩尼教之始通中国，以现在所见，莫先于《佛祖统纪》所载之唐武后延载元年"，参见陈垣《摩尼教入中国考》，载《中国敦煌学百年文库·宗教卷（4）》，甘肃文化出版社1999年版，第341页。但这两种观点所依据的证据都不太明确，鉴于此，林悟殊则认为"延载元年至多只是标志着摩尼教在中国公开合法传播的开始，而在此之前，摩尼教应早在内地民间流传了……中国内地可能四世纪初便已经感受到摩尼教的信息"。参见林悟殊《摩尼教及其东渐》，中华书局1987年版，第46—63页。

② （宋）释志盘《佛祖统纪》卷三十九载"延载元年（694），波斯国人拂多诞（西海大秦国人）持《二宗经》伪教来朝"。《大正新修大藏经》第49册，第370a页。明代何乔远的《闽书》卷七"华表山"条有更详细的记载："慕阇当唐高宗朝行教中国。至武则天时，慕阇高弟密乌没斯拂多诞复入见，群僧妬譖，互相击难，则天悦其说，留使课经。"《通典》卷四十载："开元二十年七月，敕末摩尼本是邪见，妄称佛教，诳惑黎元，宜严加禁断。以其西胡等既是乡法，当身自行，不须科罪者。"

❖ 第四章 道教及三夷教文献题记研究 ❖

绍,成为后人理解摩尼教的最基本文献。① 过去的研究者对此件文献的来历有误解,认为其是在中国传教的摩尼师奉唐玄宗诏书翻译的摩尼教原典。这种误解正源于写卷首题后的题记"开元十九年六月八日大德拂多诞奉诏集贤院译"。从字面来看,这确是一条简记时间和翻译者的译经题记。唐玄宗于开元十九年诏令翻译摩尼教经典,但却在开元二十年下令禁断了摩尼教,这让人有所不解。对此问题,林悟殊先生在《敦煌本〈摩尼光佛教法仪略〉的产生》② 一文中的考证为我们解开了迷惑,简述如下。

据林悟殊先生的考察,《仪略》题记所载的"开元十九年诏"并未见于任何史书记载;也未有任何资料说明唐玄宗对摩尼教颇感兴趣,以至于要诏令翻译经典以备流通。史载吐火罗国支汗那王帝赊以善解天文为由向唐玄宗推荐摩尼教传教师,说明吐火罗王深知唐玄宗对摩尼教教义并不重视,而对摩尼教师的天文知识颇为重视。从中可知唐玄宗对摩尼教并无提倡之态度,也就不会诏令翻译摩尼教经典。

那么,写经上的题记是否是伪造的呢?答案也是否定的。对于题记的内容,林悟殊先生作了如下理解:唐玄宗时期,很可能是朝野对原来武后优容摩尼教的政策持有异议,玄宗为了弄清摩尼教的真面目,以便对它采取必要的措施,故下诏辨清摩尼教,令在京城的拂多诞到集贤院去书面奏闻其教的真实情况;拂多诞为了应付皇帝的要求,便撰写了《仪略》。③

以上内容的诏书在史料中亦未得见,但从《仪略》本身却能寻找出一些证据,说明它是一篇撰作而非译文。现存的《仪略》写卷包含六章内容,是对摩尼教概况的全面介绍,其行文语气不在于说教训示,亦缺乏颂扬赞美之词,端在于解释介绍。其中有些内容,是原始和早期摩尼教资料中难以见到的。如原始摩尼教没有完整的寺院制度,随着摩尼教向东传播,在佛教的影响下逐步完善了寺院建制和管理机构。而《仪略》中则有《寺宇仪第五》一章介绍了摩尼教寺院

---

① 荣新江:《敦煌学十八讲》,北京大学出版社2001年版,第241页。
② 林悟殊:《摩尼教及其东渐》,中华书局1987年版,第168—176页。
③ 同上书,第171页。

的建筑结构等,林悟殊先生认为这当是对当时中亚及中国内地的摩尼教寺院的客观说明。

此外,《仪略》内容表现出了对佛教和道教的攀附和依托。《仪略》中直接引用了佛教《摩诃摩耶经》《观佛三昧海经》《成实论》《阿毗达磨发智论》等经典中的一些经文,并将释迦、老子、摩尼并称"三圣",这些都是原始或早期摩尼教经典中所不可能存在的。当是撰写者为讨好释道并重的唐玄宗而着意加入的。

综上所述,《仪略》是在特殊的历史背景下,在一定的政治压力下,为了争取传教之自由而撰制的一个摩尼教解释性文件。题记中称其为"译经"的真正意图难以揣测,但题记所提示的纪年信息等为我们了解《仪略》的性质和产生背景有极其重要的意义。

(二)《下部赞》

《下部赞》是中国摩尼教徒举行宗教仪式时使用的赞美诗,计有七言诗一千二百五十四句,还有少量的四言诗和五言诗,此外尚有三段音译文字和一些说明。在现存的各种文字的摩尼教赞美诗中,《下部赞》写本是最完整、内容最丰富的,它是研究摩尼教教义、宗教仪式及其在中国变化的重要资料。因《下部赞》未见于《摩尼光佛教法仪略》中《经图仪第三》所介绍的摩尼教"七经一图",故而对它的来历和产生时代等问题没有更多的资料加以说明。然而敦煌本卷末的题记则为我们了解《下部赞》的来历、产生时代提供了信息。

1.《下部赞》的来历

S. 2659a《下部赞》卷末题记如下:

吉时吉日,翻斯赞呗。上愿三常舍过及四处法身,下愿五服/明群乃至十方贤哲,宜为圣言无尽,凡识有崖。梵本三千之/条,所译二十余道;又缘经、赞、呗、愿,皆依四处制焉。但道明/所翻译者,一依梵本。如有乐习学者,先诵诸文,后暂示之,/即知次第;其写者,存心勘校,如法装治;其赞者,必就明师,须知讹殊。于是法门荡荡,如日月之高明;法侣行行,

❖ 第四章　道教及三夷教文献题记研究 ❖

若/江汉之清肃。惟愿/皇天延祚，寰审忠诚；四海咸宁，万人安乐！

《下部赞》是中国摩尼教徒举行宗教仪式时使用的赞美诗，那么它究竟是中国教徒撰写抑或是摩尼教原典？写卷的题记为我们提供了线索。题记称"吉时吉日，翻斯赞呗""梵本三千之条，所译二十余道""道明所翻译者，一依梵本"，知此赞乃翻译者道明据梵本译出，进而可以明确《下部赞》不是中国摩尼教徒所撰制的经典，而有本所依，翻译而来。此外，我们还可以找到其他证据来证明《下部赞》确实是一个译本。

（1）根据林悟殊先生所校录的《下部赞》原文，在经文首部、经文中部"次偈宜从依梵"后、"初声赞文，夷数作。义理幽玄，宜从依梵"后有三段音译文字，仅以汉字记录读音。① "宜从依梵"就是说依梵本而记音，据西方学者研究，第一段文字出自中古波斯文，其他两段出自帕提亚文。② 如此而为的原因可能是译者不懂前两种文字，而译者自己也记录了没有翻译的理由，即"义理幽玄"，无法明确地译出。

（2）林悟殊先生的研究为我们提供了另外一个证据，即《下部赞》中《叹明界文》一诗内容与帕提亚文摩尼教赞美诗《胡威达曼》（Huwigdagman）的第一首虽措辞、语气有相当的不同，但内容是一致的。③ 由此可知，汉文本《下部赞》确有所本。

（3）吐鲁番出土了一些汉文摩尼教文献残片，其中也有《下部赞》，包括 Ch·258（T II T 1319）和大谷4982两号。据王媛媛研究，Ch·258 为一双叶文书，Thilo 将之分别编号为 A、Y（文书正面）和

---

① 音译文字参见林悟殊《摩尼教及其东渐》，中华书局1987年版，第234、245、247页。

② 林悟殊：《摩尼教及其东渐》，第210页。转引自 Tsui Chi, "Mo-ni-chiao hsia-pu tsan, The Lower (Swcond?) Section of the Manichaean Hymns", BSOAS, 11, 1943, p.174。

③ 林悟殊：《摩尼教及其东渐》，第210页。

X、B（文书背面）。其中 A、B 部分为七言绝句，X、Y 为五言。A 部分可完全和敦煌本《下部赞》第 147—149 行的部分内容相对应，B 则完全与第 167—169 行的部分文字相同。Y 部分的内容虽用五言书写，但意思类似于敦煌本《下部赞》的第 161—163 行。X 部分则尚未找到对应的汉文。

大谷 4982 号正面首尾皆阙，残存内容如下：

若人能食此果者，［即得长生不死身。］
或复尝彼甘露味，［内外庄严令心喜。］
即是众生倚托处，［策持令安得坚固。］

方括号中的内容据敦煌本补出。敦煌本一行四句，大谷 4982 号文书正面第 1、2 行内容可完全对应于敦煌本第 161 行，第 3 行则对应于第 162 行的前两句。这说明该断片与敦煌本属同一个汉译本系统。而 Ch·258 残片与大谷 4982 内容相似，区别在于前者为五言诗，后者为七言诗。取与大谷残片内容相同部分对比如下：

若食此果者，而得获常住。服此甘露味，心意常能（?）福。
警觉于我等，与我作依止。扶策（?）于我等，令我出生死。

两件残片内容相同但措辞不同，Ch·258 中使用了"常住""警觉""依止"等佛教术语，表现出了更为浓厚的佛教化色彩。这两件内容相同、语言风格有异的残片正说明了《下部赞》确应有一非汉语之原本，因摩尼教借助佛教来扩大自己的影响力，在语言上颇有借用佛教术语之处，为自己披上了佛教的外衣，故而其经典的佛教化色彩逐渐浓厚，呈现出不同语言风格的译本。①

---

① 王媛媛：《新出汉文〈下部赞〉残片与高昌回鹘的汉人摩尼教团》，《西域研究》2005 年第 2 期。

❖ 第四章 道教及三夷教文献题记研究 ❖

以上诸条,足资证明《下部赞》乃据其他语言之摩尼教经典原本而翻译,并非中国教徒之伪撰。摩尼教不见容于波斯本国,其在中亚各国和地中海环岸诸邦的传播多依赖于经典的翻译。据现已发现的摩尼教经典,就有叙利亚文、突厥文、回鹘文、汉文等多种。敦煌出土的摩尼教经典题记对译事的记载正体现出了摩尼教在中土传播所付出的努力。

2.《下部赞》翻译的时间

《下部赞》的翻译时间在写卷题记中可以发现一些线索。题记末句称"惟愿皇天延祚,寥审忠诚;四海咸宁,万人安乐",这一句与众多佛教写经题记中为皇室祈愿如出一辙。佛经题记中凡是有为皇室祈愿之内容者,此一时期一定是统治者倡行、维护佛教之时。由此可以推知,《下部赞》翻译之时,摩尼教在中土的传播是合法的、自由的,《下部赞》的翻译也可能得到了权力与政治的保障。综观摩尼教史,只有武后执政和回鹘得势这两个时期具备以上的可能。

根据学者研究,《下部赞》未见于开元十九年翻译的《摩尼光佛教法仪略》,且《仪略》中也没有对《下部赞》常常出现的教主摩尼名号"忙你"的解释以及《下部赞》远比《摩尼光佛教法仪略》和《摩尼教残经》佛教化程度深,可知《下部赞》应是武后时代之后才翻译的。①

武后执政时期被排除了,那么《下部赞》应当是在摩尼教借回鹘势力再次流行中原时翻译的。《佛祖统纪》卷四十一载大历三年(768)"敕回纥奉末尼者建大云光明寺";又载大历六年(771)"回纥请于荆、扬、洪、越等州建大云光明寺"②;《册府元龟》卷九百九十九载:"宪宗元和二年(807)正月庚子,回鹘使者请于河南府、太原府置摩尼寺三所,许之。"③ 从以上记载可知,大历三年后,摩尼教借助回鹘的势力再次向中国内地传教。武后时期未见有建寺之举,而此一时期摩尼寺则多见于中原及江淮诸州,其传播之深广是武

---

① 林悟殊:《摩尼教及其东渐》,中华书局1987年版,第212—215页。
② (宋)释志盘:《佛祖统纪》卷四十一,《大正新修大藏经》第49册,第378c页。
③ (宋)王钦若等:《册府元龟》,中华书局1960年版,第11724页。

后时期所不能及。《会昌一品集》卷五《赐回鹘可汗书》载:"摩尼教,天宝以前,中国禁断。自累朝缘回鹘敬信,始许兴行。江淮数镇,皆令阐教。"① 则知自大历年间至会昌禁断之前,摩尼教在中国的影响是深远的。可以想见,其时摩尼教信众也需依照教法组织宗教活动,那么《下部赞》这种宗教仪式上使用的赞美诗的翻译则在情理之中。林悟殊先生就认为《下部赞》应是大历三年至会昌二年之间的翻译的,会昌三年后,摩尼教惨遭镇压,中土的摩尼教师不可能再从事译经活动了。②

然林氏的结论过于宽泛,实际上只是限定了《下部赞》翻译的大的时代背景。虞万里先生则根据《下部赞》经文中的避讳字对其翻译时间做了考证。他发现经文中只避唐太宗和唐代宗之讳,结合安史之乱后东都太庙变为军营,神主亡失,避讳不严的史实,认为《下部赞》的翻译应在代宗朝。而鉴于《下部赞》中频繁使用"光明"一词,与代宗于大历三年及六年在诸州敕建"大云光明寺"之举,推论出《下部赞》很可能是在代宗即位的宝应元年(762)四月以后至大历三年(768)被译出的。③《下部赞》译出后,在中原可能曾广为流传,敦煌本就出自鄜州,是同光二年(924)鄜州观音院主智严西去求法途经沙州时留下的,④ 并最终随着回鹘西迁高昌,而在吐鲁番地区流传开来,大谷4982号残片即是《下部赞》在西域汉族摩尼教徒中传抄的证据。

二 景教文献及题记

景教是基督教的一个支派,于唐贞观年间传入中国。敦煌出土的

---

① (唐)李德裕:《会昌一品集》,《丛书集成初编》本,第31页。
② 林悟殊:《摩尼教及其东渐》,中华书局1987年版,第216页。
③ 虞万里:《敦煌摩尼教〈下部赞〉写本年代新探》,载《榆枋斋学术论集》,江苏古籍出版社2001年版,第672—684页。
④ S.2659《下部赞》卷背写有《大唐西域记一卷第一》和《往生礼赞文一卷》,并有题记"往西天求法沙门智严西传记写下一卷"。卷正背文献的关系考证见荣新江《敦煌文献所见晚唐五代宋初的中印文化交往》,载《季羡林教授八十华诞纪念论文集(下卷)》,江西人民出版社1991年版,第957页;荣新江《〈上海博物馆藏敦煌吐鲁番文献〉评介》,载《敦煌吐鲁番研究》第一卷,1996年,第375—377页。

❖ 第四章　道教及三夷教文献题记研究 ❖

景教文献有收藏于法国的 P.3847《大秦景教三威蒙度赞》《尊经》，流入日本的《一神论》《序听迷诗所经》《志玄安乐经》《宣元本经》以及小岛靖得自所谓李盛铎旧藏的《大秦景教大圣通真归法赞》和《大秦景教宣元至本经》。

在这几种文献中，有题记的为小岛靖所得两种景教经典。《大秦景教大圣通真归法赞》首尾俱全，卷末有题记三行：

沙州大秦寺法徒索元/定传写教读，/开元八年五月二日。

《大秦景教宣元至本经》首残尾全，卷末有题记二行：

开元五年十月廿六日，法徒张驹/传写于沙州大秦寺。

小岛靖的这两件敦煌写卷被学界称为"小岛文书"，向有学者对其写卷的真实性持有怀疑态度。荣新江和林悟殊两位学者通过对早期亲眼见过李氏所藏景教文献者的描述和景教文献研究者所刊布的照片及论述的梳理，对写卷上李盛铎题记和藏书印的辨伪以及经文中与景教教义相抵触之处的揭示，论证了小岛文书是书商所伪造的赝品。①

既然写卷整体是伪造的，那么写卷上之题记也属伪造，其中的纪年信息亦反映出了造伪的痕迹。《唐会要》卷四十九"大秦寺"条载：

天宝四载（745）九月诏曰：波斯教经，出自大秦，传习而来，久行中国。爰初建寺，因以为名。将欲示人，必修其本。其两京波斯寺，宜改为大秦寺。天下诸府郡置者，亦准此。②

则景教寺院在天宝四年九月始由"波斯寺"改称为"大秦寺"。

---

① 荣新江、林悟殊：《所谓李氏旧藏敦煌景教文献二种辨伪》，《九州岛学刊》第 4 卷第 4 期，1992 年。
② （宋）王溥：《唐会要》，中华书局 1955 年版，第 864 页。

而题记中早在开元五年沙州已有"大秦寺"之称,是与史实相悖,乃作伪者于景教传播史知识之欠缺所致。研究者若不知小岛文书是伪卷,轻信题记所载而将大秦寺之出现上推之开元年间,就谬之千里了。

三 祆教文献及题记

祆教,即琐罗亚斯德教,是古代波斯帝国的国教,也是基督教诞生前中东最具影响力的宗教。一般认为,祆教于北魏时期经由中亚传入中国。①

祆教曾在敦煌地区流行过,敦煌文献中有许多关于祆教的记载。《敦煌县志》中有关祆庙的记载:"祆神,右在州一里立舍,尽神主总有廿龛,其院周围一百步";歌咏敦煌名胜古迹的《敦煌廿咏》中有一首《安城祆咏》,说明祆教确实在敦煌流行过。归义军官府的支出账中常有"赛祆"活动支出财物的记载,如敦煌研究院藏卷《酒帐》中,记有支给"廿日城东祆神酒壶瓮"细目;P.4640《纸帐》中有"支与兵马使祀恒信上神画纸拾伍张""赛祆支画纸三拾张""赛金山神支粗纸三拾张"等内容,藏经洞中还保存了一幅大约10世纪的祆教图像,说明归义军时期祆教仍在敦煌流行,且祆祠赛神活动已被纳入中国传统的祭祀活动当中。

敦煌文献中虽有许多关于祆教在敦煌地区活动的记载,但却没有祆教经典保存下来,也就没有题记资料可供探讨。

---

① 荣新江通过对敦煌长城烽燧下发现的粟特文古信札内容的释读,确证祆教早在公元4世纪就由粟特人带到中国。参见荣新江《祆教初传中国年代考》,《国学研究》第3卷,北京大学出版社1995年版。

第五章 四部文献题记研究

敦煌文献中包含大量魏晋至五代时期的四部文献写本，经部的儒典有二三十种261卷，史部有六七十种，子部有七八十种，集部有三四十种，合计有两百种左右。① 这些文献主要包括中国传统古籍和产生于敦煌本地的文献两部分。传统古籍涵盖《周易》《尚书》《毛诗》《礼记》《左传》《论语》《孝经》《尔雅》等儒家经典，《史记》《汉书》《东观汉记》等史书，诸子及一些文学总集；从文本性质看，有白文本、注疏本、音隐本、辑略本等。敦煌流传的传统古籍的内容和形式显示出了中华传统典籍在隋唐时期业已形成的主流与核心及其稳定的传承。然而，在敦煌特定的历史、文化、地理背景下，四部文献的传承又显示出来新的特点，表现在敦煌民间创作了许多典籍文本的注疏、节辑、新编本及由典籍文本衍生出来的文学作品，如P.3274《御注孝经疏》、S.2200《新定吉凶书仪》、P.2598《新集文词九经钞》、P.3910《新合孝经皇帝感辞》、P.3731《皇帝感新集孝经十八章》等。这些文献在敦煌非常普及，多用作学习读本、生活实用本、著述者的工作用本等。这些产生于敦煌本地的四部文献是在隋唐科举制度实施、学校教育深入下层、社会礼制风习变化等社会变迁中，四部典籍面对庞大的民间受众群体在传播方式上所作出的调整。

敦煌四部文献的许多写本后都有著作者、抄写者或持有者所题写

---

① 张弓：《敦煌典籍与唐五代历史文化》，中国社会科学出版社2006年版，第1页。

的题记，这些题记对于我们了解敦煌四部文献的来源、性质、使用形式及其中所反映出的敦煌学校教育的相关问题有极大帮助。

第一节 四部文献题记综述

一 附有题记的四部文献种类及数量

敦煌出土的四部文献中有题记者共 158 卷号，经史子集四部共涉及 81 种文献。

（一）经部

敦煌出土的经部文献主要是《周易》《尚书》《毛诗》《礼记》《左传》《谷梁传》《论语》《孝经》《尔雅》这九经的相关文献，存有题记者共 42 卷号，包括《周易》类 3 件、《尚书》类 3 件、《毛诗》类 1 件、《礼记》类 1 件、《谷梁传》类 2 件、《论语》类 23 件、《孝经》类 8 件、《尔雅》类 1 件。其中以《论语》类写卷为最多，这与敦煌出土经部文献中《论语》数量最多是一致的。

传统的经部文献以外，敦煌还有大量的蒙学书籍。蒙学即中国传统的小学，以蒙学书籍为教材，"详训诂，明句读"；以修身齐家治国平天下为个人修养的目标，发蒙养正，为个人的成长和发展作知识及操守上的准备。因蒙书的教育内容出自儒家经典，故而将其附在经部讨论。

我国蒙书起源较早，早期的童蒙教育在于识字教育和句读训练，周代的《史籀篇》、秦汉时流行的《仓颉篇》和《急就章》，六朝时开始流行的《千字文》等都是识字类蒙书。隋唐五代时期，蒙书由识字教材衍生出了道德、知识、应用等各类教材。[①]对于敦煌蒙书种类和范围的判定，高明士、东野治之、汪泛舟等学者的说法不一，郑阿财教授在前人基础上统一判定原则，共确定了 25 种蒙书，本书即以此为判定依据。[②]

---

① 郑阿财：《敦煌蒙书研究》，甘肃教育出版社 2002 年版，第 1—2 页。
② 高明士等人的观点及郑阿财所判定的蒙书篇目，参见郑阿财《敦煌蒙书研究》，甘肃教育出版社 2002 年版，第 2—5 页。

第五章　四部文献题记研究

敦煌蒙书写本有题记者共32卷号，包括以下篇目：

识字类：《开蒙要训》7件、《千字文》5件、《字宝碎金》2件；

知识类：《杂抄》1件、《菟园策》1件、《孔子备问书》1件；

德行类：《新集文词九经抄》1件、《百行章》2件、《太公家教》8件、《辨才家教》1件、《新集严父教》1件、《崔氏夫人训女文》1件、《夫子劝世词》1件。

敦煌文献中还有相当一部分杂字书，字书本作解经之用，故而传统文献分类将字书归入经部"尔雅"类。周祖谟《敦煌唐本字书叙录》将敦煌出土的唐本字书分为童蒙诵习书、字样书、物名分类字书、俗字字书、杂字难字等杂抄五类。① 本书将童蒙诵习书归入蒙书类讨论，其他字书中，有S.6329《字书》、P.3109《诸杂难字一本》两件有题记。

(二) 史部

敦煌出土的史部文献有前代流传的正史类、编年类、杂史杂传类史书，更多的则是唐五代时期的诏令、法制文书、地理文书、氏族谱牒、书仪等。其中有题记的文献共20卷号，包括：

编年类：《阃外春秋》1件；

杂史类：《天地开辟已来帝王记》1件；

地理类：《诸道山河地名要略》《光启元年十二月廿五日书写沙、伊等州地志》各1件；

诏令、法制文书：《唐律疏议》《唐贞观八年五月十日高士廉等条举氏族奏抄》《归义军曹氏表状稿》《田积表》各1件；

---

① 周祖谟：《敦煌唐本字书叙录》，载《敦煌语言文学研究》，北京大学出版社1988年版，第41页。

书仪：《书仪》5件、《新集吉凶书仪》3件、《新集书仪》3件、《新集杂别纸》1件。

（三）子部

有题记的子部文献有占卜五行、天文历法、医药、类书四类，共17卷号：

占卜五行：《阴阳书》《纳音甲子占人姓行法》《推占书》《推十二时人命相属法》《占卜书》《星占书》《白泽精怪图》各1件，《五兆要诀略》和《逆刺占》合抄1件，《悬象占》和《太史杂占历》合抄1件；

天文历法：《大唐同光四年具历》《唐景福二年癸丑岁具注历日》《显德三年丙辰岁具注历日并序》《天成元年残日历卷》各1件；

医药：《新集备急灸经》1件；

类书：《略出籯金》《珠玉抄》《诸杂略得要抄子一本》各1件。

（四）集部

敦煌出土有唐前文章总集《文选》若干写卷，还有唐人诗集《陈子昂集》《甘棠集》《高适诗集》《珠英集》等，更多的则是白话诗集《王梵志诗》及变文、词文、故事赋、歌辞等有敦煌民间特色的文学作品。有题记的文献也以这部分民间文学作品为主，共46卷号：

文章总集：《文选》1件；

变文：《李陵与苏武往还书》5件、《汉将王陵变》2件、《舜子至孝变文》1件；

词文：《季布骂阵词文》4件、《百鸟名》1件；

故事赋：《孔子项托相问书》3件、《燕子赋》3件、《茶酒

第五章　四部文献题记研究

论》2 件、《晏子赋》1 件、《韩朋赋》1 件；

小说：《启颜录》《周秦行记》各 1 件；

诗歌：《王梵志诗》8 件、《唐诗丛抄》《敦煌廿咏》《二十四节气诗》《奉送盈尚书诗》《秦妇吟》各 1 件；

赋：《二师泉赋》《沧浪渔父赋》合抄 1 件；

歌辞：《杨满山咏孝经十八章》3 件、《无名歌》《五更转》1 件、《新合千字文皇帝感》《新合孝经皇帝感》合抄 1 件。

二　题记的内容与书写者

（一）题记的内容

四部文献的题记是比较简短的，主要记录书写时间，书写、读诵或持有者姓名和身份以及写卷的用纸数、字数、版本信息等。有的较全面地记录了书写时间、书写者，如 S.0214《燕子赋一卷》："癸未年十二月廿一日，永安寺学士郎杜友遂书记之耳"；有的只记书写时间，如 S.6349《易三备卷第二、第三》："于时岁次甲申六月丙辰十九日甲戌申时写记"；有的只记用纸数，如 P.2501《阃外春秋卷第四、第五》："卅七纸"；有的还记录了述怀诗歌，如 P.2498《李陵与苏武往还书》："天成三年戊子岁正月七日，学郎李幸思书记。幸思比是老生儿，投师习业弃无知。父母偏怜昔（惜）爱子，日讽万幸不滞迟"；有的仅记录经文字数，如 P.2548《论语卷第六》："经二千六十四字"；有的记录版本，如 P.2675《新集备急灸经一卷》："京中李家于东市印"；有的则记录的抄写地点，如 P.2528《文选卷第二》："永隆年二月十九日弘济寺写"。

（二）题记的书写者

四部文献题记的书写者一般指抄写文献的人，但也有学习、诵读文献后写下题记的，例如：

P.2825《太公家教一卷》题：大中四年庚午正月十五日学生宋文显读，安文德写。

P.2570《毛诗卷第九》题：寅年净土寺学生赵令全读，

为记。

P.3369《孝经一卷》题：乾符三年十月二十一日学生索什德书卷，书记之也。

S.1586《论语卷第二》题：沙门宝印手札也。

宋文显、赵令全是文献的读诵者，索什德、沙门宝印是文献的持有者，因此题记的书写者也包括文献的诵读者和持有者。

1. 学生

四部文献题记的书写者以学生为主体，题记中"学生""学士""学士郎""学郎""学生童儿""童子"等称谓都是指学生。敦煌本地学生最先以"学生"自称，见于P.2643《古文尚书》卷末"乾元二年（759）正月廿六日，义学生王老子写了，故记之也"；乾符三年（876）始有"学士"的称谓，见于P.2618《论语集解卷第一》"乾符三年学士张喜进念"；中和四年（884）始有"学士郎"之称，P.2937《太公家教》卷背"维大唐中和四年二月廿五日沙州敦煌郡学士郎兼充行军除解太学博士宋英达"是最早出现"学士郎"的题记；P.2825《太公家教》题记"大顺元年（890）十二月李家学郎，是大哥尔"中则出现了"学郎"一词。"学士"一称在景福二年（893）所抄的P.3569《太公家教》题记"维景福二年二月十二日莲台寺学士索威建记"中最后一次出现，以后不见于敦煌文献题记中。而大顺元年之后，"学郎"和"学士郎"成为学生称谓的主流，交替出现。"学士郎"又写作"学仕郎"（S.1386《孝经》）、"学侍郎"（S.4307《新集严父教》）、"学使郎"（BD 08668《百行章一卷》）等，当是"士"字音近而误。其间，偶有以"童子""学生童儿"称呼者，如P.2716《论语集解卷第七》："咸通五年四月十二日，童子令狐文进书记"；P.3780《秦妇吟》："大周显德四年丁巳岁二月十九日，学生童儿马富德书记"，未为多见。

以上所述各种学生称谓的出现时间，仅以现存文献为依据，并非绝对准确。但据此我们也可以得出以下结论，敦煌文献中最常见的

❖ 第五章 四部文献题记研究 ❖

"学士郎""学士""学郎"主要使用于归义军时期。

2. 僧侣

四部文献虽为外典，但兼修内外典的沙门释子历来有之，敦煌菩萨竺法护"博览六经，游心七籍"①，其弟子于道邃也"学业高明，内外该览"②，敦煌寺院的僧侣亦有学习四部文献者。据统计，共有 19 卷号的四部文献为寺院僧侣所抄写或使用，涉及的文献包括儒家经典，如 S.3011 僧马永隆写《论语集解卷六卷七》、S.0728 灵图寺沙弥德荣写《孝经一卷》；蒙书，如 S.5584 莲台寺比丘愿丞写《开蒙要训一卷》；书仪，如 S.2200 比丘愿荣写《新定吉凶书仪上下卷》；诗歌，如 P.2914 金光明寺僧写《王梵志诗卷第三》；词文，如 S.1156v 沙弥处度写《季布一卷》；占卜书，如 P.3175 报恩寺僧愿德写《纳音甲子占人姓行法》等。僧侣抄写四部文献与释门前辈"内外该览"的影响有关，也与敦煌吐蕃和归义军统治时期寺学发展，世俗教育与佛教教育相互渗透密切相关。

结合题记所涉及的文献和题记的书写者来看，敦煌出土的四部文献，几乎都与学校有关，应当是敦煌本地学生学习的教材。在这些题记中，也蕴含了许多有关敦煌学校教育的资料。

第二节 题记所见之敦煌学校教育

敦煌学校教育的历史当始自西汉，李正宇先生认为："敦煌设立学校，大概是从西汉设郡之后开始的。"③ 汉武帝设立四郡后，敦煌成为汉朝疆域，武帝所推行的劝学兴礼的学校教育制度才能在这里推行开来，李正宇先生所论当是不诬。自汉代至五代宋初，敦煌地区的学校教育几经兴盛与衰落，有些时期的情况史籍有载，如十六国时期；有些时期的情况虽不见载史册，却在敦煌文献中留下

---

① （梁）释慧皎撰，汤用彤校注：《高僧传·竺法护传》，《中国佛教典籍选刊》，中华书局 1992 年版，第 23 页。
② 同上书，第 169 页。
③ 李正宇：《唐宋时代的敦煌学校》，《敦煌研究》1986 年第 1 期，第 39 页。

了一些线索。敦煌四部文献题记中就集中保存了一些有关敦煌学校教育的史料。

一 十六国时期的敦煌学校教育

魏晋十六国时期，中原纷乱，河西因为是丝路重镇，所以有许多儒者避迁河西。《资治通鉴》卷一百二十三载"凉州自张氏以来，号为多士"，胡三省注云：

> 永嘉之乱，中州之士避地河西，张氏礼而用之，子孙相承，衣冠不坠，故凉州号为多士。①

避地河西的儒士受前凉张氏重用，逐渐发展成当地的旺姓大族，其家世之学仍然传习儒家学术，中原文化因此得以在河西地区传承下去。张氏政权很注重发展教育，《晋书·张轨传》称："征九郡胄子五百人，立学校，始置崇文祭酒，位视别驾，春秋行乡射之礼。"②其子张骏曾以索绥为儒林祭酒，③ 又以右长史任处领国子祭酒，④ "祭酒"乃执掌教授的官职，汉代有博士祭酒，为博士之首。西晋改设国子祭酒，隋唐以后称国子监祭酒，为国子监的主管官。由此可见，前凉张氏时敦煌确有儒学教育的施行。

前凉亡后，前秦、后凉相继统治敦煌地区，但文教不兴，学校教育恐怕也未得到发展。公元400年，李暠建立西凉政权，在敦煌城南门外建靖恭堂，"图赞自古圣帝明王、忠臣孝子、烈士贞女，玄盛亲为序颂，以明鉴戒之义"，后"又立泮宫，增高门学生五百人"⑤，学校教育始尔复盛。"泮宫"乃当时之官学，从事讲授者如宋繇，"西

---

① （宋）司马光撰，胡三省注：《资治通鉴》，中华书局1956年版，第3877页。
② （唐）房玄龄等：《晋书》卷八十六，中华书局1974年版，第2222页。
③ （清）张澍辑，李鼎文校点：《续敦煌实录》引屠乔孙等《十六国春秋·前凉录》，甘肃人民出版社1985年版，第37—38页。
④ （清）汤球：《十六国春秋辑补》卷七十《前凉录四》，1998年，第505页。
⑤ （唐）房玄龄等：《晋书》卷八十七《凉武昭王李玄盛传》，中华书局1974年版，第2259页。

❖ 第五章 四部文献题记研究 ❖

奔李暠,历位通显。家无余财,雅好儒学,虽在兵难之间,讲诵不废,每闻儒士在门,常倒屣出迎,停寝政事,引谈经籍"①。私学亦见记载,刘昞年十四就博士郭瑀学,"昞后隐居酒泉,不应州郡之命,弟子受业者五百余人。李暠私署,征为儒林祭酒、从事中郎"②,是敦煌地区设立私学的明证。

北凉统治者雅好中原文化,重视文教。且渠蒙逊占领酒泉后,拜刘昞为秘书郎专管注记,筑陆沉观于西苑以安之,此时刘昞"学徒数百"。且渠牧犍尊刘昞为"国师",亲自致拜,并命官属以下皆北面受业。③ 这些记载虽就北凉治下酒泉和姑藏而言,但据此可推论出敦煌地区的学校教育必然也有一定规模。可以说,十六国时期的敦煌学校教育是比较兴盛的,它为日后的发展奠定了良好的基础。

然而,北朝时期的几个政权治理敦煌地区的着眼点在经济方面,文教较为放松。尤其是北魏攻占凉州后,迁凉州三万户于平城,其中有许多是文人学士,这一举措使敦煌地区的文教事业遭受重创。值得欣慰的是,由于仍有大姓望族的存在,家世之学延续了下来,因此才有北朝时期经、史、子类敦煌写本的存在。

北朝教育不景气的情形在隋唐时期得到了振兴,尤其是唐代,敦煌学校教育进入了兴盛期。

二 唐五代宋初的敦煌学校教育

从四部文献题记来看,敦煌本地不仅有官学,还有私学、寺学等。

(一) 官学

唐初统治者注重恢复学校教育,中央建立国子监,地方则有州县之学。《资治通鉴》卷一百九十载高祖武德七年(624)诏曰:

> 二月,己酉,诏:"诸州有明一经以上未仕者,咸以名闻;

---

① (北魏)魏收:《魏书·宋繇传》,中华书局1974年版,第1152—1153页。
② 同上书,第1160页。
③ 同上。

州县及乡皆置学。"①

应此诏令，全国各州县乡都建有官学。敦煌地区的官学有州学、县学、医学。

1. 州学

P.2661+3735v《诸杂略得要抄子一本》题记载"岁月日时州学上足子弟尹安仁书"，知沙州确实设有州学。沙州州学的位置，P.2005《沙州都督府图经》中载：

> 州学　右在城内，在州西三百步。其学院内，东厢有先圣太师庙堂，堂内有素先圣及先师颜子之像。春秋二时奠祭。

天宝元年（742）改沙州为敦煌郡，州学亦随州郡改名而称郡学。P.3274《御注孝经疏》题记云"天宝元年（742）十一月八日于郡学写了"，是年正是沙州改郡之时，州学也相应改作郡学。乾元元年（758）敦煌郡复称沙州，P.2859《五兆要诀略一卷》及《逆刺占一卷》题记载"州学阴阳弟子吕弇均本，是一一细寻勘了也。/天复四载岁在甲子夹钟润三月十二日，吕弇均书写记"，此条是归义军时期仍然存有州学的证据。

高田时雄先生曾认为，吐蕃统治敦煌时期，官学瓦解，为寺学取代。到了归义军时期，情况仍应如此。因而，前引天复四载"州学阴阳子弟吕弇均"题记仅是名义上的，没有实质意义，并不表示州学已经复活。张弓先生则认为这种说法是值得商榷的，他发现S.0095《显德三年丙辰岁具注历日并序》、P.2623《显德六年具注历日》的撰著者分别题作"登仕郎守州学博士翟奉达纂上"和"朝议郎检校尚书工部员外行沙州经学博士兼殿中侍御史赐绯鱼袋翟奉达撰"。这两则文献说明，"直到五代之末，敦煌仍有州学，州学还有博士及经学博士"②。

---

① （宋）司马光撰，胡三省注：《资治通鉴》，中华书局1956年版，第5967页。
② 参见张弓《敦煌典籍与唐五代历史文化》，中国社会科学出版社2006年版，第89—90页。

❖ 第五章 四部文献题记研究 ❖

2. 县学

唐代的沙州下辖敦煌、寿昌二县,各县均有县学。P.2005《沙州都督府图经》载敦煌县学:

> 县学 右在州学西连院。其院中,东厢有先圣先师庙,堂内有素先圣及先师颜子之像。春秋二时奠祭。

P.5034《沙州地志》载寿昌县学:

> 一所县学 右在县城内,在西南五十步。其□□堂,堂内有素先圣及先师□□。

敦煌县学与沙州州学是相邻的,县学学堂的设置与州学是一样的。四部文献题记中未有明确说是县学学生抄写的写本,但佛教文献中有县学学生的遗迹。S.1893《大般涅槃经》题记云"经生敦煌县学生苏文□书";S.4057《佛经》题记云"维大唐乾符六年正月十三日沙州敦煌县学士张□□",说明归义军时期敦煌仍设有县学。

3. 医学

P.2005《沙州都督府图经》载:

> 医学 右在州学院内,于北墙别构房宇安置。

可知医学依州学而建。《新唐书·百官志》[①]载唐代上、中、下州皆置医学博士一人,上州、中州配有助教,三州均置学生。根据唐

---

① 《新唐书》卷四十九载"医学博士一人,从九品上。掌疗民疾"下注曰:"贞观三年,置医学,有医药博士及学生。开元元年,改医药博士为医学博士,诸州置助教,写《本草》、《百一集验方》藏之。未几,医学博士、学生皆省,僻州少医药者如故。二十七年,复置医学生,掌州境巡疗。永泰元年,复置医学博士。三都、都督府、上州、中州各有助教一人。三都学生二十人,都督府、上州二十人,中州、下州十人。"(宋)欧阳修、宋祁:《新唐书》,中华书局1975年版,第1314页。

制,沙州设有医学当是情理之中。

4. 崇玄学

P.3768《文子道德第五》题记云"天宝十载七月十七日,道学博士索□林记之校定",李正宇先生在《唐宋时期的敦煌学校》一文中举此例称敦煌有"道学",不甚准确。唐玄宗于开元年间开设道举,置崇玄学,并设立道学博士教令生员学习《老子》《庄子》《列子》等。《玉海》卷一百十二"唐崇玄学"条载:"开元二十五年,置崇玄学于玄元皇帝庙。天宝元年,两京置博士、助教各一员,学生百人。"[①] 崇玄学不仅设在两京,各州郡亦有所设。道学博士亦是如此,并于天宝二年改为道德博士。《玉海》卷一百二十四"唐宗正寺"条载:"天宝二载改崇玄学曰崇贤馆,博士曰学士,助教曰直学士,置大学士,以宰相为之。改天下崇玄学为通道学,博士曰道德博士,未几罢。"[②] 此题记中"道学博士"一称正说明天宝年间敦煌设有崇玄学。

5. 专门学校

归义军时期敦煌官学中出现了一些专门学校,P.2895《五兆要诀略一卷》及《逆刺占一卷》题记载:

> 州学阴阳子弟吕弁均本,是一一细寻勘了也。/天复四载岁在甲子夹钟润三月十二日,吕弁均书写记。

说明张氏归义军时期,州学附设有阴阳学,专授阴阳五行占卜等术数。其后又有技术院之设,见于四部文献题记者有:

> P.3716v《新集书仪一卷》:"天成五年(930)庚寅岁五月十五日,敦煌技术院礼生张儒通。"
>
> P.2718《王梵志诗一卷》《茶酒论一卷并序》:"开宝三年

---

① (宋)王应麟:《玉海》,中文出版社1986年版,第2140页。
② 同上书,第2391页。

第五章　四部文献题记研究

（970）壬申岁正月十四日知（技）术院弟子阎海真自手书记。"

绢画题记中也有相关记载，Ch. xxxviii. 005《双身观音》题记云："信［心］弟子兼伎（技）术子弟董文员一心供养。"从题记中的年代信息看，技术院主要存在于曹氏归义军时期。P.3192《论语卷第六》卷背有杂写"技术院礼生翟奉达"，李正宇先生根据对翟奉达生平的梳理，认为翟奉达在技术院学习的时间应为天复二年（902）至天复八年（908），那么技术院应设立于张承奉建立金山国时期。技术院是为归义军培养礼仪、阴阳、历法、占卜等方面专门人才的教学部门，它出现后，州阴阳学就不再见于记载，很可能是合并到了技术院。①

（二）私学

私学，指乡里坊巷设立的学校和私人学塾。私学在汉代时已经出现，《汉书》中载有私人讲学者87人，《后汉书》中载有私学教师118人。② 魏晋南北朝时期，由于等级制度剥夺了庶族百姓上官学的机会以及政局紊乱所导致的教育荒疏，私学得到极大发展。唐代私学更为兴盛，《唐会要》卷三十五《学校》引"开元二十一年（733）五月敕"曰："许百姓任立私学，欲其寄州、县受业者，亦听。"③ 这一敕令是唐代私学合法化的标志，实际上此前私学早已存在。

1967年阿斯塔那363号墓出土《唐景龙四年（710年）卜天寿抄孔氏本郑氏注〈论语〉》，其题记云："景龙四年三月一日私学生卜天寿□。"又《唐景龙四年卜天寿抄〈十二月新三台词〉及诸五言诗》写卷第二十二行署抄写者题款为："西州高昌县宁昌乡厚风里义学生卜天寿，年十二，状具［后残］。"卜天寿的身份分别题作"私学生"和"义学生"，两者内涵是一样的，"义学"即是"私学"。由此可知，至少在初唐后期，僻远的西州地区私学已经很发达了，那么中原私学的发展可想而知。

---

① 李正宇：《唐宋时期的敦煌学校》，《敦煌研究》1986年第1期，第43—44页。
② 周永卫：《两汉教育的发展历程及其特点》，《唐都学刊》2000年第1期。
③ （宋）王溥：《唐会要》卷三十五，上海古籍出版社1991年版，第741页。

从四部文献题记的记载来看,敦煌本地私学包括义学和乡里坊巷之学、私塾两类。

1. 义学和乡里坊巷之学

P.2643《古文尚书第五》:"乾元二年(759)正月廿六日,义学生王老子写了,故记之也。"

P.2904《论语卷第二》:"未年(815)正月十九日社学写记了。"

S.4307《新集严父教一本》:"雍熙三年(986)岁次丙戌七月六日,安参谋学侍郎崔定兴写严父教记之耳。/丁亥年三月九日,定难坊巷学□郎崔定兴自手书记之耳。"

佛经题记中亦可见载:

BD05819《妙法莲华经》:"己巳年(969)三月十六日悬泉学士郎武保会、判官武保瑞自手书。"

其中可见义学、定难坊巷学、社学及悬泉乡学。义学和乡里坊巷之学是唐代私学的主要形式,唐玄宗开元二十六年(737)正月十九日敕:"古者乡有序,党有塾,将以宏长儒教,诱进学徒,化民成俗,率由于是。其天下州县,每乡之内,各里置一学,仍择师资,令其教授。"① 唐玄宗认识到乡里之学有化育民俗、弘扬儒教的优点,对社会风气起着潜移默化的作用,因此大力提倡。唐代科举昌盛,许多科举不第的学子和贫寒士子也因此找到了谋生的方式,教授于私学。

乡里坊巷学即是唐玄宗敕令建立的,那么它与官学的性质有何区别呢?吴霓在《中国古代私学发展诸问题研究》一书中总结为"主要是国家给政策,鼓励举办,但具体实施仍是由地方单位或乡里众人

---

① (宋)王溥《唐会要》,中华书局1955年版,第635页。

第五章　四部文献题记研究

集体兴办，带有民办官助的性质。属特殊意义的私学"①。

2. 私塾

四部文献题记中显示出一些学生就读于当地的私塾。私塾是私人兴办的，开设于家庭、宗族、乡村内部的学校。它产生于春秋时代，除秦朝曾短暂停废外，在几千年的封建社会里绵延不衰。敦煌地区的私塾有如下几种：

郎义君学　BD 04083《因缘心释论》卷背："大唐河中（中和）（885）五年三月十八日，沙州敦煌郡郎义君学士孝顺。"

李家学　P.2825《太公家教》："大顺元年（890）十二月李家学郎，是大哥尔。"

就家学　P.3780《秦妇吟一卷》："显德二年（955）丁巳岁二月十七日就家学士郎马富德书记。"

白侍郎学　P.2566《礼佛忏灭寂记》："开宝九年（976）正月十六日抄写礼佛忏灭寂记，书手白侍郎门下弟子押衙董文受记，后有人来，具莫怪也。"

P.2841《小乘三科》："太平兴国二年（977）丁丑岁二月廿九日白侍郎门下学仕郎押衙董延长写小乘三科题记。"

氾孔目学　S.5441《捉季布传文》："太平兴［国］三年（978）戊寅岁四月十日，氾孔目学仕郎阴奴儿自手写季布一卷。"

安参谋学　S.4307《新集严父教一本》："雍熙三年（986）岁次丙戌七月六日，安参谋学侍郎崔定兴写严父教记之耳。"

从以上题记可见，敦煌地区的私塾多见于晚唐五代宋初时期。

（三）寺学

敦煌当地寺院有17—20所，有些寺院中设有寺学，见于敦煌文

---

① 吴霓：《中国古代私学发展诸问题研究》，中国社会科学出版社1996年版，第182页。

献记载的有10所，见表5—1。

表5—1

寺学	出现的时代（年）	卷号
莲台寺学	893—936	P. 3569、P. 3833、P. 2618、
净土寺学	920—973	S. 2614、P. 2808、P. 2621、S. 0395、S. 2894、BD 08668、P. 2633、P. 3649、P. 2570、P. 2484、S. 3691、
金光明寺学	858—922	P. 3381、S. 0692、S. 3011、P. 3692、P. 3692、S. 1586、P. 3757、P. 3446
乾明寺学	975	P. 4065
龙兴寺学	917—920	P. 2712、199窟、Дх 00277、
永安寺学	923—979	P. 3386、S. 0214、S. 1163、P. 2483、
三界寺学	915—975	S. 0707、S. 0173、P. 3393、S. 3393、P. 3386、P. 3189、
灵图寺学	895—936	P. 3211、P. 5011、S. 0728、S. 5977、P. 3698、S. 0785
大云寺学	958—962	S. 5463、P. 3886、S. 0778、
显德寺学	977	BD 00876、P. 3170

注：据李正宇《敦煌学郎题记辑注》收录的题记、杂写中的寺学信息编制。

从各个寺学在文献中出现的时间来看，寺学主要兴盛于归义军时期。寺学的出现与中国古代士人习业山林的风尚有关。据严耕望先生研究，士子就学于山林巨刹自汉末以来已有之，南北朝时期亦为多见，盖因汉末丧乱，政府不以教育为意，学校衰落；南北朝门阀制度森严，读书仕宦为世家之特权，且当时第一流学者多为僧徒，兼通经史，平民贵族皆尊仰之，故而士子多投身于山林巨刹。①

唐初学校制度恢复，官学发达，士子完全可就官学学习，无求学于山林之必要。此种情形自武后执政时为之一变，《旧唐书》卷一百八十九《儒学传序》云：

---

① 严耕望：《唐人习业山林寺院之风尚》，载《唐史研究丛稿》，新亚研究所1969年版，第367—369页。

❖ 第五章 四部文献题记研究 ❖

及则天称制,以权道临下,不吝官爵,取悦当时。其国子祭酒,多授诸王及驸马都尉。准贞观旧事,祭酒孔颖达等赴上日,皆讲五经题。至是,诸王与驸马赴上,唯判祥瑞按三道而已。至于博士、助教,唯有学官之名,多非儒雅之实。是时复将亲祠明堂及南郊,又拜洛,封嵩岳,将取弘文国子生充斋郎行事,皆令出身放选,前后不可胜数。因是生徒不复以经学为意,唯苟希侥幸。二十年间,学校顿时隳废矣。①

其后学官日衰,而士子读书山林者却日渐众多。颜真卿《泛爱寺重修记》云:"予不信佛法,而好居佛寺。……予未仕时,读书讲学恒在福山,邑之寺有类福山者,无有无予迹也。"② 盛唐时期,类似于颜真卿读书山寺者有很多,习业山林之风于此期已颇盛。

安史之乱后,藩镇割据,国运衰落,官学也随大势而去。德宗贞元年间李观上《请修太学疏》言"在昔学有六馆……今存者三,亡者三。亡者职由厥司,存者恐不逮修。舆人有弃本之议,群生有将压之虞。至有博士助教,锄犁其中,播五稼于三时,视辟雍如农郊。"③ 无论中央官学和地方州县学,多衰败不堪。是时,敦煌为吐蕃占领,官学被取缔,学子无处求学;没落的官吏、文人被充为寺户,④ 寺院中的文化资源丰富起来,士子们转而寄身寺院,寺学开始建立。归义军时期,州县学虽已恢复,但寺学仍然兴盛不衰。

三 敦煌学校教育的特点

敦煌的学校教育与中原保持了一致,但也有一些地方特色,表现在以下几点:

---

① (后晋)刘昫等:《旧唐书》,中华书局1975年版,第4942页。
② (清)董诰等:《全唐文》卷三百三十七,中华书局1983年版,第3419页。
③ (清)董诰等:《全唐文》卷五百三十二,中华书局1983年版,第5401—5402页。
④ P.3918《佛说金刚坛广大清净陀罗尼经》题记载"癸酉岁十月十五日,西州没落官甘州寺户唐伊西庭节度留后使判官朝散大夫试太仆卿赵彦宾写,与广林阇梨审勘校正,并无差谬"。此乃吐蕃时期,唐朝没落官员被充为寺户的证据。

❖ 敦煌汉文文献题记整理与研究 ❖

1. 敦煌官学采用庙学制，学官地位较高

庙学制是指传统儒学的教育场所包括以孔庙为中心的祭祀空间与以讲堂为中心的教学空间。①关于敦煌州县学校的建制，P. 2005《沙州都督府图经》载：

> 州学　右在城内，在州西三百步。其学院内，东厢有先圣太师庙堂，堂内有素先圣及先师颜子之像。春秋二时奠祭。
> 县学　右在州学西连院。其院中，东厢有先圣先师庙，堂内有素先圣及先师颜子之像。春秋二时奠祭。

"先圣先师庙"即是祭祀孔子和颜回的庙堂，由此可见，敦煌的州县学校施行庙学制。

庙学制创建于东晋孝武帝时期，孝武帝欲借由振兴教育、提倡礼乐，以强化东晋在文化上的正统性，故而于太元十一年（386）追谥孔子后裔，建孔子庙以比拟曲阜孔庙。南朝各朝相沿如是，北魏孝文帝也于太和十三年（489）在国子学建立了孔子庙。从此以后，南北两朝在中央官学都设有孔子庙。地方官学建立孔庙之始是在北齐天保元年（550），文宣帝诏令郡学立孔颜庙。所谓"孔颜庙"即以孔子和颜回为祀主。隋代继承北齐之制，规定"国子寺，每岁以四仲月上丁，释奠于先圣先师。年别一行乡饮酒礼。州郡学则以春秋仲月释奠"②。

唐代是庙学制渐趋完备和贯彻实施的时期，唐高祖武德二年（619）令"国子学立周公、孔子庙，四时致祭"③之后，唐太宗于贞观四年（630）诏令全国县学皆建置孔子庙。《新唐书·礼乐制》载：

> 贞观二年，左仆射房玄龄、博士朱子奢建言："周公、尼父

---

① 高明士：《圣域与教育——东亚庙学制的建立与发展》"庙学的制度化"，第5页。
② （唐）魏征：《隋书》卷九《礼仪志》，中华书局1973年版，第181—182页。
③ （后晋）刘昫等：《旧唐书·高祖纪》，中华书局1975年版，第9页。

❖ 第五章　四部文献题记研究 ❖

俱圣人，然释奠于学，以夫子也。大业以前，皆孔丘为先圣，颜回为先师"。乃罢周公，升孔子为先圣，以颜回配。四年，诏州、县学皆作孔子庙。①

至此，中央至地方县级官学全部实行了庙学制。

唐代州县级官学的庙学制的实施情况，在前引 P.2005 号文献中找到了实例。从中可知，地方州县学不祭周公，而是以颜回配祀孔子，这正是继承了前代的规制；祭祀礼仪乃"春秋二时奠祭"，也符合《唐六典》中所记"凡州、县皆置孔宣父庙，以颜回配焉，仲春上丁，州、县官行释奠之礼；仲秋上丁亦如之"②的制度。以往研究者对于隋唐庙学之制的认识，只是从史书或政书上的记载获得，敦煌文献有关州县学的记载则为研究者提供了地方学校庙学制的实例。

州县学校"先圣先师庙"除了用于春秋二时的奠祭活动，一如 P.3271《论语卷第五》题记所言"乾符四年（877）丁酉岁正月十三庙堂内记也"，平时也可能作为学生的学习场所。

归义军时期，敦煌官学的规格较高，学官设有"检校国子祭酒"一职，翟奉达、安彦存、翟文进等都曾担任此职；还设有"太学博士"，P.2937《太公家教》题记云"维大唐中和四年二月廿五日沙州敦煌郡学士郎兼充行军除解太学博士宋英达"，地方学官被提高到了等同中央最高学官的地位。这种情形正是归义军政权对中央王朝具有一定的独立性的表现，也是归义军政权重视教育的体现。

2. 教学内容以儒家经典为主

从本章第一节"附有题记的四部文献"来归纳，学生们抄写最多的是儒家经典和蒙书，共七十四卷号，占有题记的四部文献总数的一半。然而，儒家经典和蒙学书籍所导向的教育目标却是不一样的。蒙学是识文断字、教习知识、培养道德的小学教育，是以劝学行礼、移风易俗为目标的庶民教育。蒙学是一切学习之发端，学生从蒙学书

---

① （宋）欧阳修、宋祁：《新唐书·礼乐制》，中华书局1975年版，第373页。
② （唐）李林甫等撰，陈仲夫点校：《唐六典》卷四"祠部郎中员外郎"，中华书局1992年版，第123页。

籍中懂道理、知礼仪，有利于个人修养的培养，可以化育民俗、和谐社会生活。儒家经典，特别是唐初立于学官的五经，是科举入仕的读本，它所代表的是以科举为目标的经学教育。唐太宗命孔颖达等编订的《五经正义》，于唐高宗永徽四年（653）颁行。凡士人应明经科，均须诵习儒经，义理需全据《正义》所说。敦煌出土有 P.3311《五经正义卷末编纂列位及抄录记》，说明当时颁定的标准科举教材已经传播至敦煌。而大量的书写工整、书法精美的儒家经典抄本，说明儒家文化在敦煌的传播也未必薄弱。在寺学当中，佛教教育与世俗教育兼而有之。据前文统计，敦煌至少有 10 所寺学，其中大多数学生都是在俗之人，他们学习的内容主要是儒典。甚至连僧人也要学习儒家经典，四部文献题记显示，也有相当一部分僧侣抄写儒家文献。由此可知，在佛教发挥了巨大影响力的敦煌社会，儒家文化并没有退居次要地位，而是通过学校教育延续不断地传播着。

余　论

一　敦煌文献题记研究的价值与意义

敦煌文献题记包含了4—10世纪书籍史、职官制度、社会生活、风俗习惯等方面丰富的第一手资料，将敦煌文献题记作为研究对象，从整体的视角来分析和考察，对历史、社会、宗教等领域的研究颇有帮助。

（一）厘清题记的源流，有助于书籍形制的研究

隋唐时期，写卷上题写题记已成定制。《大唐书仪》曰："隋时修文馆书写，卷末间一行留空纸，每一卷毕记名空处。"① 这一类现象的出现，必有其形成的历史原因。起源问题是我们了解题记亟待解决的首要问题。然而现存研究成果中，于此着意者极为少见。仅魏郭辉《敦煌写本佛教题记研究》和罗汀琳《敦煌佛经写卷题记初探》稍有论及，② 限于对译经题记和祈愿题记起源的探析，并未系统阐释。对题记的发展脉络、形制特点及其对印本文献影响的研究更是无人涉及。因此，对以上问题的讨论有助于厘清题记的源流，进而有助于书籍形制研究的推进。

---

① ［日］岛田翰：《汉籍善本考》，北京图书馆出版社2003年版，第57页。
② 魏郭辉认为写经题记的出现与佛典汉译有相当密切的关系，应源于早期西土僧人译经时所写之译经后记，但只能说明译经题记的起源。见魏文第14页。罗汀琳认为写经题记有别于"经后记"，其祈愿记事之内容一准于金石之列，接近于造像记。此处着重说明佛教题记的祈愿部分。参见罗文第4页。

（二）有助于历史、风俗、制度之考证

题记足资考证之作用在敦煌学研究初期已被学者提出。陈寅恪先生在《敦煌石室写经题记汇编序》中说："此编所收诸卷题记之著有年月地名者，与南北朝隋唐之史事一参究之，其关系当时政治之变迁及佛教之情况者，约有二事，可得而言：一则足供证明，二则仅资谈助。"① 此篇序言，介绍了敦煌写经题记对研究隋唐政治变迁和佛教发展的价值。在此后的研究中，越来越多的学者将题记资料运用在了考证工作中。

罗振玉辑编高昌曲氏、瓜沙曹氏二《年表》（《国学丛刊》）征引题记为证，《跋唐馆本金刚经》（《永丰乡人杂著甲稿》）据其经尾题记，考证唐代官职之沿革及虞昶之袭爵。陈寅恪据题记证明唐高宗、武则天时期佛教的兴盛；又据敦煌本《大云经经疏》考出武则天所颁《大云经》，乃薛怀义取昙无谶旧译附以新疏，巧为附会而成。② 赵万里分析了东阳王元荣所造《妙法莲华经》和《大智度论》的题记，考证了东阳王的身世和世系以及女婿邓彦杀元荣之子篡位的史实。③ 秦明智对甘肃省博物馆所藏的前凉写本《法句经》加以研究，根据该卷题记的年代，考证了敦煌莫高窟的建窟年代应以永和九年之说为妥；并针对写本题记的年号，结合当时河西历史情况作了详尽论述，指出这两则纪年在研究东晋、前凉关系史上的重要价值。④ 杨宝玉据 P.2094《持诵金刚经灵验功德记》题记考证金山国建立于公元909年。⑤ 这些题记对于敦煌史实的考证具有至关重要的作用。此处仅略举与敦煌史实和佛教史实相关者为例，而以题记研究敦煌社会风俗、写经制度者为数众多，在《绪论》"研究史回顾"中所述甚

---

① 陈寅恪：《金明馆丛稿二编》，生活·读书·新知三联书店2001年版，第227页。
② 陈寅恪：《敦煌石室写经题记汇编序》《武曌与佛教》，载《金明馆丛稿二编》，生活·读书·新知三联书店2001年版。
③ 赵万里：《魏宗室东阳王荣与敦煌写经》，《中德学志》第5卷第3期，1943年。
④ 秦明智：《前凉写本〈法句经〉及其有关问题》，《敦煌学辑刊》1983年第3期。
⑤ 杨宝玉：《P.2094〈持诵金刚经灵验功德记〉题记的史料价值》，《甘肃社会科学》2009年第2期。

❖ 余 论 ❖

详,不再赘述。

在本书的研究中,通过对题记的梳理,也发现了一些可资考证的资料。例如,题记中有不少与传统书写顺序相违背的从左向右竖行书写的例子,结合敦煌文献和石窟题记中的相同例证,发现它们集中出现在吐蕃及归义军统治时期;这一时期正是吐蕃的语言文字通过写经活动和日常生活交流在汉族民众中渗透的时期,从而考证出了吐蕃文字的书写方向对敦煌百姓的书写习惯产生影响,使其日常书写顺序更具随意性的史实(参见第二章第三节"题记的书写特点")。

(三)有助于民间宗教信仰的研究

敦煌以佛教文化著称于世,敦煌文献中90%以上都是佛教文献。然不同于士大夫所研习之义理性佛教,敦煌佛教乃信仰性佛教。民众对佛教的崇信带有强烈的功利之心,民间佛事兴盛,注重积累善业、修持功德。佛教文献题记记录了佛教信徒参与写经活动的多种信息,为我们研究敦煌民间佛教信仰提供了弥足珍贵的资料。不同阶层的信众参与佛事活动的目的不同,内心的愿望也不尽相同。通过对题记所载不同阶层造经者造经目的的分析,可以了解各阶层信众不同的宗教心理和信仰取向。社会上阶层会以理性的态度来看待佛教信仰,并从中发掘有利于统治的优点。他们对于佛教经典和写经活动的认识并非完全从一个佛教徒的角度来获得,而往往是带有鲜明的政治功利性。而社会下阶层是在写经功德的诱引下,以现实苦难的解脱、现世与来生利益的追求为出发点写经供养的。

同时,对题记所反映的写经题材和祈愿内容的排比、梳理,可以勾勒出敦煌民众供奉经典的变化,以及民间佛教信仰由神圣追求向现实利益转变的世俗化过程。

佛教之外,敦煌地区也有道教、摩尼教、景教、祆教等其他宗教。从这些宗教文献的题记中,我们可以看出其对佛教题记的模仿(尤其是道教的题记愿文),并从这种相似性中发现其他宗教与佛教的融合情况。

(四)有助于敦煌与中原文化交流之考察

敦煌地区的文化虽极具地方特色,但与中原文化毫不脱节,原因在于以典籍为载体的文化交流一直没有中断。这些典籍包括佛教典籍、道教典籍和儒家典籍。以佛教而论,题记中屡见敦煌与周边地区人员互往流动的记载。人员流动时携带有经卷,加之中原政府屡有颁赐经典之举,使中原的佛教潮流得以影响敦煌,两地得以保持一致。

以道教而论,武则天为太子李弘写经祈福,曾诏各地道士、女冠进京抄写一切道经。历博49《太玄真一本际经卷第五》题记"冲虚观主宋妙仙入京写一切经,未还身故,今为写此经",即是对这次写经的记录。这次写经活动一方面是追悼亡太子,另一方面却是借此在各地颁发道经写本,① 为敦煌道教与中原道教的交流提供了极好的机会。神泉观道士索洞玄就在入京写一切道经时为亡妹写了一部《太玄真一本际经》。② 开元二十九年(741),唐玄宗下令天下道观转读《本际经》,《混元圣记》开元二十九年辛巳十二月载"令天下诸观自来年正月一日,至年终己未,常转《本际经》,老君所以富国安民者也",而早在7世纪末8世纪初敦煌已流行写《本际经》了。

以儒家经典而论,东晋永嘉之乱后,中原士人西迁,为西凉张氏所重用,儒学在敦煌世家大族中延续不断。敦煌官学、私学教育发达,四部文献题记中所见之敦煌学校有二十多所,所传习者以儒家典籍为主。蕃占时期,汉族文化受到冲击,但在寺学中却得到了延续的机会。寺学兼授佛教知识和世俗知识,学子传抄读诵《论语》《孝经》、蒙学书籍屡见载于题记中。

正是这些文献的流通以及文献题记对流通史实的记载,使我们得以了解敦煌与中原之间文化交流的状况。

---

① 姜伯勤:《〈本际经〉与敦煌道教》,《敦煌研究》1994年第3期,第2页。
② 上图078《太玄真一本际经卷第二》:"大周长寿二年九月二日,沙州神泉观道士索玄洞于京东明观为亡妹写本际经一部。"

❖ 余 论 ❖

二 敦煌文献题记研究可深入之领域

唐五代时期是印刷术开始少量应用于书籍生产的时期，本书所收集的题记资料几乎全为写本时期的文献题记，少量印本文献的题记也仍然保留了写本题记的形制。印刷术普及之后，书籍的装帧形式发生了变化，题记是否存在于印本文献上？它对印本文献产生了何种影响？这是我们仍须继续讨论的问题。

本书在讨论佛教文献题记时，只以时间为线索，宏观地叙述了写经题材和祈愿内容的变化，未能将其细化；同时也没有涉及祈愿对象的变化，更未能将写经题材与祈愿对象、祈愿内容结合起来，以三者的变化关系来分析中古时期敦煌佛教思潮的变化和民众信仰的演进，这是日后题记研究当着重深入的论题。

佛教文献题记中，除了对佛、菩萨的崇拜，还可见到对一些道教及民间杂神的供奉；佛教盛行为亡人写经追福之风，几乎每条题记愿文中都会为亡父母、七世父母等祈福，这种追福之风当与儒家的孝道观有很深的关系。通过对三类文献题记内容的比较，分析儒家思想与佛道二教是如何糅合在一起的。在此种思想杂糅的背景下，敦煌佛、道二教流行经典和信仰变化产生的原因及各种民间俗信仰出现的原因又是什么？如上所述，题记所见之儒释道和民间信仰的融合，是又一个需要我们探究的话题。

附录　《敦煌遗书总目索引新编》英藏、法藏题记校补

　　《敦煌遗书总目索引新编》（后简称《新编》）的出版是敦煌学研究的一件盛举，施萍亭等研究者通过多年努力，以《敦煌遗书总目索引》（后简称《总目》）为底本，利用微缩胶卷重新校订了英、法及国图部分。《新编》后出转精，保留了《总目》的条目"说明""本文"等诸多优长，校正了《总目》诸多疏误，并在卷子的定名、写卷缀合、题记录文等方面体现了最新的研究成果。

　　然而，这项工作异常繁复，难免有所疏漏，虽瑕不掩瑜，但却给使用者带来一些不便。研究需要，笔者对敦煌文献题记进行了全面的考察，在比照英藏和法藏文献图版后，发现《新编》在辑录文献题记上的一些疏误，故撰文对其进行校补，希望对使用《新编》者有所帮助。

说　　明

　　（1）敦煌写卷题记是附记于写卷尾部（少数附记于卷首、卷中、卷背），记述写本的年代、书写（书写地点、书手姓名身份及写本产生缘由、用纸等）、校勘、诵读、流传、供养的文字。据此为判定标准，《新编》存在的问题分为以下几类：第一，漏录及衍录者；第二，非题记而误掺入者；第三，原为题记误录作尾题者；第四，此卷题记误录属彼卷者；第五，录文讹、脱、倒、衍的情况。本文即依类

❖ 附录 《敦煌遗书总目索引新编》英藏、法藏题记校补 ❖

校补。

（2）漏录的题记部分，一遵图版原文，在俗字、异体字、讹字后用（ ）注出正字；脱字处将补正的字置于□内标出；存疑的字，在其后加（?）表示；原卷漫漶不清者参照翟理斯《英伦博物馆汉文敦煌卷子收藏目录》录出，并标明"据《翟目》"。

（3）误录部分，先照录《新编》题记录文，后陈述笔者校勘意见。

（4）讹脱倒衍部分，照录《新编》录文，讹字及衍文加［ ］标出，并在讹字后用（ ）注出正字；脱字处将补正的字置于□内标出；文字颠倒处以"颠倒录文→正确录文"标示；原卷本无疑义而《新编》认为有疑义并改正者，在异文上加双删除线表示原卷不误。

一 漏录及衍录者

（1）《新编》漏录者极多，兹条列如下：

S.0080 无上秘要卷第十：开元六年二月八日，沙州敦煌县神泉观道士马处幽并侄道士马抱一，奉为七代先亡及所生父母、法界苍生，敬写此经供养。

S.0246 妙法莲华经卷第五：弟子李□□及法界众生共同供养。（据《翟目》）

S.0304 大集经卷第二十五：用纸廿三张。

S.0438 佛说无量寿佛经：氾子升。

S.0676 大般若波罗蜜多经：法贬勘。（据《翟目》）

S.0700 大乘无量寿经：张海（?）。

S.0702 佛说无量寿宗要经：姚良。

S.0785a 李陵苏武书、S.0785b 穷囚苏子卿与李陵书，背面有：灵图寺学郎□□□记之耳。

S.0797 十诵比丘戒本：比丘德佑写，一校竟。（此卷正背两面接写，此题记在正面文末）

S.1069 大乘无量寿经：张小卿。

S.1078 大乘无量寿经：李义。

S.1349 劝善经一卷，共两件，第一件后题：贞元十九年正月二十三日；第二件后题：贞元十九年正月二十三日出文，五月二十九日写了故记之。

S.1374 大乘无量寿经：姚良。（《翟目》作"毗良"，误）

S.1397v 天请问经：戊子□（历？）八月。

S.1714 佛说无量寿宗要经：刘法子。（据《翟目》）

S.1840 大乘无量寿经：马丰。

S.1857 老子化胡经卷第一并序：道士索洞玄经。

S.1987 大乘无量寿经：邓英。

S.2611 大乘无量寿经：邓英。（《翟目》作"邓吴"，恐误，题记中多见"邓英"）

S.2690 大般若波罗蜜多经卷第四百一十三：海晏勘。

S.2888 大乘无量寿经：张涓。

S.2909 大乘无量寿经：索滔。（据《翟目》）

S.3121 佛说无量寿宗要经：氾子升写。

S.3314 佛说无量寿宗要经：宋良金写。（《翟目》作"宋良念"，恐误）

S.3345 大乘无量寿经：裴文达。

S.3464 妙法莲华经卷第五：倩（清）信士尹黄睹所供养经。

S.4479a 救诸众生一切苦难经一卷：谨请四方比（毗）沙门天王护我居宅，请（清）信佛弟子刘英舍一心供养。（《翟目》作"刘英全"，恐误）

S.4495 诸星母陀罗尼经一卷：唐再再。

S.4574 佛说无量寿宗要经：索慎言。

S.4723 佛顶尊胜陀罗尼神咒一本　波利奉诏译：沙州沙门乾元寺法弁。

S.4940 大乘无量寿经：提皋。（据《翟目》）

S.5021 大乘无量寿经：裴文达。

S.5042 大般若波罗蜜多经卷第七十七：孟郎子。

S.5450a 金刚般若波罗蜜多经，所附真言后有题记：为一切怨家

❖ 附录 《敦煌遗书总目索引新编》英藏、法藏题记校补 ❖

债主,所有污泥伽蓝,一切重罪悉得销灭。

S.5450b 佛说阎罗王授记令四众逆修生七斋功德往生净土经:一切怨家债主领受功德。

S.5956 般若多心经:弟子张□谦奉为亡姊皇甫氏写观音经一卷、[多心]经[一]卷,□□姊□□□生诸佛□□。(据《翟目》)

S.6349 易三备卷第二:于时岁次甲申六月丙辰十九日甲戌申时写记。

S.6417f 愿文:戒荣文一本。

S.6436 大般若波罗蜜多经卷第六:勘了。

S.6540 大般若波罗蜜多经卷第二百一:超净。

S.6607 佛说无量寿宗要经一卷:王瀚。

S.6618 大方广佛华严经卷第二十七:勘了。

P.2732v 入理缘门一卷:大唐贞元十年岁甲戌仲夏八日西州落蕃僧怀生□于甘州大宁寺南所居再校。

P.2912 大乘稻竿经随听疏:卯年十一月四日说稻竿经一遍讫校记之也。(在卷背)

P.2992 大乘无量寿宗要经:邓英子。

P.3110 佛说摩利支天经、佛说延寿命经:清信弟子阴会儿敬写摩利支天经一卷,延寿命经一卷。(此条在《佛说延寿命经》尾题下)逐日各持一遍,先奉为国安人泰,社稷会昌;使主遐寿,宝祚长兴;合宅枝罗,常然者(吉)庆;过往父母,不历三途。次为己躬,同沾此福,永充供养。丁亥年四月十四日书,写经人僧会儿题记之耳,后有□□。(此条在卷背)

P.3235 太玄真一本际经卷第二:弟子 比缘染患,沉痼积时,针灸不疗,药石无损。援发弘愿,委命慈尊,遂蒙大圣匡扶,宿疾除愈。谨抽妙宝,割舍净财,敬写本际经一部。愿是功德,资益弟子九玄七相,内外亲姻,长辞地狱之酸,永受天堂之乐。傍周动植,爰及幽明,同会胜因,具沾此福。

P.3857 救诸众生一切苦难经一卷:谨请四方佛沙门天王护我居宅。

（2）《新编》衍录者仅 S.6826v《毗尼比婆娑》，录题记"一校竟"。参看原卷图版，实无。《总目》亦未录，系《新编》衍入。

二　非题记而误掺入者

（1）S.0548v 佛本行集经变文：此内及外更有诸妙理，不及具细，谁人乐者，成佛因由，则知微细极甚精妙也。长兴五年甲午岁八月十九日莲台寺僧洪福写记诸耳。僧会定池（持）念诵读，知人不取。

"此内……精妙也"一句当不为此卷题记，当为变文之结尾部分。因为：其一，P.2999 为《太子成道经》，故事系由《佛本行集经》演绎而来，首尾俱全，与此卷实为相同内容之变文，卷末即有此句。① 其二，变文乃是说唱文学，往往韵散结合以铺陈叙说。通观此文，先有开讲文字和押座文以引入正题，其后铺叙悉达太子成道经历，讲毕附有"此内……精妙也"句以收束文意。从变文结构及文意的贯通性考虑，此句恰应属于变文收讲之文字，并非题记。其三，题记往往以提行低字、空格接写、字体略小等形式与写卷正文相区别，然本句与正文同高，下句"长兴五年……"则提行低二字，是为此卷之题记，"此内……精妙也"与下文书写形式不一致，说明非题记内容。

（2）S.0720 金光明经卷第七：此品咒法，有略有广，或开或合，前后不同，梵本既多，但依一译，后勘者知之。

S.2543 金光明最胜王经卷第七与此同。

检英藏文献中共有 26 个题名为"金光明经卷七"的写卷，② 据卷中所存之品题及内容，除 S.1964 外，各卷均本于唐代义净所译十卷三十一品之《金光明最胜王经》。其中 S.2382、S.4565、S.4783、S.5242、S.6107 五个卷子卷末残缺，其余二十一个卷子在《大辩才天女品第十五》末尾都抄有《新编》所谓题记。《大正藏》所收

---

① 参见黄征、张涌泉《敦煌变文校注》，中华书局 1997 年版，第 442 页。
② 26 个写卷分别为：S.0018、S.0188、S.0294、S.0432、S.0720、S.1178、S.1409、S.1964、S.2040、S.2239、S.2382、S.2453、S.2543、S.3146、S.3588、S.4210、S.4283、S.4565、S.4783、S.4910、S.4986、S.5190、S.5242、S.6107、S.6566、S.6798。

❖ 附录 《敦煌遗书总目索引新编》英藏、法藏题记校补 ❖

《金光明最胜王经》卷七《大辩才天女品第十五之一》末同样以双行小字录有此句。① 可见，此品在流传中一直附有此语，当为义净译经时所加之翻译说明，它与佛经译文同时产生，在流传过程中已固定为文本的一部分，不可视为写经题记。

(3) S.2048 摄论章卷一：摄论章卷第一比字校竟。

"摄论章卷第一"为此卷尾题。本卷题记"仁寿元年八月廿八日，瓜州崇教寺沙弥善藏在京辩才寺写摄论疏，流通末代，比字校竟"，从尾题前一行开始写，第二行接写在尾题下，一直写到尾题后一行，将尾题围绕在其中。《新编》在录入题记时或为此种书写形式所误导，为将语句连贯通顺，故而将尾题误作题记中的语句插在了"比字校竟"前。

(4) S.3835c 百鸟名：百鸟名一卷，庚寅年十二月日押衙索不子自手记名。

"百鸟名一卷"系本卷尾题，写于正文末提行行中，真正的题记为写于尾题下一行的"庚寅年十二月日押衙索不子自手书记名"。

(5) S.4004 四分本疏卷第三：沙门慧述。

"沙门慧述"四字写于首题八字空格之下，是为此卷的撰著者。书籍题写撰者自魏晋而盛，著者题名成为书籍的一部分伴随书籍共同传播，抄写者往往将题目、撰著者、正文作为一个整体全面抄录。敦煌写卷中一般将撰著者、译经者姓名写于首题之后，如 S.0107v 辩中边论卷一，首题下题"世亲菩萨造 三藏法师玄奘奉诏译"。故而此题名并非写卷题记。《新编》载 P.2870《佛说十王经一卷》有题记"成都府大圣慈寺沙门藏川述"与此同。

(6) S.4064c 靳州和尚道凡趣圣悟解脱宗修心要论一卷：若其不护净一切行者，无由辄见，愿知若写者，愿用心，勿领脱错，恐悟（误）后人。

此《修心要论》的写本还有 S.2669vg、S.3558b、P.3434、P.3559、P.3777、BD 00204、BD 08475 等，除 BD 00204 首部残缺

---

① 《大正新修大藏经》第 16 册，第 437c 页。

及 P.3559 没有此段文句外，此段均抄于首题之下。《修心要论》另有一些朝鲜刊本存世，《大正藏》第四十八册题为《最上乘论》，即以"隆庆四年庚午仲春全罗道同福地安心寺开板"为底本收入，其正文前亦有此段文句，只个别字词不同。① 可见此段并非写卷题记，应是弘忍所述的记录者或最初传播者所题写的告诫之辞，已与正文结为整体一并流传。

（7）S.4367 道行般若经卷第九：第九，一校竟，十七纸。

此卷首残尾全，正文末提行题"第九"。据对敦煌写卷题名的考察，写卷一般都具有首题和尾题，尾题往往是首题的省称，注重卷数信息的标示。② 此卷首部虽残，但据本卷的定名和写卷首尾题关系的一般原则，此"第九"应为指卷数之尾题，并非题记。且"第九"字迹与正文同，而与"一校竟，十七纸"异，可知后者为他人（可能是校勘者）所写。《总目》也将"第九"视为题记，《新编》系延《总目》之误。

（8）S.4494 杂咒文集：大统十一年乙丑岁五月二十九日写讫，平南（？）寺道养许大德。

此题记应止于"平南（？）寺道养许"，"大德"二字作大字写于题记下一行，与题记文字不同，且连读文义不通，当是杂写，不属题记。英藏写卷中还有同类结构的题记，如 S.2535 "二年八月三日写讫，旷许"、S.2693 "比丘洪琇许"、S.2694 "渊许"、S.2733 "比丘惠业许"，都是"名词＋许"的形式。这种形式中，"许"字意义是虚化的。③ 此用法在魏晋南北朝的小说中可以见到，《世说新语·规箴》："［罗］君章云：'不审公谓谢尚何似人？'桓公曰：'仁祖是胜我许人。'君章云：'岂有胜公人而行非者？故一无所问。'"④ 从"岂有胜公人"和"胜我许人"可知"公"和"我许"都指桓公，"胜我许人"即"比我强的人"，"我许"即"我"，"许"没有

---

① 《大正新修大藏经》第 48 册，第 377a 页。
② 黄威：《敦煌文献首尾题初探》，《文献》2010 年第 4 期，第 17 页。
③ 江蓝生：《魏晋南北朝小说词语汇释》，语文出版社 1988 年版，第 236 页。
④ 徐震堮：《世说新语校笺》，中华书局 1984 年版，第 312 页。

◆ 附录 《敦煌遗书总目索引新编》英藏、法藏题记校补 ◆

实义。佛经中也有这种用例,《旧杂譬喻经》:"龙王明日人现来与王相见,语王:'王有大恩'在我许女昨行为人所搔,得王往解之,我是龙王也,在卿所欲得。"① "在我许"就是"在我"。题记中的"许"字也是虚化的,句意指向人名部分,在"大统十一年乙丑岁五月廿九日写讫,平南(?)寺道养许"中,平南寺道养就是此写卷的书写者题名。

(9) S.6661 佛经戒律:衣法第七已二校。僧灵寂、僧弘文、僧□。

"衣法第七"为写卷之尾题,《总目》没将"衣法第七"列入题记即为证。此卷首残尾全,定名沿用《总目》作"佛经戒律",想必《总目》定名时未注意到正文末隔三行顶格所题写之"衣法第七"。"衣法第七"属于《十诵律》第四诵,《敦煌宝藏》将此卷定为"十诵律衣法第七",可知"依法第七"确为写卷题名而非题记。其下接写题记"已二校",以字体略小与尾题相区别。《新编》误将尾题录作题记,在定名上也未能采用较新的成果。

(10) P.4046 天福七年曹元深舍施回向疏:天福七年十一月二十二日弟子归义军节度使检校司徒兼御史大夫曹元深疏。

此为佛教应用文文末的签署,是应用文结构的必需项,并非抄写记录,故不应视作题记。

三 原为题记而误录作尾题者

(1) 将校勘题记误录为尾题。

S.0751 十诵毗尼初调第五卷 萨婆多毗尼 一校(原尾题如此)②

S.0996 杂阿毗昙心经卷第六 用纸十五张 一校(尾题)

S.2654 大般涅槃经卷第卅 一校(尾题)

"用纸十五张""一校"是校勘者校对完毕后写于卷上的校勘记,

---

① 《大正新修大藏经》第4册,第514b页。
② 括号中注释为《新编》原注。

不能与写卷的首尾题混为一谈。

（2）将供养者题名误录为尾题。

S.4240 佛说佛名经卷第四　曹元德礼已（尾题）

"曹元德礼已"以小字写于尾题右侧，是供养者的题名，与尾题左侧"敬写大佛名经壹佰捌拾捌卷……五月十五日写记"同为此卷之题记，不属于尾题。

四　此卷题记误录属彼卷者

（1）S.3842 佛说无量寿宗要经：怀惠勘。

此卷末行有藏文题名"Go‐gyu‐len"（据《翟目》），未见"怀惠勘"三字。查 S.3841 大般若波罗蜜多经卷第二百卅二，卷末行行中有"怀惠勘"三字，《新编》未录，可知《新编》或因排版之疏忽，误将 S.3841 之题记录属 S.3842。

（2）S.5567 圣教十二时：丙子年四月十日于汉大师边抄下记。

此卷卷末没有任何文字，查 S.5568 佛经，正文末提行写有此行题记，可知此题记原属 S.5568。

（3）S.6665 维摩诘经卷中：福升。

此卷卷末原无题记，查 S.6666 大般若波罗蜜多经卷第五百七十二，尾题隔行行末有"福升"二字，可知此题记原属 S.6666。

（4）P.2165 六门陀罗尼经论并广释开决记：涉少事寻师，长多讲说，然于般若，不甚用功。……大云寺尼妙相抄。（参见《新编》第 227 页）

此题记写在卷背，题记内容称为般若注释，故此题记应为 P.2165v《金刚般若波罗蜜经疏释》的题记。

五　《新编》题记录文讹、脱、倒、衍的情况

《新编》题记录文中，讹脱倒衍之错误也存在不少。条目较多，兹按卷号将需校正的录文摘抄出来，标明其在《新编》排版中的行数位置，列附表 1。

❖ 附录 《敦煌遗书总目索引新编》英藏、法藏题记校补 ❖

附表1

	编号	题名	行数	录文
讹	S.0227	大智论释卷第卌	1	开皇十三年岁次癸［醜］（丑）四月八日弟子李思贤敬写供养
	S.0523	金光明最胜王经卷第八	11~12	翻经沙门佛授记事～寺～都维那惠表笔受，翻经沙门大~~佛光~~～福先～寺胜庄证义，翻经沙门大福~~光~~～先～寺都维那慈训证义*①
	S.0736	大比丘尼羯磨一卷	1	大统九年七月六日己［醜］（丑）朔写讫，比丘尼贤玉所供养
	S.0797	十诵比丘戒本	2 5	和［尚］（上）僧法性 但念其［意］（义）*
	S.0996	杂阿毗昙心经卷第六	10	卷［之］（云）斯苞
	S.1177	金光明最胜王经序品第一	9	大唐光化三年庚申岁［二］（六）月九日写记*
	S.1317	大般涅槃经卷第一	3	登［陟］（涉）妙境*
	S.1381	华严经卷第四十六	1	纸［四十二］（廿四）张*
	S.1456	妙法莲华经卷第五	2	用纸廿［五］（一）张*
	S.1472	佛说八阳神咒经	1 2	为［大］（亡）阿姨师写此经* 同［露］（沾）同福
	S.1558	旧杂譬喻经卷下	1	张良［文］（友）写
	S.1781	散花乐	1	［乙］（己）卯年二月三日比丘僧金刚会书记之耳*
	S.1843	大乘无量寿经（共三种）	1	（第一种）张［兴复］（略没）藏写（第二种）张［□□］（略没藏写）*
	S.1869	大乘无量寿经（共三种）	1	张［清］（涓）子（注：后两种都有题记）
	S.1990	大乘无量寿经一卷（共四种）	1	张卿写（注：前三种卷末都题"张小卿"，第四种卷末题"四卷张卿写"。）
	S.2067	华严经卷第十六	1	延昌［三］（二）年岁次［癸］（水）已七月十九日*

① 表格中加*号者为《新编》沿袭《总目》旧误者。

续表

	编号	题名	行数	录文
讹	S.2105	妙法莲华经卷第十	1~2	永兴二年岁次癸［醜］（丑）三月辛［醜］（丑）朔，廿五日乙［醜］（丑）
	S.2110a	佛说安宅神咒经	1	今五浊世加［清］（请）三七遍
	S.2136	大般涅槃经卷第十	8	障［消］（销）德满*
	S.2278	佛说宝雨经卷第九	2 3 6 6 9	丁亥朔三日己［醜］（丑） 南印度沙门［大］（达）摩流支宣释梵本 天宫寺沙门［大］（达）摩难陀证梵文 大周东寺维那清［原］（源）县开国公沙门处一笔受 佛授记寺都维那［讚］（赞）皇县开国公沙门智静证义
	S.2419	妙法莲华经卷第三	2~3	［经］（以）兹胜善，奉［为］（福）尊灵，愿超越三途，登七净，六道含识，皆［沽］（霑）愿海
	S.2503	大乘无生方便门	4	丁卯年［三］（二）月廿三日沙弥明慧记*
	S.2566	大悲启请、佛顶尊胜加句灵验陀罗尼启请	3	［学］（写）大悲心陀罗尼尊胜陀罗尼同一卷毕
	S.2598	大般涅槃经卷第十六	2	伏［为］（惟）霜露之感
	S.2614	大目乾连冥间救母变文并图一卷	2	张保达［又］（文）书
	S.2624	诸佛要行舍身功德经	2	开元十七年［七］（六）月十五日记
	S.2740	大般涅槃经卷第卅五	1	比丘善慈［穗］（所）供养
	S.2754	僧伽和尚欲入涅槃说六度经	1	恩［惠］（会）*
	S.2838	维摩诘经卷下	11	疫［疠］（厉）消亡
	S.2863	观音经	1	弟子索仁［杰］（节）写记
	S.3079	妙法莲华经卷第四	3	三校［同上］（西明寺僧）思侃
	S.3094	妙法莲华经卷第二	1	仪凤二年五月廿一日书手刘意［思］（师）写*
	S.3280	大乘无量寿经	1	李［弃］（弁）子
	S.3303	大乘无量寿经	1	张谦［益］（逸）写*

◆ 附录 《敦煌遗书总目索引新编》英藏、法藏题记校补 ◆

续表

编号	题名	行数	录文
S.3655	妙法莲华经卷第七	1	咸亨元年闰九崔安居为钟氏［丘姐］（亡妇）敬造
S.3888	大方等如来藏经	1	延寿十六年［十月日］（七月十日），经生囗（巩）达子*
S.3927	瑜伽师地论卷第卅	3	国大德三藏法师法成于沙州［修多寺］（开元寺）说毕*
S.4033	摩诃般若波罗蜜经卷第十四	1	高弼为亡妻元圣［成］（威）所写讫
S.4366	大般涅槃经卷第十二	2 3 5	崇因必［克］（尅） 自不［尊］（遵）崇妙旨 使［人］（众）或［感］（惑）感悟
S.4415	大般涅槃经卷第卅一	5	愿弟子［前］（所）患永除*
S.4496	妙法莲华经卷第三	1	［统］（总）章元年十一月廿三日
S.4551	妙法莲华经卷第四	1 3	门下省群书手刘大［悲］（慈）写 初校书手刘大［悲］（慈）
S.4601	佛说贤劫千佛名经卷上	2 5	［并］（备）笔墨写 八方归［状］（伏）
S.4631	观无［时］（量）寿佛经	1	净信士胡思节夫妻因患敬写［爱］（受）持
S.4656	遗教经一卷	2 5	一句价［值］（直），娑婆百［万］（亿） 胜舍恒［河］（沙）之命
S.4954	大智论卷第五十	1	开皇十三年岁次癸［醜］（丑）四月八日
S.4967	大智论卷第四十七	1	同上
S.5176	妙法莲华经卷第三	1	大周长寿三年四月七日~~天七~~大~~辛干~~云寺
S.5493	般若波罗蜜多心经	1	庚辰年［三］（十二）月十八日
S.5529b	五更调	1	龙文［成］（晟）文书册子*
S.5544b	佛说阎罗王授记令四众逆修生七斋功德往生净土经	3	［六］（天）曹地府*

· 257 ·

❖ 敦煌汉文文献题记整理与研究 ❖

续表

	编号	题名	行数	录文
讹	S.6417a	邑斋文（拟）	1	贞明［六］（陆）年庚辰岁二月十七日金光明寺僧戒［斋］（荣）里白转念
	S.6417b	印沙佛文	1	戒［斋］（荣）文一本（注：S.6417c、e、g同）
	S.6483	瑜伽师地论卷第五十五、五十六	1	大中十三年岁次［乙］（己）卯四月廿四日比丘明照随听写记*
	S.6503	净名经集解关中疏卷上	1	时番中岁次乙酉冬末月下旬二日于报恩寺写［记］（讫）*
	S.6537vi	社约	1	正月廿［二］（五）日净土寺□僧惠信书耳
	S.6580	净名经关中疏卷上	1	比丘谭议疏卷［上］（记）
	S.6667	佛说八阳神咒经一卷	3 4	盲者聋者，愿［听］（见）愿闻 跛者哑者，能行能［走］（语）
	S.6670	瑜伽论卷第十三、十四、十五	2	已说［明］（闻）所成地竟，丙子年四月十［五］（三）日终*
	S.6702	大般若波罗蜜多经卷第四百二十四	1	［冯］（泛）景□写记之
	S.6877	金刚般若波罗蜜经传外传卷下	3 5	研［核］（覈）至理 众［望］（皆）伤悲也
	P.2165v	金刚般若波罗蜜经疏释	2	力衰［日］（目）暗
	P.2314	大周新译大方广佛华严经进表及总目	12	舍人上柱国贾［齐］（膺）福
	P.2663	论语卷第五	1	丑年三月生六日学⃞生 吴良［弟］（义）
	P.2904	论语卷第二	1	未年正月十九日杜［少］（安）子写记了
	P.2965	佛说生经第一	3	破无［名］（明）障，智［能］（慧）神力
	P.3045	佛说多心经一卷	4	［现］（见）存获泰
	P.3709	佛地经	10	愿传写之傋与［餘］（余）同志
	P.3725	老子道经卷上	1	国子监大成王仙［舟］（周）再校
	P.3788	妙法莲华经序品第一	21	共葉［叶］一乘之道
	P.3931d	灵武节度使表状集	1	天福叁年戊戌岁［七］（十一）月日记

· 258 ·

◆ 附录 《敦煌遗书总目索引新编》英藏、法藏题记校补 ◆

续表

	编号	题名	行数	录文
	S.0102a	梵网经卢舍那佛说菩萨心地戒本卷下	15 16	尚未 将 为满足胜愿 切 不 虚 生 趣舍，被 无常逼逐*
	S.0513	金刚般若波罗蜜经	1～2	上元三年闰三月十一日左书房楷书欧阳玄悊写，用纸 一 十二张
	S.0592	妙法莲华经卷第二	1	垂拱四年 十 二 月 清信佛 弟子王琳妻
	S.0692	秦妇吟	1	贞明五年己卯岁四月 十 一 日 敦煌郡金光 明 寺学仕郎安友盛记*
	S.1218	大般涅槃经卷第十二	1	□□二年二月 廿 二日索阿□记*
	S.1386	孝经一卷	2	永安寺学仕郎高清子书写 记 之 耳
	S.1715	佛说无量寿宗要经	1	吕 日 兴
	S.2077	佛说善恶因果经	2	宝圆信心 写 此 经 者，念诵依教奉行*
脱	S.2278	佛说宝雨经卷第九	9 14 16 21 22	佛授记寺都维那赞皇县开国公沙门智静证义 佛授记寺 寺 主渤海县开国公沙门行感证义 婆罗门臣 度 破具写梵本 证圣元年 岁 次 癸未四月戊寅朔 同知 僧 法琳勘校
	S.2423	佛说示所犯者瑜伽法镜经一卷	7 11	奉敕太中大夫昭文馆 学 士 郑喜王详定 奉敕银青光禄大夫黄门侍郎昭文馆学士上柱国李乂详定
	S.2424	佛说阿弥陀经	2	十二月十一日清信女邓 氏 敬 造阿弥陀经一部*
	S.2605	佛说金刚般若经	2	愿 为 一切众生转读
	S.2659a	下部赞一卷	5	即 知 次 第，其 写 者 存 心 勘 校 □ （约十二字看不清） 须 知 讹 □，于是 法 门，荡 荡 如 日月之高明
	S.2824	金刚般若波罗蜜经	2	舍邪归正，皆 发菩提心*

259

续表

编号	题名	行数	录文
S.2926va	佛说校量数珠功德经	4 14	翻经大德 大 兴善寺僧尸利证义 奉敕右散骑常侍昭文馆学士 权 兼检校左羽林军上柱国高平县开国侯徐彦伯详定
S.3011	论语集解卷六、卷七	1	僧马永隆 手 写论语一卷之耳
S.3542	佛说阿弥陀经	1	长寿三年六月 一 日 佛弟子翟氏敬造阿弥陀经一部
S.3548	中阿含经卷第八	2	大集寺沙门 法 刚覆
S.3927	瑜伽师地论卷第卅	1	大中十一年四月廿一日， 苾 蒭 明照写
S.4361	沙弥五德十数	1	戊子年六月十日鄙僧书，净土寺 付 沙弥念记
S.4492	大智度第卅一品释论卅二品释论	1	卅一品，卅二品， 十 一 张 ， 一 校 已 ， 进 业
S.4494	杂咒文集	1	大统十一年乙丑岁五月廿九日写 九 写 讫
S.4636	佛经	1	比丘道惠 所 恭（供）养经。 太 岁 在 卯 ，比丘勇 知 书
S.5319	妙法莲华经卷第三	2	装潢 经 手王恭
S.5563b	佛说延寿命经	1	施主弟子僧 阴 愿成舍此经一卷*
S.5663a	中论卷第二	2 10	乙未年正月十五日三界寺 修 大般若经 经布一条， 香 花毡一
S.6454	十戒经	2 5	死堕三途 中 载廿七 岁
S.6515	妙法莲华经卷第七	1	丑年闰四月 五 月 廿 四 日写了
P.2347b	十戒经	5	历世弥积，轮 回 于三界
P.2618	论语卷第一	2	随军弟子索 庭 珍写记
P.2805	佛说摩利支天经	4	药饵频施，不蒙抽 减
P.3668	金光明最胜王经卷第九	8	各 愿 领受功德
P.4506a	金光明经卷第二	7	佑 例亡父母，托生莲华

脱

· 260 ·

附录 《敦煌遗书总目索引新编》英藏、法藏题记校补

续表

	编号	题名	行数	录文
倒	S.0797	十诵比丘戒本	3	同时戒场者→时同戒场者
	S.1177	金光明最胜王经序品第一	1	女弟子太夫人张氏→弟子女太夫人张氏

	编号	题名	行数	录文
	S.0312	妙法莲华经卷第四	2	装潢手解［善］集*
	S.0456	妙法莲华经卷第三	2	装潢手解［善］集*
	S.1456	妙法莲华经卷第五	2	同上*
	S.1529	华严经卷第四十九	1	开皇十七年［九月］、四月一日*
	S.2136	大般涅槃经卷第十	10	弟子朝议郎成州同谷县令上柱国薛崇徽［敬］写
	S.2181	妙法莲华经卷第二	2	装潢人解［善］集*
	S.2573	妙法莲华经卷第二	2	同上*
	S.2926va	佛说校量数珠功德经	7	奉敕秘书［省］少监学士韦利器详定*
	S.3252	般若波罗蜜多心经	1	敬写般若［波罗蜜］多心经一卷
衍	S.3348	妙法莲华经卷第六	2	装潢手解［善］集*
	S.3885	大般涅槃经卷第十六	1	凉州沙门都［僧］统慧楞供养*
	S.4479b	新菩萨经	1	乾符六年己亥五月庚寅廿［四］日写记*
	S.5463a	开蒙要训一卷	1	显德五年十二月十五日大云寺学［士］郎
	S.6445	大般若波罗蜜多经卷第二百一十七	1	垄（陇）西李珍［禮］［札］（礼）
	S.6592	大般若波罗蜜多经卷第一百二十三	1	张［俊］瀛海晏勘了（《总目》作"俊瀛海晏勘了"）
	P.3788	妙法莲华经序品第一	6	信受者长升［升］法岸
	P.3918	佛说金刚坛广大清净陀罗尼经	6	顷任西州长［安］史兼判前□□事日
	P.3984	传赞文残卷	1	岁次辛丑［年］七月朔十三日题毕

讹误出现的原因主要有以下几种：一是文字辨认不准，形近而误，如 S.1869"张涓子"误作"张清子"、S.2110a"加请"误作"加清"等；二是音近而误，此种可能是输入错误，如 S.2278"达摩"误作"大摩"、S.3303"张谦逸"误作"张谦益"等；三是异

体字、避讳字径改为正字,如 S.2067 乃避北魏太祖拓跋珪讳而改"癸巳"为"水巳",《新编》又将其改回,S.6877 "研覈"作"研核"等。脱漏及倒衍情况中,多无规律可循,当主要是核对原卷及录入时不够审慎而造成的缺憾。

参考文献

一 图录

俄罗斯科学院东方研究所圣彼得堡分所等编：《俄藏敦煌文献》，上海古籍出版社 1993—2001 年版。

甘肃敦煌文献编委会：《甘肃藏敦煌文献》，甘肃人民出版社 1999 年版。

国家文物局古文献研究室等：《吐鲁番出土文书》，文物出版社 1981—1991 年版。

黄永武主编：《敦煌宝藏》，新文丰出版公司 1981—1986 年版。

［日］矶部章编集：《台东区书道博物馆所藏中村不折旧藏禹域墨书集成》，株式会社二玄社 2005 年版。

吕长生：《中国历史博物馆藏法书大观》第十二卷《战国秦汉唐宋元墨迹》，［日］柳原书店、上海教育出版社 1994 年版。

潘重规：《国立中央图书馆藏敦煌卷子》，石门图书公司 1976 年版。

上海古籍出版社等编：《北京大学藏敦煌文献》，上海古籍出版社 1995 年版。

上海古籍出版社等编：《法国藏敦煌西域文献》，上海古籍出版社 1994—2003 年版。

上海古籍出版社等编：《上海博物馆藏敦煌吐鲁番文献》，上海古籍出版社 1993 年版。

上海古籍出版社等编：《上海图书馆藏敦煌吐鲁番文献》，上海古籍出版社 1999 年版。

上海古籍出版社等编：《天津艺术博物馆藏敦煌文献》，上海古籍出版社 1996—1998 年版。

史树青：《中国历史博物馆藏法书大观》第十一卷《晋唐写经·晋唐文书》，［日］柳原书店、上海教育出版社 1999 年版。

天津市文物公司主编：《天津市文物公司藏敦煌写经》，文物出版社 1998 年版。

英国国家图书馆等编：《英藏敦煌文献》，四川人民出版社 1990—1995 年版。

浙藏敦煌文献编辑委员会编：《浙藏敦煌文献》，浙江教育出版社 2000 年版。

中国国家图书馆编：《国家图书馆藏敦煌遗书》（1—117 册），北京图书馆出版社 2005—2010 年版。

《中国书店藏敦煌文献》编辑委员会编：《中国书店藏敦煌文献》，中国书店 2007 年版。

二　目录及叙录

［丹麦］彼得森：《哥本哈根皇家图书馆藏敦煌写本》，荣新江译，《敦煌学辑刊》1987 年第 1 期。

敦煌研究院：《敦煌遗书总目索引新编》，中华书局 2000 年版。

方广锠、徐怀农：《南京图书馆所藏敦煌遗书目录》，《敦煌研究》1998 年第 4 期。

方广锠、查永玲：《浙江博物馆所藏敦煌遗书目录》，《敦煌学辑刊》1998 年第 1 期。

方广锠、徐永明：《浙江图书馆所藏敦煌遗书目录》，《敦煌研究》1998 年第 4 期。

方广锠：《中国散藏敦煌遗书目录》（一），《敦煌学辑刊》1998 年第 2 期。

李并成：《西北师范大学敦煌学研究所藏敦煌经卷录》，《敦煌研究》

1993 年第 1 期。

李伟国：《上海博物馆藏敦煌吐鲁番文献综论》，《中华文史论丛》（总第五十辑），上海古籍出版社 1992 年版。

刘国展、李桂英：《天津市艺术博物馆藏敦煌遗书目录》，《敦煌研究》1987 年第 2 期。

马大东：《天津艺术博物馆所藏经卷及社会文书简述》，《敦煌研究》1987 年第 2 期。

[俄] 孟列夫：《俄藏敦煌汉文写卷叙录》，袁席箴、陈华平译，上海古籍出版社 1999 年版。

秦明智：《关于甘肃省博物馆藏敦煌遗书之浅考和目录》，载敦煌文物研究所编《1983 年全国敦煌学术讨论会文集》（文史·遗书编）（上），甘肃人民出版社 1987 年版。

荣恩奇：《敦煌县博物馆藏敦煌遗书目录》，载北京大学中国中古史研究中心编《敦煌吐鲁番文献研究论集》第三辑，北京大学出版社 1986 年版。

施萍亭：《日本公私收藏敦煌遗书叙录》（一），《敦煌研究》1993 年第 2 期。

施萍亭：《日本公私收藏敦煌遗书叙录》（二），《敦煌研究》1994 年第 3 期。

施萍亭：《日本公私收藏敦煌遗书叙录》（三），《敦煌研究》1995 年第 4 期。

施萍亭、邰惠莉：《敦煌研究院藏敦煌文献叙录》，《敦煌研究文集——敦煌研究院藏敦煌文献研究篇》，甘肃民族出版社 2000 年版。

申国美：《中国散藏敦煌文献分类目录》，北京图书馆出版社 2007 年版。

苏裕民、谭蝉雪：《永登县博物馆藏古写经》，《敦煌研究》1992 年第 2 期。

天津图书馆历史文物部：《天津图书馆藏敦煌遗书目录》，《敦煌吐鲁番研究》第八卷，北京大学出版社 2005 年版。

王三庆：《日本所见敦煌写卷目录提要》（一），《敦煌学》第十五辑，新文丰出版公司1990年版。

王三庆：《日本天理大学天理图书馆典藏之敦煌写卷》，载中国文化大学中国文学系主编《第二届敦煌学国际研讨会论文集》，汉学研究中心1991年版。

王素、任昉、孟嗣徽：《故宫博物院藏敦煌吐鲁番文献目录》，《敦煌研究》2006年第6期。

王倚平、唐刚卯：《湖北省博物馆藏敦煌经卷概述》，《敦煌吐鲁番研究》第五卷，北京大学出版社2001年版。

王重民：《敦煌遗书总目索引》，商务印书馆1962年版。

吴织、胡群耘：《上海图书馆藏敦煌遗书目录——附传世本写经及日本古写本》（上），《敦煌研究》1986年第2期。

吴织、胡群耘：《上海图书馆藏敦煌遗书目录——附传世本写经及日本古写本》（续），《敦煌研究》1986年第3期。

徐怀农：《南京图书馆藏敦煌卷子考》，《敦煌学辑刊》1998年第1期。

杨铭：《重庆市博物馆所藏敦煌写经目录》，《四川文物》1996年第6期。

杨铭：《重庆市博物馆藏敦煌吐鲁番写经目录》，《敦煌研究》1996年第1期。

殷光明：《敦煌市博物馆藏敦煌遗书目录补录》，《敦煌研究》1994年第3期。

张玉范：《北京大学图书馆藏敦煌遗书目录》，载北京大学中国中古史研究中心编《敦煌吐鲁番文献研究论集》第五辑，北京大学出版社1990年版。

［英］翟理斯：《英伦博物馆汉文敦煌卷子收藏目录》，《敦煌丛刊初集》第一册，新文丰出版公司1985年版。

郑阿财：《台北中央研究院傅斯年图书馆藏敦煌卷子题记》，载《吴其昱先生八秩华诞敦煌学特刊》，文津出版社1999年版。

三 题记录文

［日］池田温：《中国古代写本识语集录》，东京大学东洋文化研究所1990年版。

陈祚龙：《敦煌古钞内典尾记汇校》（初、二、三编），载《敦煌学要籥》，新文丰出版公司1982年版。

陈祚龙：《新校重订〈敦煌道经后记汇录〉》，载《敦煌学要籥》，新文丰出版公司1982年版。

北京图书馆金石组等：《房山石经题记汇编》，书目文献出版社1987年版。

李正宇：《敦煌学郎题记辑注》，《敦煌学辑刊》1987年第1期。

罗福苌：《古写经尾题录存》，载罗振玉辑《永丰乡人杂著续编》，1921年。

罗福葆：《古写经尾题录存补遗》，载罗振玉辑《永丰乡人杂著续编》，1921年。

马德：《滨田德海文书题记选录》，《敦煌研究》1994年第3期。

马德：《敦煌绢画题记辑录》，《敦煌学辑刊》1996年第1期。

隋丽玫：《巴黎国家图书馆藏敦煌写本题记初录》，《敦煌学》第一辑，新文丰出版公司1974年版。

许国霖：《敦煌石室写经题记》，《敦煌丛刊初集》，新文丰出版公司1985年版。

许国霖：《敦煌石室写经题记汇编》，载杨曾文、杜斗城主编《中国敦煌学百年文库·宗教卷》（四），甘肃文化出版社1999年版。

许国霖：《敦煌石室写经题记汇编补遗》，载杨曾文、杜斗城主编《中国敦煌学百年文库·宗教卷》（四），甘肃文化出版社1999年版。

四 古籍及校注

（晋）陈寿著，陈乃桥校点：《三国志》，中华书局1964年版。

（宋）范晔撰，（唐）李贤等注：《后汉书》，中华书局 1965 年版。

（梁）释慧皎撰，汤用彤校注：《高僧传》，《中国佛教典籍选刊》，中华书局 1992 年版。

（梁）释僧佑：《出三藏记集》，中华书局 1996 年版。

（北齐）魏收：《魏书》，中华书局 1974 年版。

（唐）房玄龄等：《晋书》，中华书局 1974 年版。

（唐）李德裕：《会昌一品集》，《丛书集成初编》本，商务印书馆 1935—1938 年版。

（唐）李林甫等撰，陈仲夫点校：《唐六典》，中华书局 1992 年版。

（唐）刘知几撰，（清）浦起龙释：《史通通释》，上海古籍出版社 1978 年版。

（唐）裴孝源：《贞观公私画史》，《景印文渊阁四库全书》第 812 册。

（唐）释道世：《法苑珠林》，上海古籍出版社 1991 年版。

（唐）释道宣：《续高僧传》卷二十一，《大正新修大藏经》第 50 册。

（唐）魏征：《隋书》，中华书局 1973 年版。

（唐）徐坚：《初学记》，中华书局 1962 年版。

（唐）义净著，王邦维校注：《大唐西域求法高僧传校注》，中华书局 1988 年版。

（唐）张彦远：《历代名画记》，《景印文渊阁四库全书》第 812 册。

（唐）朱景：《唐朝名画录》，《景印文渊阁四库全书》第 812 册。

（后唐）冯贽编，张力伟点校：《云仙散录》，《古小说丛刊》，中华书局 1986 年版。

（后晋）刘昫等：《旧唐书》，中华书局 1975 年版。

（宋）黄休复：《中国历代画论画史选注·益州名画录》，四川人民出版社 1982 年版。

（宋）韩元吉：《南涧甲乙稿》，《景印文渊阁四库全书》第 1165 册。

（宋）洪遵：《翰苑群书》，《景印文渊阁四库全书》第 595 册。

（宋）江少虞：《事实类苑》，上海古籍出版社 1980 年版。

（宋）李复：《潏水集》，《景印文渊阁四库全书》第 1121 册。

（宋）吕乔年：《丽泽论说集录》，《景印文渊阁四库全书》第 703 册。

参考文献

（宋）欧阳修撰，李伟国点校：《归田录》，《唐宋史料笔记丛刊》，中华书局 1981 年版。

（宋）欧阳修、宋祁：《新唐书》，中华书局 1975 年版。

（宋）司马光撰，胡三省注：《资治通鉴》，中华书局 1956 年版。

（宋）施宿等：《会稽志》，《景印文渊阁四库全书》第 486 册。

（宋）释志盘：《佛祖统纪》，《大正新修大藏经》第 49 册。

（宋）王溥：《唐会要》，中华书局 1955 年版。

（宋）王钦若等：《册府元龟》，中华书局 1960 年版。

（宋）王应麟：《玉海》，中文出版社 1986 年版。

（宋）姚铉：《唐文粹》，光绪庚寅秋九月杭州许氏榆园校刊本。

（宋）岳珂撰，王曾瑜校注：《鄂国金佗稡编续编校注》，中华书局 1989 年版。

（宋）赵明诚：《金石录》，据《古逸丛书》三编影印，中华书局 1991 年版。

（宋）郑樵：《通志》，中华书局 1987 年版。

（元）郝经：《续后汉书》，《丛书集成初编》本，商务印书馆 1935—1938 年版。

（元）不著撰人：《无锡县志》，《景印文渊阁四库全书》第 492 册。

（明）曹学佺：《蜀中广记》，《景印文渊阁四库全书》第 591 册。

（明）王祎：《大事记续编》，《景印文渊阁四库全书》第 333 册。

（明）胡应麟：《少室山房笔丛》，上海书店出版社 2001 年版。

（明）陆深：《河汾燕闲录》，《丛书集成新编》本，新文丰出版公司 1986 年版。

（明）汪砢玉：《珊瑚网》，《景印文渊阁四库全书》第 818 册。

（明）徐师曾：《文体明辨序说》，人民文学出版社 1998 年版。

（明）郁逢庆：《书画题跋记》，《景印文渊阁四库全书》第 816 册。

（明）赵崡：《石墨镌华》，《景印文渊阁四库全书》第 683 册。

（明）周复俊：《全蜀艺文志》，张氏小书楼藏板，嘉庆丁丑年重镌。

（清）董诰等：《全唐文》，中华书局 1983 年版。

（清）顾蔼吉：《隶辨》，《景印文渊阁四库全书》第 235 册。

（清）康熙：《御定佩文斋书画谱》，《景印文渊阁四库全书》第820册。
（清）厉鹗：《东城杂记》，《丛书集成初编》本，商务印书馆1935—1938年版。
（清）林侗：《来斋金石刻考略》，《景印文渊阁四库全书》第684册。
（清）倪涛：《六艺之一录》，《景印文渊阁四库全书》第831册。
（清）钱杜：《松壶画忆》，《续修四库全书》第1068册，上海古籍出版社1995年版。
（清）沈自南：《艺林汇考》，《景印文渊阁四库全书》第859册。
（清）孙诒让撰，孙启治点校：《墨子闲诂》，中华书局2001年版。
（清）汤球：《十六国春秋辑补》，齐鲁书社1998年版。
（清）王澍：《竹云题跋》，《景印文渊阁四库全书》第684册。
（清）张澍辑，李鼎文校点：《续敦煌实录》，甘肃人民出版社1985年版。
《大正新修大藏经》，佛陀教育基金会出版部1990年版。
《正统道藏》，新文丰出版公司1977年版。
《景印文渊阁四库全书》，商务印书馆1985年版。

五　研究论著

伯希和：《敦煌石窟笔记》，甘肃人民出版社2007年版。
薄小莹：《敦煌遗书汉文纪年卷编年》，长春出版社1990年版。
曹之：《中国古籍编撰史》，武汉大学出版社2006年版。
陈力：《中国图书史》，文津出版社1996年版。
陈鼓应：《道家文化研究》第十三辑，生活·读书·新知三联书店1998年版。
陈梦家：《汉简缀述》，《考古学专刊》甲种第十五号，中华书局1980年版。
陈盘：《汉晋遗简识小七种》，"中央研究院"历史语言研究所1975年版。

参考文献

陈寅恪：《金明馆丛稿二编》，生活·读书·新知三联书店 2001 年版。

陈祚龙：《敦煌学津杂志》，文津出版社 1991 年版。

［日］岛田翰：《汉籍善本考》，北京图书馆出版社 2003 年版。

敦煌研究所：《敦煌莫高窟供养人题记》，文物出版社 1986 年版。

敦煌文物研究所：《敦煌莫高窟内容总录》，文物出版社 1982 年版。

高国藩：《敦煌古俗与民俗流变》，河海大学出版社 1989 年版。

葛兆光：《道教与中国文化》，上海人民出版社 1987 年版。

郝春文主编：《敦煌文献论集——纪念敦煌藏经洞发现一百周年国际学术研讨会论文集》，辽宁人民出版社 2001 年版。

黄征、张涌泉：《敦煌变文校注》，中华书局 1997 年版。

黄征、吴伟：《敦煌愿文集》，岳麓书社 1995 年版。

侯旭东：《五六世纪北方民众佛教信仰——以造像记为中心的考察》，中国社会科学出版社 1998 年版。

姜亮夫《莫高窟年表》，《姜亮夫全集》（十一），云南人民出版社 2002 年版。

江蓝生：《魏晋南北朝小说词语汇释》，语文出版社 1988 年版。

李均民、刘军：《简牍文书学》，广西教育出版社 1999 年版。

李伟国等：《敦煌话语》，上海科技教育出版社 2002 年版。

李致忠：《古书版本学概论》，书目文献出版社 1990 年版。

刘亚丁：《佛教灵验记研究——以晋唐为中心》，巴蜀书社 2006 年版。

林聪明：《敦煌文书学》，新文丰出版公司 1991 年版。

林清源：《简牍帛书标题格式研究》，艺文印书馆 2004 年版。

林悟殊：《摩尼教及其东渐》，中华书局 1987 年版。

骈宇骞、段书安：《二十世纪出土简帛综述》，文物出版社 2006 年版。

钱存训：《书于竹帛——中国古代的文字记录》，上海书店出版社 2004 年版。

卿希泰：《中国道教史》，四川人民出版社 1996 年版。

［日］砺波护：《隋唐佛教文化》，韩升、刘建英译，上海古籍出版社 2004 年版。

任继愈：《中国道教史》，上海人民出版社 1990 年版。

荣新江：《敦煌学十八讲》，北京大学出版社 2001 年版。

［英］斯坦因：《发现藏经洞》，姜波、秦立彦译，广西师范大学出版社 2000 年版。

汤用彤：《汉魏两晋南北朝佛教史》，昆仑出版社 2006 年版。

汤用彤：《隋唐佛教史稿》，江苏教育出版社 2007 年版。

王卡：《敦煌道教文献研究·综述·目录·索引》，中国社会科学出版社 2004 年版。

王承文：《敦煌古灵宝经与晋唐道教》，中华书局 2002 年版。

王素、李方：《魏晋南北朝敦煌文献编年》，新文丰出版公司 1997 年版。

吴承学：《中国古代文体形态研究》，中山大学出版社 2000 年版。

吴礽骧、李永良、马建华：《敦煌汉简释文》，甘肃人民出版社 1991 年版。

［日］池田温：《敦煌汉文文献》，《讲座敦煌》（5），大东出版社 1992 年版。

吴霓：《中国古代私学发展诸问题研究》，中国社会科学出版社 1996 年版。

徐震堮：《世说新语校笺》，中华书局 1984 年版。

余嘉锡：《古书通例》，上海古籍出版社 1985 年版。

张弓：《敦煌典籍与唐五代历史文化》，中国社会科学出版社 2006 年版。

张涌泉：《敦煌俗字研究导论》，新文丰出版公司 1996 年版。

赵超：《中国古代石刻概论》，文物出版社 1997 年版。

郑阿财：《敦煌蒙书研究》，甘肃教育出版社 2002 年版。

郑炳林：《敦煌归义军史专题研究》，兰州大学出版社 1997 年版。

郑炳林：《敦煌归义军史专题研究续编》，兰州大学出版社 2003 年版。

郑炳林：《敦煌归义军史专题研究三编》，甘肃文化出版社 2005 年版。

周一良、赵和平：《唐五代书仪研究》，中国社会科学出版社 1995 年版。

周振甫：《文心雕龙今译》，中华书局 1986 年版。

丁福保：《佛学大辞典》，文物出版社 1984 年版。

胡孚琛：《中华道教大辞典》，中国社会科学出版社 1995 年版。

六 单篇论文

曹之：《唐代官方佛经抄本考略》，《四川图书馆学报》2004 年第 4 期。

陈泽奎：《试论唐人写经题记的原始著作权意义》，《敦煌研究》1994 年第 3 期。

[日] 池田温：《中国古代写本识语集录·解说》，《北京图书馆馆刊》1994 年第 3/4 期。

[日] 赤尾荣庆：《关于伪写本的存在问题》，载郝春文主编《敦煌文献论集——纪念敦煌藏经洞发现一百周年国际学术研讨会论文集》，辽宁人民出版社 2001 年版。

陈丽萍：《敦煌写经题记中所反映出的妇女问题》，载郑炳林主编《敦煌佛教艺术与文化论文集》，兰州大学出版社 2002 年版。

陈晓红：《试论敦煌佛教愿文的类型》，《敦煌学辑刊》2004 年第 1 期。

陈垣：《摩尼教入中国考》，《中国敦煌学百年文库·宗教卷》（4），甘肃文化出版社 1999 年版。

崔峰：《大般涅槃经在北周和隋代的流行》，《牡丹江大学学报》2009 年第 3 期。

崔峰：《敦煌文书中北周时期写经及相关问题研究》，载郑炳林、樊锦诗、杨富学主编《丝绸之路民族古文字与文化学术讨论文集》，2007 年。

党燕妮：《从写经题记看敦煌地区的阿弥陀佛信仰》，载郑炳林、樊锦诗、杨富学主编《敦煌佛教与禅宗学术讨论会文集》，三秦出版社 2007 年版。

窦怀永：《敦煌写本题记的甄别》，《文献》2009 年第 2 期。

东主才让：《敦煌藏文写经〈大乘无量寿宗要经〉及其汉文本之研究》，《中国藏学》1994 年第 2 期。

董作宾：《敦煌纪年——敦煌石室写经题记年表》，《董作宾先生全集》第八册，艺文印书馆印行。

杜斗城：《"七七斋"之源流及敦煌遗书中有关资料的分析》，《敦煌研究》2004 年第 4 期。

方广锠：《关于敦煌遗书〈佛说佛名经〉》，载中国敦煌吐鲁番学会编《敦煌吐鲁番学研究论文集》，汉语大词典出版社 1990 年版。

方广锠：《敦煌寺院所藏大藏经概貌》，《戒幢佛学》第二卷，岳麓书社 2002 年版。

方广锠：《敦煌遗书中的〈妙法莲华经〉及有关文献》，《中华佛学学报》1997 年第 10 期。

方广锠、许培龄：《敦煌遗书中的〈维摩诘所说经〉及其注疏》，《敦煌研究》1994 年第 4 期。

方广锠：《敦煌文献中的〈金刚经〉及其注疏》，《世界宗教研究》1995 年第 1 期。

方广锠：《百年前的一桩公案——关于 22 卷续交敦煌遗书的考察》，《敦煌研究》2009 年第 1 期。

[日] 高田时雄：《有关吐蕃写经事业的藏文资料》，载郝春文主编《敦煌文献论集——纪念敦煌藏经洞发现一百周年国际学术研讨会论文集》，辽宁人民出版社 2001 年版。

顾吉辰：《唐代敦煌文献写本书手考述》，《敦煌学辑刊》1993 年第 1 期。

郝春文：《关于敦煌写本斋文的几个问题》，《首都师范大学学报》1996 年第 2 期。

何剑平：《作为民间写经和礼忏仪式的维摩诘信仰》，《敦煌学辑刊》

2005年第4期。

黄威：《敦煌文献首尾题初探》，《文献》2010年第4期。

胡恩厚：《敦煌莫高窟道教史迹考察》，《宗教学研究》1988年第1期。

贾应逸：《〈且渠安周造寺功德碑〉与北凉高昌佛教》，《西域研究》1995年第2期。

贾应逸：《鸠摩罗什译经和北凉时期的高昌佛教》，《敦煌研究》1999年第1期。

姜伯勤：《〈本际经〉与敦煌道教》，《敦煌研究》1994年第3期。

姜伯勤：《沙州道门亲表部落释证》，《敦煌研究》1986年第3期。

李海峰：《敦煌遗书中的早期〈华严经〉及其相关文献》，《中国文化研究》2008年秋之卷。

李翎：《佛画与功德——以集美博物馆藏17775号绢画为中心》，《故宫博物院院刊》2008年第5期。

李树辉：《试论汉传佛教的西渐——从突厥语对"道人"一词的借用谈起》，载郑炳林、樊锦诗、杨富学主编《敦煌佛教与禅宗学术讨论会文集》，三秦出版社2007年版。

李正宇：《唐宋时代的敦煌学校》，《敦煌研究》1986年第1期。

李正宇：《敦煌地区古代祠庙寺观简志》，《敦煌学辑刊》1988年第1、2期。

李正宇：《唐宋时期敦煌佛经性质功能的变化》，《戒幢佛学》第二卷，岳麓书社2002年版。

李致忠：《敦煌遗书中的装帧形式与书史研究中的装帧形制》，《文献》2004年第2期。

梁丽玲：《六朝敦煌佛教写经的供养功德观》，《敦煌学》第二十二辑，1999年。

梁丽玲：《〈贤愚经〉在敦煌的流传与发展》，《中华佛学研究》2001年第5期。

梁丽玲、朱文光：《从写经题记看唐代佛典翻译》，载台湾逢甲大学唐代研究中心、中国文学系编《唐代文化、文学研究及教学国际学术研讨会论文集》，2007 年。

林保尧：《东魏武定元年铭石造像释迦五尊立像略考——造像记文的用语、纪年、意旨试析》，《东方宗教研究》第二期，1988 年。

林聪明：《从敦煌文书看佛教徒的造经祈福》，《第二届敦煌学国际研讨会论文集》，汉学研究中心 1991 年版。

刘涤凡：《敦煌写卷中土造经的救赎思想——以〈大正藏〉第 85 册为例》，《中华佛学学报》2001 年第 14 期。

刘永明：《盛唐时期敦煌的道观问题——兼论经戒传授盟文中的题名方式》，《敦煌学辑刊》2006 年第 4 期。

龙晦：《敦煌与五代两蜀文化》，《敦煌研究》1990 年第 2 期。

罗福颐：《敦煌石室稽古录》，《中国敦煌学百年文库·综述卷》（一），甘肃文化出版社 1999 年版。

罗汀琳：《敦煌佛经写卷题记之现实性》，《国际佛学研究创刊号》，1991 年第 12 期。

马德：《敦煌文书〈道家杂斋文范集〉及有关问题述略》，《道教文化研究》第十三辑，生活·读书·新知三联书店 1998 年版。

马德：《敦煌写经题记的社会意义》，《法源》2001 年总第 19 期。

梅应运：《敦煌石室写经题记之研究》，《新亚书院学术年刊》第八期，1966 年。

聂葛明：《敦煌西魏写经及题记管窥》，《敦煌学辑刊》2007 年第 4 期。

钱伯泉：《敦煌遗书 S.2838〈维摩诘经〉的题记研究》，《敦煌研究》2007 年第 1 期。

秦明智：《前凉写本〈法句经〉及其有关问题》，《敦煌学辑刊》1983 年第 3 期。

饶宗颐：《北魏冯熙与敦煌写经——魏太和写〈杂阿毗昙心经〉跋》，《饶宗颐二十世纪学术文集》卷八，新文丰出版公司 2003 年版。

荣新江：《敦煌文献所见晚唐五代宋初的中印文化交往》，载《季羡林教授八十华诞纪念论文集》（下卷），江西人民出版社 1991 年版。

◆ 参考文献 ◆

荣新江:《祆教初传中国年代考》,《国学研究》第 3 卷,北京大学出版社 1995 年版。

荣新江:《〈上海博物馆藏敦煌吐鲁番文献〉评介》,《敦煌吐鲁番研究》第一卷,1996 年。

荣新江、林悟殊:《所谓李氏旧藏敦煌景教文献二种辨伪》,《九州岛学刊》第 4 卷第 4 期。

邵文实:《敦煌道教试述》,《世界宗教研究》1996 年第 2 期。

施萍亭:《一件完整的社会风俗史资料——敦煌随笔之三》,《敦煌研究》1987 年第 2 期。

施萍亭:《斯 2926〈佛说校量数珠功德经〉写卷研究》,《敦煌研究》1993 年第 4 期。

释永有:《敦煌遗书中的金刚经》,载郑炳林主编《敦煌佛教艺术文化论文集》,兰州大学出版社 2002 年版。

释永有:《敦煌金刚经及其相关文献之题记探讨》,《世界宗教学刊》2003 年第 2 期。

释大参:《敦煌〈观音经〉题记中的孝道思想》,《现代佛教学会通讯》2003 年第 13 期。

释大参:《敦煌异乡人写经题记中的"乡愁与宗教救度"》,《敦煌学》第二十七辑,2008 年。

谭蝉雪:《敦煌道经题记综述》,《道家文化研究》第十三辑,生活·读书·新知三联书店 1998 年版。

汤用彤:《从〈一切道经〉说到武则天》,《汤用彤全集》第七卷,河北人民出版社 2000 年版。

[日] 藤枝晃:《敦煌出土の长安宫廷写经》,《冢本博士颂寿纪念佛教史学论集》,京都,1961 年。

[日] 藤枝晃:《敦煌写本概述》,《敦煌研究》1996 年第 2 期。

王尧:《藏文》,《民族语文》1979 年第 1 期。

王媛媛:《新出汉文〈下部赞〉残片与高昌回鹘的汉人摩尼教团》,《西域研究》2005 年第 2 期。

王重民:《记敦煌写本的佛经》,载北京大学中国中古史研究中心编

《敦煌吐鲁番文献研究论集》第二辑，北京大学出版社1983年版。

魏郭辉：《唐代官方佛经抄写制度述论》，《敦煌研究》2009年第3期。

温金柯：《"末法"与"净土念佛得度"考——由道绰〈安乐集〉衍生的重要观念之检讨》（http：//www.xynf.com/ly/wd/2010 - 06 - 14/886.html）。

文梦霞：《再论东阳王元荣领瓜州刺史的时间》，《敦煌研究》2006年第2期。

吴礽骧：《酒泉嘉峪关魏晋墓的发掘》，《文物》1979年第6期。

吴荣鉴：《关于敦煌版画制作的几个问题》，《敦煌研究》2005年第2期。

吴羽：《敦煌写本中所见道教〈十戒经〉传授盟文及仪式考略——以P.2347敦煌写本为例》，《敦煌研究》2007年第1期。

吴震：《敦煌吐鲁番写经题记中"甘露"年号考辨》，《西域研究》1995年第1期。

颜尚文：《梁武帝"皇帝菩萨"形成基础的理念及政策之形成基础》，《师范大学历史学报》1989年第17期。

杨宝玉：《P.2094〈持诵金刚经灵验功德记〉题记的史料价值》，《甘肃社会科学》2009年第2期。

杨富学、李永平：《甘肃省博物馆藏道教〈十戒经传授盟文〉》，《宗教学研究》2001年第1期。

杨富学：《回鹘文源流考辨》，《西域研究》2003年第3期。

杨铭：《吐蕃"十将"（Tshan bcu）制补正》，《中国藏学》1996年第2期。

杨君：《〈金刚经〉与唐朝民众崇经活动及其观念》，《西北师范大学学报》2003年第6期。

杨森：《武则天至玄宗时代敦煌的三洞法师中岳先生述略》，《敦煌研究》2003年第3期。

严耕望：《唐人习业山林寺院之风尚》，《唐史研究丛稿》，新亚研究所1969年版。

◆ 参考文献 ◆

殷光明：《敦煌的疑伪经与图像》（上），《敦煌研究》2006年第4期。

殷光明：《敦煌的疑伪经与图像》（下），《敦煌研究》2006年第5期。

虞万里：《敦煌摩尼教〈下部赞〉写本年代新探》，《榆枋斋学术论集》，江苏古籍出版社2001年版。

余义虎：《敦煌版画的性质与用途》，《敦煌研究》2005年第2期。

袁德领：《敦煌遗书中佛教文书简介》，《敦煌研究》1988年第1期。

圆空：《〈新菩萨经〉〈劝善经〉〈救诸众生一切苦难经〉校录及其流传背景之探讨》，《敦煌研究》1992年第1期。

张洪泽：《论唐代道教的写经》，《敦煌研究》2000年第3期。

张秀清：《吐蕃地支纪年与敦煌四部书的断代》，《中华文化论坛》2008年第3期。

张延清：《甘藏吐蕃钵阐布敦煌校经题记》，《敦煌学辑刊》2010年第1期。

张延清：《藏文写经生的结构分析》，载《丝绸之路民族古文字与文化学术研讨会论文集》，2005年。

张勇：《敦煌写本斯136、417、622号"佛经"初探》，《宗教学研究》1997年第2期。

赵和平：《两件高宗、武则天时代"敦煌藏经洞出宫廷写经"辨伪》，《敦煌研究》2006年第6期。

赵和平：《唐代咸亨至仪凤中的长安宫廷写经》，《"净心慈恩，盛世长安"长安佛教学术研讨会》会议论文，2009年。

赵和平：《对敦煌本〈老子道德经〉及其注疏本的一点新认识》，《敦煌学辑刊》2008年第3期。

赵青山：《吐蕃统治时期敦煌的写经制度》，《西藏研究》2009年第3期。

赵青山、蔡伟堂：《从敦煌题记"师僧"看僧团师徒关系》，《敦煌研究》2009年第3期。

赵青山：《从敦煌题记所记之"七世父母"观看佛教文化对中土文化

的影响》,《兰州大学学报》2009 年第 6 期。

赵万里:《魏宗室东阳王荣与敦煌写经》,《浙江与敦煌学——常书鸿先生诞辰一百周年纪念文集》,江苏古籍出版社 2004 年版。

郑阿财:《敦煌写卷〈忏悔灭罪金光明经传〉初探》,《庆祝潘石禅先生九秩华诞敦煌学特刊》,1996 年。

郑阿财:《敦煌寺院文书与唐代佛教文化之探赜》,载台湾逢甲大学唐代研究中心中国文学系编《唐代文化、文学研究及教学国际学术研讨会论文集》,2007 年。

郑炳林、冯培红:《读〈中国古代写本识语集录〉札记》,《西北史地》1994 年第 4 期。

郑炳林:《晚唐五代敦煌地区〈大般若经〉的流传与信仰》,《敦煌归义军史专题研究三编》,甘肃文化出版社 2005 年版。

郑筱筠:《观音救难故事与六朝志怪小说》,《社会科学》1998 年第 2 期。

周一良:《跋隋开皇写本禅数杂事残卷》,《魏晋南北朝史论集》,中华书局 1963 年版。

周永卫:《两汉教育的发展历程及其特点》,《唐都学刊》2000 年第 1 期。

周祖谟:《敦煌唐本字书叙录》,《敦煌语言文学研究》,北京大学出版社 1988 年版。

朱大星:《敦煌本〈十戒经〉的形成及流传》,《浙江大学学报》2007 年第 3 期。

朱雷:《敦煌藏经洞所出两种曲氏高昌人写经题记跋》,《魏晋南北朝隋唐史资料》1988 年第 9、10 期。

[日] 佐藤智水:《北朝造像铭考》,《史学杂志》1977 年 86 卷第 10 期。

七 学位论文

党燕妮:《晚唐五代宋初敦煌民间佛教信仰研究》,博士学位论文,兰州大学，2009年。

罗汀琳：《敦煌佛经写卷题记初探》，硕士学位论文，台湾政治大学中文研究所，1989年。

魏郭辉：《敦煌写本佛经题记研究——以唐宋写经为中心》，博士学位论文，兰州大学，2009年。

谢慧暹：《敦煌文书题记研究》，硕士学位论文，台湾东吴大学中国文学研究所，1993年。

朱大星：《敦煌本〈老子〉研究》，博士学位论文，浙江大学，2005年。

后　　记

　　敦煌文献题记是敦煌学研究中一类极其微小却不容小觑的对象。言其微小，是说它体量极小，一般为二三十字，长不过百字，短则二三字；内容也有局限性，多记文献之抄校点读、受持供养、流通祈愿等，十分细碎。言其不容小觑，是因为将这些细碎的题记连同它所依附的文献合而观之，可揭示许多历史谜题，使一些我们不甚了解的中古社会实情得以显明。将敦煌文献题记作为个人的研究对象，始发于阅读前辈学者研究成果时所获之疑问。或不解题记之内涵，或不解题记之体式，或不解题记细碎文字中各种宗教民俗意义。疑问渐聚，使我有志于厘清真相。研究之初，我曾给自己订立目标，廓清题记的真实面貌，并将细碎的、看似彼此不相关的文献资料以恰当的逻辑线条连缀起来，揭示其中深蕴的历史内涵。这个目标连同对学术求真的追求、在求学期间受到的学术训练，我都希望在这本书中得以实现。然而，正如刘勰《文心雕龙·神思》中所说："方其搦翰，气倍辞前；暨乎成篇，半折心始"，所成之篇与初始之期望犹有距离。这种遗憾使人懊恼，却也是学术前行的动力。

　　这部书的完成花去了超过五年的时间。其间，我从初上讲台成长为一名研究生导师，建立了家庭且已为人母，人生增添了许多悦人的色彩，也多了责任与承担。生活百味的品尝，丰富了我对人对事的体悟。这些体悟使我在学术研究中对历史之人与事多了一份理解之同情。而在多年学术工作中培养出的求真、拙朴、坚韧的品质也渗透到我的日常生活中，成为宝贵的财富。

❖ 后　记 ❖

　　书将付梓，心中有许多的感谢。感谢恩师项楚先生、张勇先生将我带入学术殿堂，引我觅得安身立命之处。感谢山西师范大学戏剧与影视学院的同事师友，这个温暖的大家庭使我总能坚定自己的航向而不惧风雨。感谢同窗好友江湖守望。更要感谢父母家人的理解和守护，谨以此书向他们致意！

二〇一六年夏月